农业经营学

朱俊峰　主编

国家开放大学出版社 · 北京

图书在版编目（CIP）数据

农业经营学 / 朱俊峰主编 . —北京：国家开放大学出版社，2019. 8（2024. 4 重印）

ISBN 978 - 7 - 304 - 09942 - 8

Ⅰ. ①农… Ⅱ. ①朱… Ⅲ. ①农业经营学—开放教育—教材 Ⅳ. ①F306

中国版本图书馆 CIP 数据核字（2019）第 171127 号

农业经营学

NONGYE JINGYINGXUE

朱俊峰 主编

出版·发行：国家开放大学出版社

电话：营销中心 010 - 68180820　　总编室 010 - 68182524

网址：http://www.crtvup.com.cn

地址：北京市海淀区西四环中路 45 号　**邮编：**100039

经销：新华书店北京发行所

策划编辑：王 普　　**版式设计：**李 响

责任编辑：于 洋　　**责任校对：**刘 鹤

责任印制：武 鹏 马 严

印刷：涿州市般润文化传播有限公司

版本：2019 年 8 月第 1 版　　2024 年 4 月第 8 次印刷

开本：787mm × 1092mm 1/16　　**印张：**12. 5　　**字数：**277 千字

书号：ISBN 978 - 7 - 304 - 09942 - 8

定价：28. 00 元

（如有缺页或倒装，本社负责退换）

意见及建议：OUCP_KFJY@ ouchn. edu. cn

PREFACE

前言

2019年是中华人民共和国成立70周年，在这70年里，我国农业的发展大体可以分为前30年和后40年两个阶段。前30年，我国的农业发展经历了一段曲折反复的进程。1949—1956年，我国处于从土地改革、分田到户的家庭生产到互助组、初级合作社的互助合作生产。这个阶段，虽然农地等生产资料属于家庭私有，但是由于生产力水平低下，其农业生产的目的仅仅是为了获得更多的农产品产出。因此，这一时期还属于“农业生产”，谈不上“农业经营”。之后，广大农户进入高级合作社、人民公社体制，农地等生产资料收归集体所有，实行政社合一、集体统一的生产方式，生产出来的农产品实行“统购统销”的计划经济分配方式，更谈不上“农业经营”。以20世纪70年代末我国农村改革开放为标志，我国进入了中华人民共和国成立后农业发展的后40年。众所周知，中国的改革首先是从农村家庭承包经营制开始的，农地承包经营权重新回到农户手中，农户又重新成为农业生产经营的主体。在这40年中，我国逐步从计划经济转向市场经济，土地（流转）、劳动、资本、农产品、技术、社会化服务的市场从无到有，商品、要素和服务的价格也一步步市场化。特别是党的十八大报告明确提出大力发展农业新型经营主体、建立新型农业经营体系之后，一大批家庭农场、农业合作社、农业企业涌现出来，我国由“农业生产”阶段逐步进入“农业经营”阶段。这就为“农业经营学”的产生和发展提供了广阔的舞台。

随着国民收入水平逐渐提高，加上农产品进入阶段性和结构性的供给过剩时期，我国的农业从仅仅注重产量最大化向追求农业经营效益最大化、农产品质量提高和国际竞争力提升转变。特别是党的十九大确立“乡村振兴战略”之后，“农业经营学”的诸多方面已经成为全社会重点研究的课题。

本书主要作为国家开放大学的本科教材，面向农业生产经营第一线的乡村干部、新型农业经营主体和大学生村官等。他们虽然具有农村基层管理和农业生产经营的丰富经验，但时时面临着诸多农业经营管理的困惑；他们有着强烈的学习热情，但其基础理论知识较为薄弱。因此，在本书的编写过程中，编者注意删繁就简，省略了对他们而言艰涩难懂的理论推导，首先建构一个农业经营学的体系框架；在阐述必要的概念之后，给出发展现状和存在的问题；然后从理论上进行阐述，并尽量增设相关的案例分析。本书这样组织内容的目的是，在逻辑框架合理、理论支撑明确的基础上，尽量实现重实践、多案例、接地气、用得上这一理念。

本书主要包括总论、农业经营/服务主体经营管理、农业经营的要素组合、农业经营分析与评估四个部分。第一部分包含三章，分别是绪论、农业经营学的发展、中国农业经营的发展，让读者对农业经营学的概念和国内外发展沿革有一个整体的了解。第二部分包含五章，分别论述了我国当前主要的四类农业经营主体——农户、家庭农场、农民专业合作社、农业企业的经营管理；第八章介绍为各农业经营主体提供产前、产中、产后的服务体系，这个体系起到对上述各经营主体的农业生产经营活动提供全方位支撑的作用，当然，各服务主体也会有各自的经营管理活动。第三部分包含四章，分别是农业经营的要素条件、农业经营的投入与产出、农业经营品种与经营方式和农业经营规模与集约度。这一部分从农业经营的要素条件出发，分析农业经营的投入与产出，接着对农业经营品种与经营方式进行探讨，最后讨论了农业经营规模与集约度的关系。第四部分包含三章，分别为农业记账与经营分析、农业投资项目管理、农业经营预测与决策。这一部分从农业记账与经营分析开始，进入具体的农业投资项目管理分析，最后是农业经营预测与决策。这样，这四部分就构成了一个完整的农业经营过程的分析框架。为了让读者迅速抓住要领，每一章开头都有学习目标和知识导图，结尾部分都有本章小结和练习题，读者不仅可以清晰地掌握章节的整体脉络，还可以在阅读学习之后检验学习成果。

本书由中国农业大学博士生导师朱俊峰教授主编，主要编写人员有北京农学院陈娆教授和中国农业大学杨金朝副教授。朱俊峰负责拟定全书的总体结构框架和写作提纲。具体编写分工如下：第一章至第七章、第十章至第十三章由朱俊峰编写，第八章和第九章由杨金朝编写，第十四章和第十五章由陈娆编写。中国农业大学经济管理学院的多位研究生参与了资料收集与文字整理工作，使得本书的编写过程更加顺利。其中，张顺莉参与第二章和第三章、段静琪参与第四章和第五章、郭焱参与第六章、邓远远参与第七章和第十三章、占鹏和陈伟参与第八章、苗海民参与第九章和第十章、潘晓佳参与第十一章和第十二章。特别是潘晓佳负责统筹全书的资料收集与文字整理工作，为此付出了大量的精力。

在本书的编写过程中，编者吸收了许多前人的研究成果，同时进行了大量原始性、实质性的创新。由于国内的参考书籍相对缺乏，编者更多地参考了日本和美国等国外的资料。在此，对为本书出版提供支持和帮助的所有人员以及参考文献的作者表示衷心的感谢。

限于编者的时间和水平，书中的不足之处在所难免，敬请读者指正。

《农业经营学》编写组

2019年1月

CONTENTS

目录

第一篇　总论

第二篇　农业经营/服务主体经营管理

第四篇　农业经营分析与评估

第一篇

总　　论

第一章　绪　论

学习目标

掌握：农业经营的内涵、特征、目标与基本要素。
熟悉：农业经营的功能与分析。
了解：农业经营的产生与发展。

知识导图

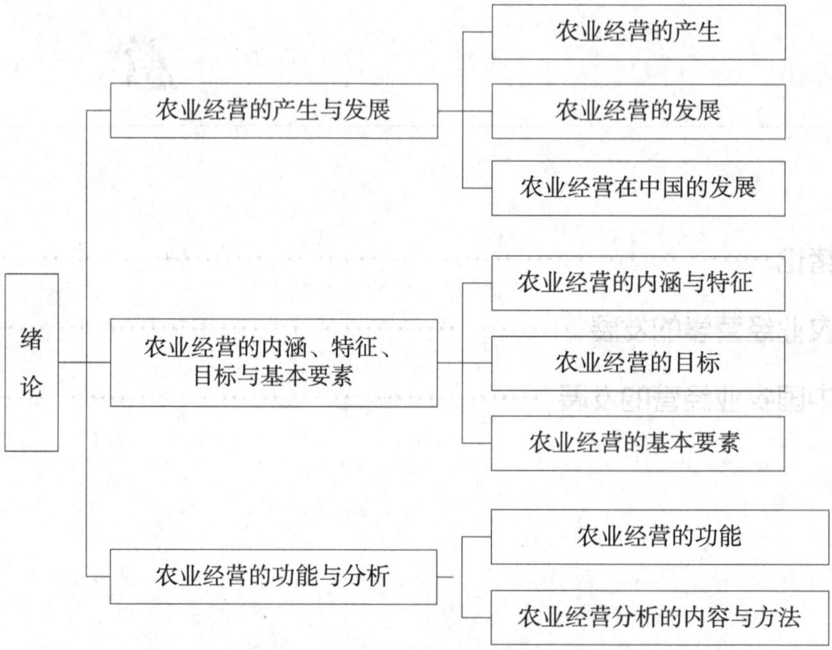

农业是人类利用生物机体的生命力，将外界环境中的物质和能量转化为生物产品，以满足社会基本需求的生产部门，是人类赖以生存和发展的基础，在现代国民经济中被称为第一产业。农业和其他产业一样，会伴随着社会生产力的发展和科学技术的进步，逐步从以为社会成员提供食物为主的生产性农业，向以供给食物和工业原料为主的商品性农业过渡。20世纪以后，随着商品经济的不断发展和技术进步的不断加快，农业经营的主体与目标、功能与手段、要素投入与产出水平、生产结构与外部环境都发生了巨大的变化，农业经营的重要性也日益凸显出来。

第一节　农业经营的产生与发展

一、农业经营的产生

从原始农业到传统农业社会末期，农业的功能几乎全部体现在为社会成员提供食物上，这可以视为农业功能的单一化。这时的农业是一种自给自足的自然经济，无论封建庄园还是农户家庭，它们都以耕作土地并获取农产品为主，农业只能称为“农业生产”，而不能称为“农业经营”。18 世纪 60 年代到 19 世纪 60 年代，人类在食物需求得到基本满足以后，开始追求食物以外的生活必需品和奢侈品，西方国家也开始了以轻纺产品为先导的工业化，并由此打破了农业功能单一化的格局，呈现出供给食物和工业原料的二元化模式。与此同时，农业劳动力大规模向城市非农产业转移，带动了农村人口向城市的集中，从而引发了以生活服务业为主的第三产业兴起，也增加了城市对食品的需求，促进了食物性农业生产的商品化，并进一步强化了农业的营利性。可见，“农业经营”这一概念是历史发展的产物，它是伴随着商业化农业的发展而出现的。

二、农业经营的发展

工业革命以前，世界各国和各地区普遍维持着“低投入、低产出”的小农经济模式。小农经济以个体家庭为生产和消费单位，以接近生产者的小私有制为基础，以满足自身消费为生产的主要目的，因此，生产规模相对较小。随着社会生产力和社会分工的发展，生产资料和生活资料日益多样化，小农被迫卷入了市场交换，从事商品性生产，并与其他农民和手工业者交换产品，以取得自己所不能生产的生产资料和生活资料。至此，自给性生产开始与商品性生产相结合。

工业革命以后，原料需求的不断增加和农业生产能力的不断提高推动了商品经济的发展，并导致了货币地租的出现，进而加剧了自然经济的解体和农民的分化，少数生产条件较好的农户发展为资本主义性质的农场，而大多数人变为农村的无产者或半无产者。到了高度发展的商品经济社会，即使中小农户也不再是自给自足的生产－消费模式，他们一般从事某项专业化的农产品生产，自家所需的大部分消费品都从市场上购买。

第二次世界大战以后，国家垄断资本主义得以迅速发展。在科学技术和现代工业空前发展的基础上，一些主要资本主义国家的农业生产不仅实现了机械化、电气化和化学化，而且发展为工业化、专业化和社会化的现代大农业。一方面，这种大农业使农业劳动生产率大大提高，农产品产量持续增长；另一方面，这种大农业加快了农业生产集中和资本集中的进程，农场兼并活动频繁，中小农场大批破产，资本主义大农场迅速扩张。

从发展趋势来看，资本主义各国农场的生产集中和垄断将日益加剧。大农场，特别是公司农场不断增加；中等规模的农场不断走向两极分化；小农场，尤其是家庭农场的数量迅速减少，但在农场总数中仍占有很大比例。同时，工商、金融垄断资本日益加强对农业的渗透，它们或者直接投资经营农业，或者与农场主签订协议，将农场生产与农业产前部门和产后部门组成农工综合体，使农场逐渐受其控制。

三、农业经营在中国的发展

在漫长的原始社会、奴隶社会和封建社会中，中国的农业一直处于通过消费农户家庭自己生产的农产品维持生活的状态，因此，严格地说，在这个阶段，中国的农业几乎不存在企业式的农业经营。

在中华民国时期，关于欧、美、日近代农业经营的书籍传至我国，但当时内忧外患、战乱频发，没有给当时的农民提供稳定的农业经营环境。中华人民共和国成立以后，实行了短暂的农户土地私有和自主经营，但是土地等生产资料很快被收归集体所有。

中国的农业经营时代始于改革开放，尤其是家庭联产承包责任制的实行。其表现如下：以向市场销售产品而获得经济效益为主要目的，开始全面引进农机具，重视和全面推广化肥、农药、良种等与农业生产相关的新技术、新成果，开展特定的农作物（家畜）的引进和生产（饲养）。

但在改革开放前半段，从事半自给自足农业生产的农户仍然占据着主导地位，因此，农业经营学仍然没有太多的用武之地。例如，20 世纪 80 年代，中国农业主要处于提高农产品产量，以解决温饱问题的阶段；20 世纪 90 年代，农业发展的热点在于提高粮食产量、大力发展乡镇企业和减轻农民负担；21 世纪初，农业发展的热点是粮食产量“连增”、增加农业补贴、加快社会主义新农村建设；直到 2012 年，政府提出“大力发展新型农业经营主体”“让农民成为一个体面的职业”之后，农业经营效率、适度经营规模等才被提上议事日程；特别是 2014 年以后，中国农业市场，特别是粮食市场“三量齐增”（产量增加、库存增加、进口增加）现象出现，才提醒我们不得不重视农产品的国际竞争力。提升农产品的国际竞争力的途径无非是通过降低成本来降低价格，同时保证农民收入的持续增加。如何实现通过降低成本来降低价格、提高国际竞争力、提升农业收入？这一切都在揭示并提醒我们，中国已经真正进入了一个必须重视农业经营的时代。

第二节　农业经营的内涵、特征、目标与基本要素

一、农业经营的内涵与特征

（一）农业经营的内涵

经营有筹划、谋划、计划、规划、组织、治理、管理等含义。与管理相比，经营侧重动态性谋划发展的内涵，而管理侧重使其正常、合理地运转。

所谓农业经营，是指经营主体或经营者在独立的意志下，根据自然状况、技术条件和市场环境等，选择合理的经营项目和经营方式，并对土地、劳动力和资本等生产要素进行有效的组织与管理，以期获得最多的持久收益的综合性经济活动。

农业经营的分类因不同的社会历史形态、经营方式和经营组织等而有所不同。根据经营规模，可以将其分为大规模经营、小规模经营和适度规模经营；根据经营品种，可以将其分为稻作经营、旱作经营、园艺经营、蔬菜经营、奶牛经营、肉牛经营等；根据经营主体，可以将其分为家庭经营、合作社经营、企业经营；根据土地利用方式，可以将其分为粗放经营与集约经营；根据经营形态，可以将其分为单一经营与复合经营。

(二）农业经营的特征

农业生产因受自然环境和生物生长周期的制约，而与工商业生产大不相同，因此，农业经营具有与其他产业经营不同的特征。

1. 自然性

农业经营的对象是动植物产品，而动植物的生长极易受到自然环境的影响。例如，日照的强弱、气温的高低、雨量的多少、风力的大小、土壤的肥瘠、纬度的高低等都会影响动植物的生长与分布，以及农产品的丰歉和品质的优劣。因此，耕耘、育苗、播种、移栽、施肥、除草、收获、分选、运输、销售等一切作业及生产资源的调配，都必须符合所在地区的实际情况和当时的季节，而且农业经营者必须具备实际经验和专业技术，来选择合适的品种和经营方式，以保证农业经营的顺利进行。

2. 组织性

农业经营并非只考虑一次作业、一种作物或一个生产部门，而是重视整个生产体系或整个生产组织。例如，技术投入并非只考虑一个技术过程变化的合理性，而是考虑这一变化对其他技术变化的影响和技术投入的全面合理化。农业经营要注重调配与组合各种生产要素，并确定合理的生产标准和销售方式，以保证获得长期的最大收益。因此，整个经营过程所包括的目标确立、要素调配、要素组织、要素管理、经营分析和计划调整都具有较强的组织性。

3. 可持续性

农业经营注重在长期规划下保证农业再生产的可持续性。为此，首先要保证技术供给的合理性和生产要素投入的持续性，如在合理利用土地的基础上进行土地质量改良，在提高农业生产效率的基础上维持一定的劳动时间和劳动强度；其次是重视经济收益的稳定性和可持续性，如为了应对市场价格的波动和农产品市场日趋激烈的竞争，不断改良品种、增加投入、提高技术水平，同时不断降低生产成本，以期获得更高、更稳定的经济收益。

4. 过程的重要性

农业经营是经营主体在特定的环境中为实现收益最大化而进行的持续的综合性经济活动，重视经营目标的达成过程。农业经营既要有一定时期内完成各种经济活动的短期目标，又要有包括经营方向、发展速度和技术改良等重大经营策略的长期目标，而且长期目标要与短期目标相结合。同时，家庭农业经营还注重家庭再生产的可持续性，既要有获得持久收益的经济目标，又要有使家庭成员获得幸福感的效用目标，而且经济目标要与效用目标相结合。因此，为了实现农业经营的双重目标，整个经营过程十分重要。

5. 社会性

虽然农业在现代国民经济中所占的比例已逐渐降低，但到目前为止，维持人类生理机能所必需的糖类、蛋白质、脂肪等只能依靠农业获得，而且非农产业部门的发展最终要受到农业提供基本生活资料能力的限制。与此同时，农业通过自然代谢又对人类活动产生的废弃物和污染物予以接纳、储存、净化、降解、吸收，并使其以新的形式重新返回自然环境之中，这也是生态与环境调节的重要环节。此外，农业还具有保持水土平衡、防风固沙、调节气候、净化空气等功能，同时也是自然景观和资源循环的重要组成部分。

二、农业经营的目标

在从传统农业向现代农业转变的过程中，农业逐渐由自给自足的生产性农业发展为以营利为目的的商品性农业，农业经营的目标也由追求产量最大化演变为追求收益最大化。因此，现代农业经营的目标是收益最大化。然而，在商品经济的发展过程中，农业经营主体逐渐由单一的农户演变为各种形式的多元经营主体。对于不同的农业经营主体，其具体的经营目标不尽相同。

对于家庭经营而言，首先要考虑如何利用更多的土地或更合理地利用有限的土地来获得更高的收益（土地纯收益），其次要考虑如何投入更多的劳动力或更合理地投入劳动力来获得更高的收益（劳动报酬），最后要考虑如何更好地调配资金并合理使用资金来获得更高的收益（经营利润）。

对于企业经营（以雇用劳动力为主，资本提供者与劳动提供者不同的经营）而言，主要考虑如何投入资本与劳动力来从事生产和销售活动，以便使投资获得最高的利润。然而，企业经营以雇用劳动力为主，劳动报酬与利润之间存在相互矛盾的关系。因此，对于企业经营者来说，持续的高利润和土地纯收益是其农业经营的目标。

三、农业经营的基本要素

农业经营的基本要素在不同的农业发展阶段会有所不同。在传统农业社会末期及以前，人类的主要活动仍是为了获得生存所必需的食物和衣物等。尽管生产工具已经有所进步，但农业技术的进步十分缓慢，农业生产仍以简单的工具和大量的劳动力投入为主。因此，这一时期的农业经营的基本要素主要是土地和劳动力。

到了近代农业时期，工业革命改变了传统的耕作方式并极大地提高了农业生产率，自然科学在农业中的运用带动了世界粮食产量的增长，农业生产专门化和地域分工的发展促进了世界农产品贸易的发展。人类在食物需求得到基本满足后，开始追求食物以外的生活必需品和奢侈品，因此，农业开始摆脱自给自足的单一功能，向以供给食物和工业原料为主的商品性农业过渡。此时的农业仅仅依靠投入土地和劳动力已经不够，用资金购买肥料和农机具，努力提高农产品的产量并卖出更高的价格，以便有能力进一步投入再生产和使生活更加富裕，成为自然经济向商品经济过渡时期的农业生产循环。这一时期的农业经营的基本要素已经从原来的土地和劳动力两个要素发展为土地、劳动力和资本三个要素。

进入现代农业时期以后，以农业机械化、化学化、水利化和电气化为核心的农业“四化”得到了迅速发展，高新技术成果也逐渐在农业中得到应用。与此同时，农业结构逐渐转变为“省力、多肥、多农药”的购买型结构，货币经济进一步向农业渗透。农业经营者开始适应货币经济，向更先进的生产手段投放资金，从而使生产力进一步提高，农业也逐渐具有了企业的特征。在技术革新急速推进、农业环境急剧变化的过程中，农业领域的“信息化”也在不断推进。对于农业经营者来说，快速捕捉技术、市场等有关信息，以此为基础判断自身的经营状态，并决定今后的发展方向越来越重要。换言之，时代的进步要求农业经营者必须具备信息收集和信息处理的能力。在上述经济增长和农业环境变化的过程中，以技术革新和投资活动的兴起为背景，传统的家长制经营方式开始崩溃，作为资本结构部分的经营者群体开始出现。因此，在传统的农业经营三要素（土地、劳动力和资本）之外，又出现了新兴的农业经营三要素，即科技、信息和经营者能力。其中，经营者能力主要强调企业家精神、经营管理能力。

第三节　农业经营的功能与分析

一、农业经营的功能

对于传统的农业经营而言，其功能主要是品种与作业方法的选择、土地的适当利用、动力与设备的使用以及基本的生产管理。随着农业科技的不断进步和市场化程度的不断提高，农业经营的内部条件与外部环境都发生了巨大的变化。因此，现代农业经营的功能也更加丰富，归纳起来，可以分为管理和作业两大功能。其中，管理功能又包括决策、日常管理和经营评价三个功能，它们具有计划—运营—评价的对应关系。

农业经营的具体功能如下：

（1）品种选择。它主要是指农业经营者对基础品种的选择和对新品种的开发。如果所在地区只适宜生产某种作物或牲畜，则比较简单；如果所在地区可以生产多种作物或牲畜，或两者可以组合生产，且其盈利常随着经济与气候状况的变动而变动，则必须考虑选择何种品种或哪种组合。

（2）生产规模决策。它主要是指整体生产规模，不同品种所需的具体田块面积和进行轮作时的土地面积，生产用建筑物的大小、结构、排列与组合等是否适应农业生产的需要。

（3）投资决策。它主要是指初期投资和追加投资的规模。在大部分情况下，农业经营者自有资金有限，往往不足以应付生产所需，因此，必须考虑向农业金融机构或个人融资，并且要考虑融资金额、利率、期限、担保或抵押以及偿还方法等。

（4）组织参加决策。它主要是指是否参加合作经营组织、农业产业化龙头企业、地区性生产经营组织、集体作业组织等。

（5）信息管理。它主要是指及时了解市场行情、技术变化和气候变化，掌握第一手资料，对所取得的各种数据资料进行筛选、分析、比较、剔除，对不符合实际情况的数据要加以修正，对虚假的或者异常的数据亦可以剔除。

(6) 生产管理。它主要是指对各种投入要素的数量、要素之间的配合比例、生产时间的排列、生产方法的选择和所需要素的替代等进行管理，以保证和改善农产品的质量。

(7) 劳动管理。它主要是指对劳动力的投入数量、劳动时间、分工及协作、作业指导等进行管理，以提高劳动效率，并设法降低劳动强度。

(8) 购销管理。它主要是指对农业经营所需的种子、肥料、饲料、农药等购买的数量、时间、品质、渠道进行管理，并根据气候状况和市场变化不断进行调整；对农产品销售的数量、时间、地点和渠道等进行管理，并根据市场变化不断进行调整。

(9) 财务会计管理。它主要是指对农业经营的一切生产情况和收支情况进行详细记录，并在生产结束时或其他适当时期进行分析，以便做到心中有数和及时调整作业计划，控制不必要的开支。

(10) 经营成果评价。它主要是指通过对一些分析指标的计算和比较，了解经营结构，分析核心问题所在，以便改善要素投入和各个部门的运行机制。

二、农业经营分析的内容与方法

（一）农业经营的分析内容

1. 说明性分析

说明性分析主要是对农业经营的要素条件（如土地、资金、劳动力、技术等）、经营规模（投入与产出规模）、组织形式（经营品种与经营方式的选择等）、经营记录（资产负债、收支、生产情况、经营布局等）进行描述，以便充分了解现有的经营资源和经营结构，为进一步的分析和决策奠定基础。

2. 诊断性分析

诊断性分析主要是对经营成果（成本与收益）和经营效率（生产率与要素利用效率）进行计算，并通过比较分析（横向分析，将自身的经营指标值与经营条件相同的其他主体进行比较）和趋势分析（纵向分析，将当年的经营指标值与经营目标进行比较或者与过去多年的经营状况进行比较），来判断目前的经营状况是否合理，以期修正经营目标或经营计划。

3. 预测性分析

预测性分析主要是对经营资源（如劳动力、生产工具、资金、土地等）、技术条件（如新技术的出现、技术转化速度及其带来的经济效益等）、市场环境（如供求关系、价格及产品销售渠道等）、经营成果（如资金周转、劳动生产率、经营利润等）的变化方向，以及风险和不确定性等因素进行预测，以降低计划和决策的片面性，并从长远发展的角度配置现有的资源，以保证整个经营活动能够稳定、持续地进行。

（二）农业经营的分析方法

虽然农业经营学的研究对象是微观经营主体，但它仍然以现代经济学的理论和方法为基础。因此，除演绎法和归纳法以外，调查研究方法和数量分析方法也较为常用。农业经营分析包括农业经营过程分析、农业经营预测分析、农业经营决策分析等方面。

农业经营过程分析针对的是农业经营过程中涉及的一些经营管理问题。常用的农业经营过程分析方法包括会计记账法、财务分析法等。

农业经营预测是指农业企业根据过去和现在的经营状况以及内外部环境条件，遵循客观经济规律，运用科学的理论和方法，对企业经营中的各种不确定性因素及其对经营总体的影响进行预料、估计、判断和推测。农业经营预测的方法分为定性预测方法和定量预测方法。定性预测方法主要有集合意见法和专家征询法等；定量预测方法主要有简单移动平均法、加权移动平均法、指数平滑法、一元线性回归法和多元回归预测法等。

农业经营决策是指农业企业通过对其内部条件和外部环境进行综合分析，确定企业经营目标，选择最优经营方案并付诸实施的过程。农业经营决策的方法分为定性决策方法和定量决策方法。定性决策方法主要有名义集体决策法、头脑风暴法、德尔菲法等；定量决策方法主要有确定型决策、不确定型决策和风险型决策等。

下面简要介绍几种农业经营的分析方法，详见第十三章、十四章。

1. 会计记账法

会计记账法是以货币的形式记录和核算农业生产经营的过程及结果，并提供必要经营信息的一种方法。农业记账可以准确、全面和综合地反映生产经营活动的全过程，使农业经营者了解在经营过程中各项资金的来源、各项开支及其用途，了解生产经营活动的各种劳动成果的数量，合理计算各经营项目的经济效益，分析各经营项目在全部收益中所占的比例，为今后安排生产提供可靠的依据。此外，通过比较历年的经营情况，了解经营过程中的问题，有效地利用现有资源，分析和改善经营结构与各经营项目之间的关系，提高生产效率，对进行经营预测和决策都具有重要意义。可见，农业记账不仅有利于提升农业经营者的管理能力，而且可以提高其生产经营水平。

2. 财务分析法

财务分析法是指经营活动完成后，对经营活动的结果做出分析和判断，使下一轮经营活动更加合理的一种技术方法。它主要包括比较分析法、比率分析法、趋势分析法和因素分析法。比较分析法是通过两个或两个以上相关经营指标的对比，确定指标之间的差异，并进行差异分析或趋势分析的一种分析方法；比率分析法是通过财务相对数指标的比较，对经营活动的变动程度进行分析，借以评价财务状况和经营成果的一种方法；趋势分析法是对两期或连续数期财务报表中的相同指标或比率进行比较，以确定其增减变动的方向、数额和幅度，揭示财务状况、经营成果增减变化性质和变动趋势的一种分析方法；因素分析法又称为连带替代法，是确定几个相互联系的因素对某个财务指标的影响程度，据以说明财务指标发生变动或差异的主要原因的一种分析方法。

3. 时间序列分析法

时间序列分析法是根据系统观测得到的时间序列数据，通过曲线拟合和参数估计来研究随机数据序列所遵从的统计规律，以推测事物发展趋势的一种方法。时间序列预测一般反映三种实际变化规律，即趋势变化、周期性变化和随机性变化。

4. 因果关系预测法

因果关系预测法是根据客观事物之间的因果关系，并用一定的函数方程来进行预测的方法。常用的因果关系预测法有一元线性回归法和多元回归预测法。

5. 农业生产函数分析法

农业生产函数分析法是假定一定时期内，在技术水平不变的情况下，计算农业生产中所使用的各种投入要素的数量与最大产量（或产值）之间关系的一种数量分析方法。

6. 盈亏平衡分析法

盈亏平衡分析法是通过比较产品的生产成本和销售利润，确定企业不亏不盈（盈亏平衡）的生产批量（盈亏平衡点或保本点），然后以盈亏平衡点为依据进行决策分析。进行盈亏平衡分析时，一般按照成本和业务量之间的关系，把成本分为变动成本和固定成本。

本章小结

本章首先介绍了农业经营的产生与发展，然后详细介绍了农业经营的内涵、特征、目标与基本要素，最后介绍了农业经营的功能与分析，其中，分析内容包括说明性分析、诊断性分析和预测性分析；采用的分析方法主要是演绎法、归纳法、调查研究方法和数量分析方法。

练习题

1. 农业经营不具备（　　）。

A. 自然性　B. 组织性　C. 间断性　D. 社会性

2. 农业经营采用的分析方法不包括（　　）。

A. 数量分析方法　B. 调查研究方法　C. 归纳法和演绎法　D. 定性判断法

3. 农业经营的管理功能不包括（　　）。

A. 决策　B. 日常管理　C. 预测　D. 经营评价

4. 农业经营的基本要素逐渐在土地、劳动和资本的基础上，扩展了（　　）。

A. 科技、信息和经营者能力　B. 资本和技术

C. 经营能力和技术　D. 资本和信息

5.（　　）是假定一定时期内，在技术水平不变的情况下，计算农业生产中所使用的各种投入要素的数量与最大产量（或产值）之间关系的一种数量分析方法。

A. 随机前沿分析法　B. 包络分析法

C. 农业生产函数分析法　D. 时间序列分析法

6.（　　）是根据系统观测得到的时间序列数据，通过曲线拟合和参数估计来研究随机数据序列所遵从的统计规律，以推测事物发展趋势的一种方法。

A. 随机前沿分析法　B. 包络分析法

C. 农业生产函数分析法　　　　　　　　D. 时间序列分析法

7.（　　）是根据客观事物之间的因果关系，并用一定的函数方程来进行预测的方法。

A. 随机前沿分析法　B. 包络分析法　　C. 因果关系预测法　D. 时序列分析法

8.（　　）是通过比较产品的生产成本和销售利润，确定企业不亏不盈（盈亏平衡）的生产批量（盈亏平衡点或保本点），然后以盈亏平衡点为依据进行决策分析。

A. 随机前沿分析法　　　　　　　　B. 包络分析法

C. 农业生产函数分析法　　　　　　D. 盈亏平衡分析法

9.（　　）是以货币的形式，记录和核算农业生产经营的过程及结果，并提供必要经营信息的一种方法。

A. 随机前沿分析法　　　　　　　　B. 会计记账法

C. 农业生产函数分析法　　　　　　D. 时序列分析法

10.（　　）是指经营活动完成后，对经营活动的结果做出分析判断，使下一轮经营活动更加合理的一种技术方法。

A. 随机前沿分析法　　　　　　　　B. 会计记账法

C. 农业生产函数分析法　　　　　　D. 财务分析法

第二章　农业经营学的发展

学习目标

掌握：农业区位论、农业集约度学说、美国初期的农场管理学研究、日本农业经营学的形成与发展。

熟悉：合理农业论、农场有机体学说、第二次世界大战后美国农场管理学研究的趋势、经营组织论、经营调查与统计。

了解：企业形态论、经营管理论、美国农场管理学研究方向的演变、日本农业经营学的形成与发展。

知识导图

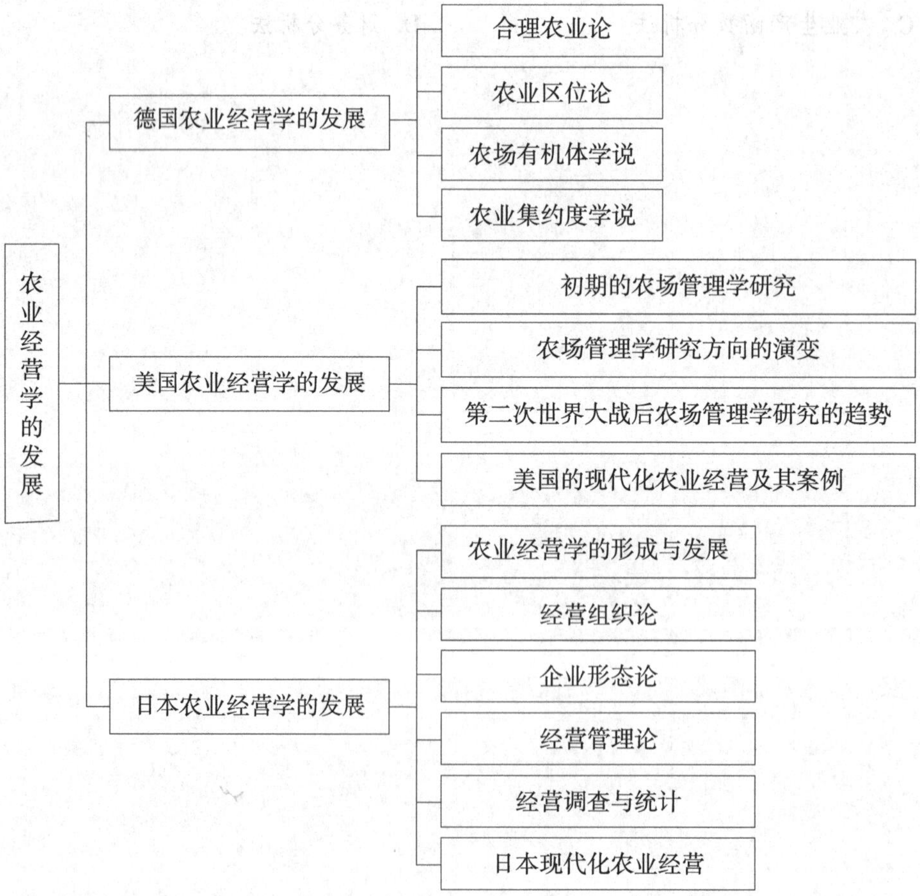

中国古代就有关于当时农学家对精耕细作的主张和农业集约经营思想方面的文字记载，古埃及、古希腊、古罗马等文明古国从传统农业时期流传下来的一些文献中也有各种关于农业经营思想的论述，但它们都没有形成系统的农业经营学体系。科学的农业经营学在经济学、会计学和统计学等学科逐渐发展以后，才逐渐从农学和经济学体系中分离出来，成为一门独立的学科。各国在不同的发展时期都有关于农业经营方面的研究，但最早形成学科体系的是德国，后来，这些学科体系又传入美国和日本。

第一节　德国农业经营学的发展

欧洲农业经营理论的发展始于19世纪初，在最早出现资本主义农业经营的英国，阿瑟·扬在其所著的《英格兰及威尔士南部游记》和《法国游记》中，提倡诺福克轮作制度，并论证了大农业经营的优越性、生产要素配合比例和生产费用与收益的关系等问题。但是，相对独立发展较早的是德国。到19世纪末，德国的农业经营学已形成基本的理论体系，而且德国的农业经营学派思想对现代农业经济科学的发展影响深远。其代表人物早期有泰尔、屠能、戈尔兹等。美洲新大陆的发现使廉价农产品大量进入欧洲市场，这导致欧洲市场上的农产品价格大幅度下跌。也就是说，仅仅依靠增加产量来提高收益已逐渐困难，经营的合理性日益成为紧迫的课题。在这种状况下，农业经营的重要性开始受到广泛关注，很多学者开始探讨农业经营方式和经营制度方面的问题，农业经营学也因此得到了进一步的发展。进入20世纪后的主要代表人物有艾列波、布林克曼等。

一、合理农业论

德国最早进行农业经营研究并使农业经营学成为一门科学的人是泰尔①，他将农业经济与农业技术在科学处理上相互分离，并使其各自发展。19世纪初，泰尔通过对当时最先进的英国农业进行调查研究，撰写了《合理的农业原理》一书，介绍了农学、畜牧学等技术科学知识和农业经营、统计等经济科学知识。他认为，自然科学的合理性（高产、稳产与培养地力相结合）和经济学的合理性（资本主义与最大利润）可以相互协调、并行不悖。他首先提出“农业是一种营利事业”，农业经营的目的是获得长期、持久的最大利润，并大力宣传轮作制，引进当时盛行于英国的四圃轮作制代替三圃制与休闲法，并提出合理的农业经营应以追求持续的最大纯收益为目标，从而将经营学从农学中分离出来，在农学体系中确立了农业经营学的地位。

二、农业区位论

在泰尔合理农业论的基础上，屠能②结合自己的亲身实践——购置德禄田庄，对农场的

① 阿尔布雷希特·泰尔（Albrecht Thaer，1752—1828），德国农业经营学家、德国农业经营学创始人之一。

② 约翰·海因利希·冯·屠能（Johann Heinrich von Thünen，1783—1850），德国农学家。

收支情况进行了详细记录，并以从农场获得的资料为基础，从大规模农业企业者的角度出发，分析经济地位对农场经营的影响。他于1826年出版了《孤立国同农业和国民经济的关系》一书，首次探讨了不同农业类型和集约水平分布的规律性，并对农业经营的区位条件进行了深刻的分析，创立了农业区位论，对级差地租理论做出了重要贡献。屠能得出的研究结论如下：轮栽制和三圃制没有绝对优势，其优劣取决于交通位置；集约和粗放两种经营方式取决于经济条件，在静态经济下要因地制宜，在动态经济下要因时制宜；工资水平取决于劳动的边际生产力，地租取决于土地的边际生产力，利率取决于资本的边际生产力。因此，屠能被视为农业配置学和农业区位论的创始人，也是德国农业经营经济学派的奠基者。

屠能所著的《孤立国同农业和国民经济的关系》主要研究孤立国与农业和国民经济之间的关系。他认为，土地利用类型和农业土地经营集约化程度不仅取决于土地的天然特性，更重要的是依赖于当时的经济状况和生产力发展水平，尤其是从农业生产地到农产品消费市场的距离。为了阐明距离对土地利用类型的影响，屠能首先做出以下假设：①在一个大面积的区域内，有一个圆形范围的“国家”，其中有人居住和耕种，而这个“国家”以外是大片不能耕种的土地。②这个“国家”的土地是一定的，而且全部投入使用，并且要获得尽可能高的净收入。③这个“国家”只有一个城市，且位于其中心，其他都是农业用地，城市是农产品消费的中心。④在城市和其郊区之间，只有陆上道路交通。⑤在这个“国家”中，各地的气候特点和土壤质量都是相同的。⑥运输费用与农产品的质量和生产地到消费市场的距离成正比。

从这些假设条件出发，屠能推导出关于土地利用类型的结论：在距离城市最近的郊区，可以生产易腐烂的、不适宜长途运输或者质量大、单位质量价格低的农产品。那么在距离城市远一些的生产地，就应种植单位质量价格较高的农产品，这样就会使得生产资料成本和劳动力成本相对下降，其结果是随着到消费市场距离的增加，土地经营会越来越粗放。而在距离城市最近的郊区，其经营最集约，即城市周围土地的利用类型和农业集约化程度都是呈层级变化的。

三、农场有机体学说

艾列波①是戈尔兹②的学生之一，他除了继承泰尔、屠能的理论，受戈尔兹的影响之外，还创立了新的理论体系。他在1917年出版的《农业经营学概论》中提出了农场有机体学说，将农场看成一个不可分割的有机体，而个别生产部门为有机体的器官，彼此密切依存，不能独立，但它们均对农场有贡献。这种贡献或使农场获得现金收入，或改善其他生产业务

① 艾列波（Aerobe，1865—1942），德国农业经营学家。

② 特奥多·冯·德·戈尔兹（Theoder Freiherr von der Goltz，1836—1905）曾是耶拿大学和波恩大学著名的农业经营学教授，受李比希影响颇深。他曾讲授过“农业经营学”“土地评价学”等课程，主张将农学划分为通论农学或农业经济学两大部分。他呼吁农业生产不应该只看总收益而忽略纯收益，力图使农业经营学从李比希影响下的农业化学转回经济学。

的生产力，或利用其他生产业务的副产品或不能出售的产品，或利用剩余劳动力，这些贡献均有助于增加农场总收益。因此，农场管理不能单看各部门本身的收益，而应从整体利益出发，衡量其对整个农场的作用。该书中还论述了农产品价格、生产资料价格的变动对于土地利用、农作物种植比例、收获方式、农产品储藏和畜禽饲养方式等方面的影响，以及农业经营必须考虑市场因素。这是他对农业经营学理论发展的一大贡献。

四、农业集约度学说

布林克曼①是集德国农业经营经济学之大成者，他于1914年发表的《农业经营经济学》一书是阐述其农业经营思想的代表作。在此书中，布林克曼围绕农业集约化和农业经营制度两大主题，论述了边际收益递减规律、投资收益界限、部门配合理论和生产规模等问题，还应用动态分析方法，分析了影响农业集约度和农业经营制度变革的各种主要因素。他认为，就集约度等级划分的可能性而言，每一种经营制度都可以呈现出极大的伸缩余地，因而在经营形态的划分上，最好是集约度与经营制度并重。另外，在商品经济条件下，农业经营的目的在于获得最高的持久收益，为此，经营者必须使其农业生产集约度达到最适当的程度；农业生产集约度主要受农业企业的交通位置、农场的自然状况、国民经济的发展阶段和企业家的个人情况四个因素的影响，布林克曼的主张和观点使得当时以农业经营经济学派为代表的西方农业经济学在理论和方法上形成一个较为完整的体系，并为当代农业经营学奠定了基础。布林克曼还在农业经营学的研究中使用了定量分析法。

他曾多次到欧洲其他国家及南北美洲考察农业，并利用屠能的理论和方法对农场经营问题进行演绎研究，发表了一系列有关农业经营方面的论著，如《对于集约度学说的论著及其批判》《农业经营经济学》《土地利用与用畜饲养之间最理想的关系》等。

他和艾列波都以屠能的理论为基础，并把农业经营学的重心放在经济学方面。艾列波和布林克曼的理论奠定了现代农业经营学的基础，并对农业经营学形成完整的体系有着重大影响。

第二节　美国农业经营学的发展

美国的农业经营学起源于19世纪末，最初主要集中于农场管理性质的生产费用研究。进入20世纪以后，美国农业经营研究颇为活跃，农业经济学者各有侧重地对农场经营的理论与实务、农产品的价格和运销，以及土地经济、农村经济等问题进行了探讨，研究方法不断更新，相关著述也日益增多。

---

① 西奥多·布林克曼（Theodore Brink，1871—1951），中学毕业后从事农业工作6年，后到波恩农学院学习，受教于戈尔兹，1906年获哲学博士学位，以后曾任波恩农学院教授、院长和波恩大学校长，是近代德国农业经济学界中唯一的纯理论经济学者，也是农业经营经济学的创始人之一。

一、初期的农场管理学研究

1902—1907 年，农艺学家韩德教授在俄亥俄大学教授农场管理学。1903 年，他去康奈尔大学讲学，并以个别农场为对象，对农场管理进行了详细研究。例如，为某一特定农场绘制一张地图，并收集有关该农场的一切农业经营资料，最后为该农场详细制定一个 5 年经营规划。这就是用“个案法”研究农场管理学的开始。

1912，斯皮尔曼对一个位于宾夕法尼亚州南部的“模范农场”进行了典型调查，进而从事系统化的农场组织与管理研究，颇为成功，并著有《何谓农场管理》一书。

美国著名的农业经济学家泰勒于 1901 年开始进行农场管理研究工作。他的第一部著作是《农业经济学》，用大部分篇幅论述个别农场的组织与管理问题，认为组织和管理农场的指导原则是取得最大利润，为此，需要着重研究各种生产因素的作用及经济性质。他的研究习惯与斯皮尔曼不同，主要介绍新的研究方法，以扩展农场管理研究的基础；清楚地叙述目的，以确定其范围；用统计方法分析所得的资料，以求结果精确。泰勒为农场管理研究开辟了一条新的道路。

1923 年，明尼苏达大学的邦德教授与美国农业部农业经济司的塔普，认为农场管理应根据近期资料策划或改进未来的农场组织与经营，以求获得最大而持久的收益，创立了一种“农场预算法”。该方法根据近期资料来计划未来土地、劳动、设备以及其他农民所有资料的有效利用，并估计未来农场的作物、牲畜以及其他生产费用与收入，进行最有利的生产。

二、农场管理学研究方向的演变

1930 年前后，美国爆发了农业危机。当时，大多数农场由于农产品价格暴跌而收入大减，已无法继续经营，甚至濒临破产。许多农场管理学者（如赫莫斯）深感以往研究只着重于个别农场的组合与经营，而忽视了农场的对外关系，于是他们纷纷调整为农场生产研究，着重研究农业经营方式。同时，他们还主张调整农场内部、农场之间和地区之间的生产组织，以适应当前需要。这种主张引起了美国联邦政府的重视，美国联邦政府于 1933 年公布了《农业调整法案》，后来又公布了《土壤保持法案》。当时一般农场的组织与经营，如生产业务的选择与组合以及土地利用等，均以配合这两个法案为前提，以求渡过农业危机。

在此背景下，为了配合地区之间农场生产的调整，农业经营方式的研究颇为盛行。美国在第二次世界大战期间，为适应战时经济情况的变化，增加农业生产的产量，农场管理学者帮助农民从日常生产转为战时生产，使得农场管理的研究转向企业经营机能的研究，更加重视依据市场变化调整生产方向和资源配置。

三、第二次世界大战后农场管理学研究的趋势

第二次世界大战后，农场管理学的研究更广泛地运用动态经济学的理论和计量经济学的

方法，并以统计学和数学为工具，对农场管理问题的分析也更为精密，因此研究进展极快。采用的研究方法主要有以下两种：

1. 生产函数法

20 世纪中期以来，美国的农场管理学者对于农场生产中投入与产出的关系、生产要素边际生产力的测定、生产费用的降低，以及农场经营的适度规模等，多运用柯布－道格拉斯生产函数来进行研究。该函数的普通表达式为

$$Y = aX_1^{\alpha}X_2^{\beta}$$

式中，Y 为产品数量或价值；a 为常数；X 为生产要素数量；α、β 为弹性系数。

此函数由美国数学家柯布和经济学家道格拉斯于 1928 年合作得到，原本主要应用于工业生产，用来测定生产函数和估计各生产要素收益的分配率。1944 年，丁托纳以艾奥瓦大学的 468 个农场记录为基础，运用生产函数来分析生产要素的边际生产力。这成为将柯布－道格拉斯生产函数应用于农场管理研究的开始。

1953 年以后，该方法开始普遍应用于农场管理问题的研究。这些研究多偏重于饲料或肥料的适当配合，黑迪和博莱特福特等还曾将其用于研究农场生产中肥料投入与产出的关系、生产要素的边际生产力及其配合比率等。此外，很多州立大学也应用该生产函数研究各种农场管理问题，并将结果提供给农民，作为改进农场经营的参考。

2. 线形计划法

线形计划法是指假定肥料投入与产出的关系是直线关系，并且资源一定，将资源进行最适当地运用，以期达到最大产量或最低费用的目的。此方法由渥夫博士在 1951 年用于研究最低生产费用下的饲料配合，其后被农场管理学者用于研究作物轮作的设计、资源的最适当运用、具有竞争关系的生产业务的最优组合及设计农场生产等。1958 年，黑迪为适应农业界的需要，在《线形计划法》一书中介绍了该方法在静态或动态经济状况下如何运用于农场管理。过去，线形计划法是假定在静态经济状况下设计生产的，所以它被认为是不切合实际的。黑迪提出的动态线形计划法弥补了静态经济状况下的缺陷，使研究可以与实际相结合。因此，此方法被普遍应用于农场管理方面的研究。

20 世纪 70 年代后，卡斯特等的《农场管理学》、奥斯伯的《农场经营管理》和达夫特的《农工联合企业管理》等，使农场管理的理论得以充实，研究内容更加丰富，研究方法更加精确，这标志着农场管理学的发展进入了一个新的阶段。

四、美国的现代化农业经营及其案例

在美国农业的发展中，美国农业学者不断地结合本国农业发展的需要，因地制宜进行农业经营相关的科学研究，逐渐形成了较为完善的农业经营学体系，并且使得农民的传统观念、生活态度发生变化，使农业生产更加规模化、集约化。现代美国农业经营不仅集约化、市场化、组织化、规模化，也更为信息化、精准化。

案例分析

信息化的农场主

罗德尼·席林是美国伊利诺伊州的一个农场主，他和父亲经营着1 300英亩（约7 900亩，1亩≈666.67平方米）田地。他的父亲已经八十多岁了，地里的工作都由席林自己负责。即便在农忙时节，他也不用雇工，最好的帮手是农场里的那几台农业机械——驾驶室里配备的全球卫星导航系统和自动驾驶系统。席林坐在驾驶座上，农业机械会按照设定的路线工作，施肥、打药完全自动化，对于哪些地方打过、哪些地方没打，全球卫星导航系统上都显示得清清楚楚。大多数时候，席林会把平板电脑带在身边，内置的软件会提醒他何时适宜下地查看，该打药或该施肥了，以及提供实时的和未来几天的天气数据。在美国，像席林这样的农场主越来越多，农业生产模式正在从机械化向信息化转变。

第三节　日本农业经营学的发展

农业经营学在19世纪中期传入日本，其后经历了19世纪末到20世纪初的“发现问题时期”、第二次世界大战后初期的“理论化时期”和后来的“理论检验时期”，不仅形成了独特的理论体系，其研究对象和研究内容也日益细化。

一、农业经营学的形成与发展

日本农业经营学最初的论著主要是德国农业经营学的翻版，研究对象也主要是资本主义大农业。但是，日本在小农生产的背景下，农业经营中所面临的诸如浅耕、排水不畅、施肥不充分等问题仅依靠外来理论无法得到解决。20世纪初，以横井时敬和桥本传左卫门为代表的学者开始了独立的农业经营研究。尽管这时的农业经营研究仍延续着德国农业经营学的基本框架，但其在农业政策方面主张对小农经营进行保护，其内涵与资本主义的雇佣经营已有很大区别。

第二次世界大战结束后，日本面临严重的粮食匮乏问题，满足国内粮食需求成为当时日本迫切需要解决的问题。在这种背景下，以金泽夏树和矶边秀俊为代表的学者对以个体经济论为中心的农业经营学进行了批判，并且形成了个体经济与社会经济相结合的农业经营学体系。

20世纪中期以后，随着经济飞速发展，日本农业也发生了很大的变化。首先是农业经营主体由原来的个体农户和家庭农场逐渐演变为专业农户、兼业农户、家庭农场等多元化的规模化组织，土地、劳动力和资本三大农业生产要素的利用形式及投入比例也发生了很大的变化，农业科技、农业机械的利用比例日益提高。同时，由于国际形势变化和国内的农业政策改革、市场结构调整等，农业经营学的研究对象、研究方法和研究范围也随之不断变化。现代农业经营学的研究范围更加广泛，如从学说史的角度对农业经营学的体系进行整理；在探讨家庭经营的同时，探讨合作经营和区域农业经营组织；从效用最大化的角度考察同一时期生产不同作物时，如何在有限的土地上提高生产率和收益；从企业增长论的视角，探讨农业经营主体如何应对环境变化，发现生产机会，增加生产资源，以获得更多的利润。

二、经营组织论

经营组织论主要探讨个体经济如何对土地、劳动和资本等生产要素进行最合理的组织，包括农业经营规模与集约度、土地利用方式以及复合经营的问题。日本早期的经营组织论主要引自德国传统的组织论和美国的生产经济学等相关理论。

金泽夏树对以往混乱的规模理论和集约度理论进行了整理，将规模区分为投入要素的规模和产出结果的规模，并对集约度进行了明确的界定。同时，第二次世界大战后，日本农地政策改革所引发的生产关系变革引起了日本国内关于土地利用方式的探讨，包括第二次世界大战后初期出现的水田、旱田的轮作方式，以及出现了水田奶牛、水田蔬菜等生产方式；其后加用信文和熊代幸雄等对稻麦轮作和旱田复种、间种、套种等土地利用方式，从地理和历代耕作制度比较的视角进行了一系列探讨；泽村东平运用生产经济学的方法，对日本水田土地利用方式进行了理论与实证分析。进入农业危机时期以后，引入多种作物和副业的复合经营开始发展。在近代化过程中，小农复合经营逐渐被大农复合经营或大规模复合经营所替代，在20世纪60年代中期至70年代初，伴随着日本经济的高速增长，与机械化、化学化、装备化相适应的连作成为土地利用的主要方式。虽然这种方式提高了农业收入，但从长期来看，连作会导致地力低下等问题，最终会降低农业收益。为此，这一时期农业部门的经济合理性受到关注，学者们开始从可持续经营的角度来探讨土地利用方式的问题。关于复合经营的定义与方法、复合化的原理、复合化的利益、复合化的类型、复合化的现状、区域复合经营等的研究也日益丰富起来。

三、企业形态论

1955年以后，传统的小农体制发生了变化，真正的农业经营者开始出现。在这一时期，一些学者开始关注家庭农业经营结构的变化，并提出了家庭经营类型论。其中，和田照男以企业形态论为基础，将农业生产组织按照组织成因（规模经济型、外部效果型、市场补充型）和经营者功能（分散型、统一型）进行了分类，并提出了中间组织的概念。进入20世纪70年代以后，企业形态论更广泛地应用于土地利用、农业经营的法人化等方面的研究。例如，稻本志良在探讨经营规模问题时，考虑了经营组织和经营形态；秋山邦裕提出，企业形态将从家庭经营转化为企业经营（营利法人）、合作经营（中间法人）、市民农园和公益法人等多种形态并存。

四、经营管理论

1961 年，日本《农业基本法》颁布并推行，农业结构调整和大规模农业开发计划开始实施。在此背景下，农业经营的管理功能日益强化，以往的计算管理发展为经营计划法。20 世纪 60 年代以后，在传统计划法的基础上，数理计划法的研究普遍展开。一类研究集中于对实践功能的评价，如工藤元对农业经营进行了计量分析，久保嘉治和松原茂昌等提出了符合日本国情的农业经营分析和经营计划的方法；另一类研究集中于对管理方法的探讨，如今村幸生提出对经营总体进行综合管理的方法，泽村东平提出经营计划只是经营功能的一个规范过程。此外，一些学者开始重视研究经营者能力的提高与农业经营的关系。例如，重富真一以草莓种植农户为对象，分析了经营权转移、社会经济条件等对经营管理能力提高的影响；天间征从经营者的性格、身体状况、农业经验、学历、生活态度、对农业的兴趣、知识水平、集团中的社交能力和指导能力等方面研究了成功经营者所应该具有的能力；木男章则以养猪农户为对象，定量分析了经营者的能力对经营成果的影响。

五、经营调查与统计

农地改革确立了自耕农的主体地位以后，农业经营调查开始在日本盛行。20 世纪 70 年代以后，随着家庭农业经营的演变，农业经营调查的内容也日益丰富。概括起来，它主要包括三个方面：农业生产力调查、耕作制度变革与耕作制度调查、区域农业与集体组织调查。

1. 农业生产力调查

由于国内经济形势变化，日本出现了弃耕、土地利用粗放、地力低下、栽培管理粗放、经营资源不足等突出问题。为此，众多学者开始对农田管理、栽培、机械设备、经营资源、管理和决策等进行调查分析，积累了大量的研究成果。

2. 耕作制度变革与耕作制度调查

在日本农业危机持续的背景下，农业结构调整和农法变革的重要性日益凸显。一些学者从农业经营史的研究角度，对农业技术及耕地、水利条件等引起的轮作变革和历代农法的形成过程进行了探讨；另一些学者对日本乃至东亚、西欧的农法加以探析，对农法的运用突出其地域特征，加以细分，并趋于具体化。

3. 区域农业与集体组织调查

由于共同利用组织、共同作业组织、委托经营等开始出现，一些学者开始探讨区域的自主性与区域内各种组织之间的有机联系、近代化过程中村落功能的变化、个体经营的专业化以及不同经营主体之间相互支援所形成的区域复合化等问题；另一些学者对不同区域分别进行研究，并提出相关建议。

六、日本现代化农业经营

日本的农业经营学最初引自德国农业经营学和美国农业经营学，但日本的农业资源禀赋和农业发展状况与德国、美国的大资本主义农业并不一样。因此，日本农业学者在引进外国农业经营学的过程中，开始进行符合日本国情的农业经营研究，进而探索出一套更加符合日本农业发展的农业经营学体系，并推动日本农业迅速实现现代化。日本现代化农业经营已经实现了机械化、专业化、精准化、信息化，并且现代日本农业生产的专业化分工十分明确。每个地区都有其特色产业，每个农户都有其主导产品，优势互补、相互依存，共同构建了日本农业经济的整体框架。

案例分析

奶牛乐园——听音乐的奶牛

在位于爱知县田原市石神町的伊藤先生的奶牛场里，有200头奶牛，这些奶牛每天都可以听巴赫的音乐。伊藤先生给自己的奶牛场取名为“奶牛乐园”。他认为，奶牛也能“欣赏”音乐，舒缓的音乐能够提高奶牛的食欲，从而可以提高产奶量。同时，奶牛场里还有先进的鲜奶冷却设备，能迅速冷却鲜牛奶，使其口感和品质能被最大限度地保留下来。此外，奶牛场里配有机器母牛给小牛喂奶，每头小牛脖子上都戴有一个无线感应装置的项圈，它也是自动喂奶机的身份识别器。通过这个装置，机器母牛就能控制每2小时给每头小牛喂一次奶，从而实现了奶牛场的精细化和专业化管理。

本章小结

本章主要介绍了世界上最早形成比较系统的农业经营学体系的国家，包括德国、美国和日本。其中，德国农业经营学是发展最早的，其代表人物有泰尔、屠能、戈尔兹、布林克曼等。美国农业经营学的发展稍晚于德国，其农业经营学的发展最初主要是农场管理学的研究；日本的农业经营学则主要是德国农业经营学和美国农业经营学的翻版。

练　习　题

1. 德国最早进行农业经营研究并使农业经营学成为一门科学的人是（　　）。

A. 泰尔　　B. 屠能　　C. 艾列波　　D. 布林克曼

2.（　　）出版了《孤立国同农业和国民经济的关系》一书，首次探讨了不同农业类型和集约水平分布的规律性，并对农业经营的区位条件进行了深刻的分析，创立了农业区位论。

A. 泰尔　　B. 艾列波　　C. 屠能　　D. 布林克曼

3. 在（　　）中，布林克曼围绕农业集约化和农业经营制度两大主题，论述了边际收益递减规律、投资收益界限等问题。

A.《农业经营经济学》

B.《对于集约度学说的论著及其批判》

C.《农业经营制度及其区位配置》

D.《土地利用与用畜饲养之间最理想的关系》

4. 美国的农业经营学起源于19世纪末，最初主要集中于（　　）性质的生产费用研究。

A. 农业生产　　B. 农场生产　　C. 农业经济　　D. 农场管理

5.（　　）根据近期资料来计划未来土地、劳动、设备以及其他农民所有资料的有效利用，并估计未来农场的作物、牲畜以及其他生产费用与收入，以计划最有利的生产。

A. 个案法　　B. 农场预算法　　C. 农家访问法　　D. 农场管理法

6. 20世纪中期以来，美国的农场管理学者对于农场生产中投入与产出的关系、生产要素边际生产力的测定、生产费用的降低，以及农场经营的适度规模等，多运用（　　）来进行研究。

A. 柯布－道格拉斯生产函数　　B. 线性规划法

C. 完全替代生产函数　　D. 线性生产函数

7. 下列选项中，不是现代美国农业经营的特点的是（　　）。

A. 精准化　　B. 信息化　　C. 规模化　　D. 分散化

8.（　　）对以往混乱的规模理论和集约度理论进行了整理，将规模区分为投入要素的规模和产出结果的规模，并对集约度进行了明确的界定。

A. 金泽夏树　　B. 和田照男　　C. 高桥正郎　　D. 矶边秀俊

9. 随着家庭农业经营的演变，农业经营调查的内容也日益丰富，它主要包括三个方面，其中不包括（　　）。

A. 农业生产力调查　　B. 农法变革与农法调查

C. 农场管理调查　　D. 区域农业与集团组织调查

10. 现代日本农业生产的（　　）十分明确。每个地区都有其产业特色，每个农户都有其主导产品，优势互补、相互依存，共同构建了日本农业经济的整体框架。

A. 精细化分工　　B. 专业化分工　　C. 组织化分工　　D. 社会化分工

第三章　中国农业经营的发展

学习目标

掌握：改革开放后农业经营的发展。

熟悉：从原始社会到中华人民共和国成立时期近代农业经营的发展。

了解：从原始社会到中华人民共和国成立时期原始农业经营和传统农业经营的发展。

知识导图

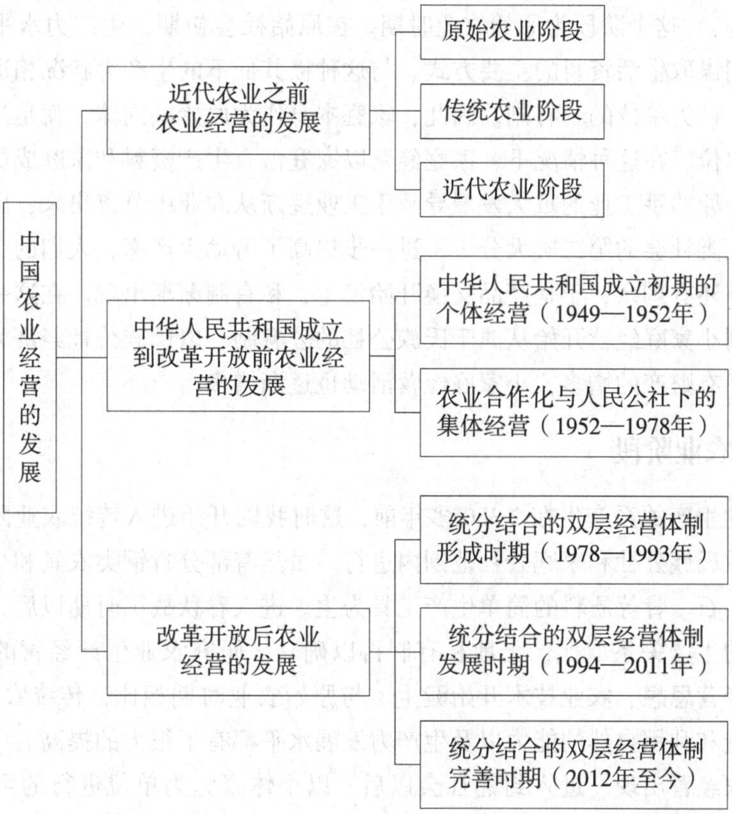

我国地貌多样，有温带，又兼有热带、亚热带、暖温带、寒温带和寒带几个不同的温度带，适宜农、林、牧、渔等各业发展。从我国农业的发展阶段来看，距今一万多年前至2 300多年前为原始农业阶段，距今2 300多年前至鸦片战争为传统农业阶段，鸦片战争开始至中华人民共和国成立前为近代农业阶段，中华人民共和国成立后至今为现代农业阶段。虽然在春秋时期我国便形成了较为完善的农业体系，但直至中华人民共和国成立前，我国农业生产技术的发展一直处于停滞状态，农业经营一直以小农户经营为主体，农业生产一直以家庭为单位的人工劳动力为主。在中华人民共和国成立之后，我国农业经营的发展在经历了很多曲折后开始取得长足进步。因此，由于农业发展阶段、社会背景不同，每个阶段农业经营的发展状况也不尽相同。

第一节　近代农业之前农业经营的发展

一、原始农业阶段

我国作为世界上最古老的农耕文明大国，在商朝就已经有了麦、稻、桑、麻等作物，在西周时期已经有了后世种植的绝大部分作物，并在原始社会就开始驯养“六畜”（猪、牛、羊、马、鸡、狗），这个阶段为原始农业时期。在原始社会初期，生产力水平极其低下，采集和渔猎是人们谋取生活资料的主要方式。与这种极其低下的生产力状况相适应的是以原始共同体、氏族公社为单位的公有制。因此，家庭本身作为原始共同体，就是当时社会的一个基本经济组织单位。在这种情况下，家庭经营以家庭占有生产资料和家庭成员共同劳动、共同消费为特征。原始手工业的重大发展导致手工业逐渐从农业中分离出来，成为独立的生产部门，实现了人类社会的第二次大分工，进一步提高了劳动生产率，人们的劳动产品除维持自己的生存以外还有剩余，于是产品交换开始发生，私有制渐渐出现。在这一时期，父权时代的一夫一妻制小家庭经营开始从属于氏族公社的公有制，以氏族公社经济为主、小家庭经济为辅。随着私有财产的增多，小家庭经营活动也逐渐增多。

二、传统农业阶段

封建社会的生产关系产生在 2 300 多年前，这时我国开始进入传统农业阶段，一切生产和消费活动都在氏族公社和家庭公社范围内进行。虽然有部分青铜类农具和少量铁质农具出现，但仍以木、石、骨等质料的简单生产工具为主。进入春秋战国时期以后，奴隶制的生产关系被封建制的生产关系取代，土地私有制得以确立。研究农业生产经营的农学家开始出现，各种农业经营思想、农业技术开始诞生。与原始农业时期相比，传统农业的经营方法、经营思想、改造和利用自然的能力以及生产力发展水平都有了很大的提高。

一是自耕农经营出现。进入封建社会以后，以个体家庭为单位进行的生产有了巨大发展，成为社会范围内普遍存在的生产形式。封建制度下的自耕农是与封建的土地占有制度相联系的，尽管他们是生产资料的个体所有者，但他们仍然受到封建地主阶级与封建国家的剥削和压迫。此外，多数自耕农的家庭经营并非完全占有生产资料，耕种的土地大部分不属于自己，产品也不能完全归自己支配。他们和地主之间除单纯的租佃关系以外，还保持着宗法式的主仆关系。总的来说，这时的农业家庭经营是自给自足的，农民在土地上的收获除向地主纳租以外，剩余的主要用于家庭消费。

二是出现了很多优秀的农学家。例如，魏国宰相李悝首倡“尽地力之教”（发展农业）。战国中期，《孟子·梁惠王上》中有“深耕易耨”“百亩之粪”，提倡向土地多投入劳动和肥料，以提高单位面积的产量。晋代傅玄提出“不务多其顷亩，但务修其功力”，即主张在一定面积的土地上多投入劳动来提高农业产量。后魏农学家贾思勰进一步提出“凡人家营田，须量己力，宁可少好，不可多恶”。南宋农学家陈敷在《陈敷农书》中提出“务广而俱失”，反对粗放经营，提倡“深耕易耨”的集约经营。这些农学家总结了当时农业生产的经营情况，编著了大量农书，主张精耕细作、集约经营。

三是生产方式的进步。春秋战国时期，生铁冶铸、炼钢和生铁柔化三项冶铁技术的出现标志着铁器时代的到来，铁器成为更实用的工具。在这一时期，铁犁与牛耕（北方为骡、马、驴）相配合，使得耕作效率大大提高，农业生产力有了突破性的发展。到了秦汉时期，犁铧已带有犁壁，其翻土和碎土性能都大大提高；隋唐时期，人们进一步将直辕犁改成曲辕犁。除犁以外，还出现了耙耱，进而形成了耕、耙、耱相结合的耕作工具体系。到了宋元时期，传统农具已基本上定型，后世所用的旧式农具均已出现。明末清初，农具的发展更趋完整，形成了“一器多用，简而不陋”的特点。在小农具全面发展的基础上，还出现了具有复杂机械原理的耕具。除此之外，春秋战国时期，农家学者总结出“畎亩法”“多粪肥田”、选种、治虫等技术经验，秦汉时期“代田法”和“区田法”的推广把精耕细作推向了一个新的高度。我国历代王朝都十分重视农田水利工程建设。随着春秋战国时期铁器出现，一些大型的水利工程应运而生，如我国最早的陂塘蓄水灌溉工程“芍陂”、魏国修建的漳水渠、秦国修建的都江堰和人工灌溉渠郑国渠等均极大地方便了农业的灌溉。上述农业生产方式的进步极大地促进了我国农业的发展。

三、近代农业阶段

在传统农业发展阶段，人们已经能利用铁器和水力等制成农具，并形成了一套行之有效的精耕细作的技术经验。古代农学家也总结出各种农业经营的思想和理论，有许多思想在今天依旧具有生命力和现实意义。但是，长期以来，我国在以“男耕女织”为代表的农业经营模式下形成了封闭的、自给自足的小农经济，变革和进步的速度十分缓慢。直至鸦片战争以后，我国才进入近代农业阶段。随着国门的被迫打开，一方面，外国先进农业经营思想的传入使我国传统的农业生产发生了改变；另一方面，尽管这一时期农业中的商品性生产有所提高，但持续的战争和自然灾害对农业生产力造成了巨大的破坏，农业生产方式的进步极为缓慢。

这一时期的农业经营主体，除传统农业时期延续下来的自耕农经营、佃农经营及地主和富农经营之外，还有农垦公司经营。据统计，1912 年注册的农垦公司共 171 家，资本额达 600 多万元。此后，农垦公司有较大发展，在我国广东、广西、江苏、浙江和黑龙江、吉林等地都出现了各种形式的农垦公司。直到 1949 年中华人民共和国成立前夕，这些农垦公司的发展发生了很大变化，有的破产，有的新建，它们大多具有资本主义性质。其中，官办垦场占垦场总数的33%，民营垦场占67%，但官营垦地占95%，民营垦地只占5%。

鸦片战争以后，外国资本家为了倾销其商品、掠夺我国的农业资源，开始向我国输入近代农业机械，并建立了农产品加工厂。同时，我国一些官僚、地主和商人为了谋取高额利润，开始引进、制造和推广农业机械。在这一时期，我国虽然引进了拖拉机、播种机、收割机、推土机、挖掘机等现代农业机械，但仅限于农业科研实验单位、某些垦殖公司、少数资本主义性质的农场或富裕农民使用，无助于整个农业技术装备的改善，农业基本上仍停留在铁犁牛耕状态。

近代农田水利灌溉仅在局部地区有所改善和发展，如在北方某些稻麦和经济作物种植区修建了一些小型水利工程，井灌也有所推广；在江南局部地区开始试用机灌和电灌。然而，从全国范围来看，统治者根本不重视水利，款项被贪污、挪用，水利设施常年失修，甚至直接遭受人为破坏。河流淤塞、堤坝毁坏、塘堰坍漏，以致旱无所蓄、涝无所泄，水旱灾害日益频繁、严重。

第二节 中华人民共和国成立到改革开放前农业经营的发展

一、中华人民共和国成立初期的个体经营（1949—1952年）

中华人民共和国成立前，我国的土地制度为私有制，并且大部分土地被控制在少数地主手中。占农村人口不到10%的地主、富农占有超过50%的土地。在土地私有制的基础上，形成了地主阶级，他们凭借占有的土地剥削和压迫农民，这种制度严重阻碍了我国农村经济和社会的发展。1947年9月，中共中央制定了《中国土地法大纲》，并在解放区开展大规模的土地改革运动，此时还有大约2.64亿农业人口的新解放区没有进行土地改革。因此，1950年，中共中央颁布了《中华人民共和国土地改革法》，在全国范围内开始土地改革运动，无偿没收地主阶级的土地归农民所有。使得贫农、中农占有的耕地占全部耕地的90%以上，原来的地主和富农占有全部耕地的8%左右。此次土地改革使全国3亿多无地、少地的农民无偿地获得了7亿亩的土地和其他生产资料，免除了过去每年向地主交纳的700亿斤（1斤=0.5千克）粮食的苛重地租。

与封建统治下的农民个体经济相比，土地改革后，农民既是土地的所有者，又是土地的自由经营者，土地所有权和经营权高度地统一于农民；土地产权可以自由流动，允许买卖、出租、典当、赠予等交易行为；国家通过土地登记、发证、征收契税对土地进行管理。土地改革使农村土地占有不合理的状况得到了根本改变，农民成为土地的主人，劳动热情空前高涨，促进了农业生产的发展。到1952年，全国粮食总产量达到32 783亿斤，棉花总产量达到260.74万担，分别比1949年的粮食、棉花产量增长44.8%和19.3%，超过中华人民共和国成立前的历史最高水平。

二、农业合作化与人民公社下的集体经营（1952—1978 年）

（一）农业合作化时期的集体经营（1952—1957 年）

1952 年土地改革完成后，以土地私有制为基础的农民个体经营成为当时我国农村土地经营的基本经营形式。但是，土地改革导致原来集中属于地主所有的农具、牲畜等大量分散，因此，即便刚从封建土地制度下解放出来的个体农民生产积极性高涨，大部分农村地区仍出现了农具、牲畜不足等困难，无法进行大规模水利设施建设，影响了农业生产。由于劳动生产率低，农民基本上处于自给自足或半自给自足经济状态，农产品供给不足，无法满足国民经济发展对粮食和原料的需求。因此，为了帮助农民解决这一问题，使农民增加生产，走上丰衣足食的道路，同时为国家发展贡献更多的粮食和原料，政府开始鼓励农村根据实际情况自愿发展农村互助合作组织。但紧接着，农村部分地区出现了农民因各种原因出售土地的现象，并有重新出现贫富两极分化的迹象。1953 年 12 月，《中国共产党中央委员会关于发展农业生产合作社的决议》的发布确定了我国农业合作化的道路是由互助组到初级形式的半社会主义的农业生产合作社，再到高级形式的完全社会主义的农业生产合作社。

从 1953 年开始，我国农村掀起了农业合作化的“大风暴”运动，这时还主要是发展临时互助组和常年互助组，具有社会主义萌芽性质。到 1955 年，全国开始大规模组建高级社，并最终走向极端。入社农民必须把私有的土地、耕畜、大型农具等主要生产资料合理作价归合作社集体所有，由合作社集体经营；土地由集体统一经营使用，全体社员参加集体统一劳动，最后，合作社全年收入的实物和现金在缴纳国家税金、扣除本年度消耗的生产费用、公积金和公益金之后，按照“各尽所能、按劳分配”的原则在社员之间分配。这种高级社彻底废除了原来土地改革中确立的土地归农民所有，而是收归农民的土地归合作社所有，这时的农村土地制度完全具有了社会主义的性质。到 1956 年年底，全国有 96% 的农户加入了农业合作社，个体农业经济转变为社会主义公有制经济。

尽管农业社会主义改造过程中存在升级过快、方法过粗、形式过于简单等问题，但在合作化运动中建立了农村集体经济，克服了一家一户从事农业生产时规模小、抗风险能力弱、难以开展农业基础建设等问题，促进了农业生产的进一步发展，连续几年，各项农业生产指标都有显著上升。社会主义改造时期也就是我国国民经济发展的第一个五年计划时期，政府在全国范围内扩大耕地面积，又进行了大规模的农田水利基本建设、农业技术改造、优良品种推广，使农业生产条件得到了显著改善。据统计，在第一个五年计划期间，我国扩大耕地面积 867 万亩，新增灌溉面积 1 810 万亩，水利投资 267 亿元。这些水利建设对农业的稳定发展起到了积极的推动作用，1957 年的农业总产值比 1952 年增长了 25%，粮食产量达 19 505 万吨，比 1952 年增长了 19%；棉花产量达 164 万吨，比 1952 年增长了 25.8%；猪、牛、羊等肉类的产量达 8.5 万吨，比 1952 年增长了 17.7%。

（二）人民公社时期的集体经营（1958—1978 年）

1958 年 8 月，中共中央做出《关于在农村建立人民公社问题的决议》之后，我国的农业合作化开始走向顶端，并通过农业生产合作社的合并建立了人民公社。该决议认为，“人民公社是形势发展的必然趋势”，建立农、林、牧、副、渔全面发展，工、农、兵、学、商互相结合的人民公社，是指导农民加速社会主义建设，提前建成社会主义，并逐步过渡到共产主义所必须采取的基本方针。该决议发布以后，全国农村开始大办人民公社，有的只用了一个多月就基本上实现了公社化。1958 年 10 月底，大多数省宣称完成了向人民公社的过渡。据统计，我国农村共办了 26 500 个大型社，有 99. 1% 的农户参与，每个社平均有 4 756 户。由互助组到初级社、高级社，再到人民公社，我国农村最终完成了土地的集体化和生产经营的集体化，土地（甚至包括大部分的私有财产）由原来的农民个人所有变为集体所有，农民的生产劳动和生活也被纳入政社合一体制的统一安排。农民在获得土地不久后又重新失去了土地，完全丧失了对土地拥有的所有权、自主经营权和剩余索取权。

从人民公社到“三级核算，队为基础”，人民公社的制度导致生产效率极为低下，农业生产遭到了极大破坏，粮食产量也急剧下降，1959 年谷物产量下降了 15%，1960 年又下降了 10%，城乡人均粮食消费量由 1957 年的 203 千克下降到 1960 年的 163. 5 千克，农村人均粮食消费量下降了 23. 4%。1959—1962 年，全国范围内的严重农业经济危机使当时的中国受到了重创，粮食严重缺乏。1962 年 9 月 27 日，中国共产党第八届中央委员会第十次全体会议通过的《农村人民公社工作条例修正草案》将三级所有的基础和基本核算单位降为生产队，规定：“生产队是人民公社的基本核算单位。它实行独立核算，自负盈亏，直接组织生产，组织收益的分配，这种制度定下来后，至少三十年不变。”

1966—1978 年，“文化大革命”使得社员的积极性进一步受挫，农业生产力不高，农产品生产增长缓慢，供应极度紧张。在这 12 年期间，全国农业总产值仅增加了 5%。但由于人口增长过快，人均粮食年占有量为 300 千克左右，其他农产品人均占有量仍停留在 1957 年的水平上。

第三节　改革开放后农业经营的发展

一、统分结合的双层经营体制形成时期（1978—1993 年）

1978 年，安徽省凤阳县小岗村的农民创造出一种全新的土地产权制度——联产承包责任制，俗称“大包干”，在短期内获得了成功，并在中央的支持下逐渐在全国推广。到 1979 年年底，全国包产到户所占的比重已经达到 9%。《全国农村工作会议纪要》作为 1982 年“中央一号文件”下发，正式承认了“双包”（包产到户、包干到户）责任制的合法性。

到 1983 年年底，全国绝大多数的生产队最终采取了家庭联产承包责任制的土地承包形式，基本上实行了以家庭承包经营为基础、统分结合的双层经营体制。农业经济绩效显著提高，迅速解决了困扰我国多年的吃饭问题。新制度的推广给我国农村带来了强大的发展动力。20 世纪 80 年代，我国农村户均耕地保持在 7. 1 亩左右，但我国农村社会总产值增长了近 5 倍，农产品产量大幅度增加，基本上实现了自给自足。

在此背景下，1984 年“中央一号文件”《中共中央关于一九八四年农村工作的通知》明确规定，“土地承包制一般应在 15 年以上”“鼓励土地逐步向种田能手集中，社员在承包期内，因无力耕种或转营他业而要求不包或少包土地的，可以将土地交给集体统一安排，也可以经集体同意，由社员自己找对象协商转包。但不能擅自改变集体承包合同的内容”。

1991 年，中国共产党第十三届中央委员会第八次全体会议通过了《中共中央关于进一步加强农业和农村工作的决定》，指出“要在稳定家庭承包经营的基础上，逐步充实集体统一经营的内容。一家一户办不了、办不好、办起来不合算的事，乡村集体经济组织要根据群众要求努力去办”，并将其表述为“统分结合的双层经营体制”。1993 年 3 月，第八届全国人民代表大会第一次会议给予了联产承包责任制宪法地位，把它作为中国的一项基本制度确定下来。同年 11 月，《中共中央、国务院关于当前农业和农村经济发展的若干政策措施》再次做出决定，在原定的承包期到期后，再延长 30 年不变；提倡在承包期内实行“增人不增地，减人不减地”的办法；在坚持土地集体所有和不改变土地用途的前提下，经发包方同意，允许土地使用权依法有偿转让；可以从实际出发，尊重农民的意愿，对承包土地做必要的调整，实行适度的规模经营。

家庭联产承包责任制的实行（即家庭承包经营土地的方式）重塑了农户的微观经营主体地位，极大地调动了广大农民的积极性，有力地促进了农业生产的发展；促进了粮食产量快速增长。1978 年，全国粮食总产量仅有 6 000 多亿斤，1984 年达到 8 000 多亿斤，6 年间登上两个千亿斤台阶。1993 年，全国粮食产量突破 9 000 亿斤。

二、统分结合的双层经营体制发展时期（1994—2011 年）

1998 年 10 月，中国共产党第十五届中央委员会第三次全体会议总结了农村改革 20 年的经验，通过《中共中央关于农业和农村工作若干重大问题的决定》，再次提出要“长期稳定以家庭承包经营为基础、统分结合的双层经营体制”，强调要稳定、完善土地承包关系。2007 年，“中央一号文件”首次提出“农村基本经营制度”。

进入 21 世纪以后，受粮食政策和市场价格等影响，粮食播种面积开始大幅减少，粮食产量连续下降。国家开始对农业产业结构进行调整。2004 年，“中央一号文件”开始回归农业，为实现农民收入较快增长，尽快扭转城乡居民收入差距不断扩大的趋势，我国制定了一系列措施。特别是从 2004 年开始，我国开始减免农业税。至 2006 年，我国全面取消了农业税，并将农业补贴的范围从减免农业税、粮食直接补贴、良种补贴、农机购置补贴扩展到农资综合直补、“三补一扶”（免疫补助、捕杀补偿、无害化处理补助和扶持家禽业发展）、新型农民培训补助等。2008 年，中国共产党第十七届中央委员会第三次全体会议首次明确，以家庭承包经营为基础、统分结合的双层经营体制是我国农村的基本经营制度。

在农业税的取消和农业补贴力度的加大等一系列支持农业发展的政策支持下，2011 年，全国粮食总产量达 11 424 亿斤，实现了自 2004 年以来的粮食连增；我国农业发展水平的提高和农业购置补贴政策的推动使农民的购机积极性提高，2011 年，我国农机化水平达到

54.5%，比2003年年末增长了22%，相当于之前30年的增幅。20世纪90年代以后，农村居民人均收入也迅速增加，由表3－1可以看出，1995—2011年，我国农村居民人均收入有了大幅提高，从1995年的1 577.7元增加到2011年的6 977.3元，其中，工资性收入从1995年的353.7元增加到2011年的2 963.4元，经营净收入从1995年的1 125.8元增加到2011年的3 222元；工资性收入和经营净收入均有大幅度增加，但工资性收入的增幅更大。

表3－1　1995—2011年我国农村居民人均收入　单位：元

年份	人均收入	工资性收入	经营净收入	财产净收入	转移净收入
1995	1 577.7	353.7	1 125.8	41	57.3
2000	2 253.4	702.3	1 427.3	45	78.8
2010	5 919	2 431.1	2 832.8	202.2	452.9
2011	6 977.3	2 963.4	3 222	228.6	563.3

注：数据来源于《中国统计年鉴》。

三、统分结合的双层经营体制完善时期（2012年至今）

2012年，党的十八大报告提出“发展多种形式规模经营，构建集约化、专业化、组织化、社会化相结合的新型农业经营体系”，鼓励大力培育新型农业经营主体。我国农业的产业化经营组织不断发展壮大。

随着我国城乡社会经济的发展，农民“离农离地”现象日益普遍，农业经营形式和主体结构发生了明显的变化。为了保障国家粮食安全和农民的权利，促进城乡融合和农业现代化发展，2014年，“中央一号文件”首次提出“三权分置”的农地制度改革思路。此后的改革文件进一步明确了“三权分置”的政策内涵。2015年8月，《国务院关于开展农村承包土地的经营权和农民住房财产权抵押贷款试点的指导意见》颁布，在232个县（市、区）开展农村承包土地的经营权抵押贷款试点，赋予土地承包经营权抵押、担保权能；2016年10月，《关于完善农村土地所有权承包权经营权分置办法的意见》颁布，提出“将土地承包经营权分为承包权和经营权，实行所有权、承包权、经营权‘三权’分置并行”“形成层次分明、结构合理、平等保护的格局”。这进一步完善了农村土地的“三权分置”办法，盘活了农村土地经营权；2017年5月，《关于加快构建政策体系培育新型农业经营主体的意见》提出，构建框架完整、措施精准、机制有效的政策支持体系，不断提升新型农业经营主体的适应市场能力和带动农民增收致富能力，鼓励培育新型经营主体，构建新型农业经营体系；2017年10月召开的中国共产党第十九次全国代表大会明确了土地承包关系稳定并长久不变的具体政策，即第二轮土地承包到期后再延长30年。此政策建立健全了土地承包经营权登记制度，并明确土地承包制度长久不变。

随着我国农业基本经营制度的完善，我国农业发展取得了极大的进步，具体如下：

（1）农业综合生产能力显著提高。2018 年，我国的粮食总产量达到 13 158 亿斤，连续 7 年稳定在 1.2 万亿斤以上，油料、棉花产量也有大幅增长，肉蛋奶、果菜渔等重要农产品供应充裕。同时，农村居民的人均收入水平继续提高。2018 年，农村居民的人均可支配收入为 14 617 元，其中工资性收入为 5 996 元，经营净收入为 5 358 元，相比 2012 年农村的人均可支配收入、工资性收入、经营净收入均有极大提高；从工资性收入和经营净收入来看，工资性收入的增长更快，而且在 2013 年，工资性收入占人均可支配收入的比例超过经营净收入，具体见表 3－2。经营净收入即住户或住户成员从事生产经营活动所获得的净收入，是全部经营收入中扣除经营费用、生产性固定资产折旧和生产税之后得到的净收入。

表 3－2　2012—2018 年我国农村居民人均可支配收入　　单位：元

年份	人均可支配收入	工资性收入	经营净收入	财产净收入	转移净收入
2012	7 916	3 447	3 533	249	686
2013	8 895	4 025	3 793	293	784
2014	10 488	4 152	4 237	222	1 647
2015	11 421	4 600	4 503	251	2 066
2016	12 363	5 021	4 741	272	2 328
2017	13 432	5 498	5 027	303	2 603
2018	14 617	5 996	5 358	342	2 920

注：数据来源于《中国统计年鉴》。

（2）农业产业结构调整成效显著，发展协调性增强。改革开放以来，我国农业产业结构不断调整优化，由以粮食生产为主的种植业经济向多种经营和农、林、牧、渔全面发展转变。农、林、牧、渔四业结构日益合理。2017 年，农业产值占农、林、牧、渔业总产值的比重为 55.8%，林业占 4.8%，畜牧业占 28.2%，渔业占 11.1%。

（3）农业物质技术装备水平显著提高，农业基础更加稳固。中国共产党第十八次全国代表大会以来，国家继续加大农田水利建设力度，农田水利条件显著改善。2017 年，耕地灌溉面积已经达到 10.2 亿亩。随着工业化、城镇化进程的加快，非农就业机会大量增加，大批农民进城务工经商，为农业机械化发展提供了契机。截至 2017 年，全国大中型拖拉机有 670 万台。农业科技进步加快，科技驱动作用增强。

（4）新型经营主体和服务主体大量涌现，成为建设现代农业的主导力量。随着国家继续加大对新型农业经营主体的扶持力度，新型农业经营主体不断壮大。根据农业普查数据，2016 年，全国农业经营户为 20 743 万户，其中规模农业经营户为 398 万户。全国农业经营单位为 204 万个，全国经营耕地面积在 50 亩以上的规模经营农户超过 350 万户，经营耕地面积超过3.5亿多亩，家庭农场、农民合作社、农业产业化龙头企业等新型主体数量已经超过270万家。有关资料显示，截至2017年11月底，我国农民合作社数量已达199.9万家，实有入社农户超过1亿户，约占全国农户总数的46.8%。截至2017年6月底，全国已有近48.5万个家庭农场，其中主要以从事种植业的家庭农场为主，共有28.7万个；从事种养结合的家庭农场数量为5.4万个，比2016年年底增长21.8%，增幅明显。农民专业合作社、家庭农场、龙头企业和新型职业农民的大量涌现，为建设现代农业注入了新兴力量。大量下乡返乡人员在农村创业创新，为农业农村发展增添了新的活力。

（5）承包地流转平稳增加。截至2017年6月底，全国家庭承包经营耕地流转面积为4.97亿亩，比2016年年底增长3.8%。其中，流转入土地的农户面积有所下降。2010—2016年，流转入农户的面积比重由69.2%降到58.4%。2017年上半年，流转入农户的面积为2.83亿亩，占流转总面积的56.8%，较2016年年底降低了1.6个百分点；流转入其他主体（企业、合作社等）的面积比重有所增加。近三成农户流转出承包耕地，全国流转出承包耕地的农户达到7 434.3万户，较2016年年底增长9.5%，占家庭承包农户总数的27.7%。

本章小结

本章首先简要介绍了从原始社会到中华人民共和国成立之前我国农业经营经历的几个发展阶段。随后介绍了中华人民共和国成立之后到改革开放之前我国农村经营体制的变化以及相应的农村、农业、农民的一些发展情况。最后介绍了改革开放之后我国农业经营的发展，包括农村基本经营制度的变化，以及在农村基本经营制度变化的背景下，我国农村经营主体的变化和农业经营取得的一系列成就等。

练习题

1. 与封建统治下的农民个体经济相比，土地改革后，农民既是土地的所有者，又是土地的自由经营者，土地所有权和经营权高度地统一于（　　）。

A. 集体　　B. 农民　　C. 国家　　D. 农村经济组织

2. 在近代农业经营时期，除传统农业时期延续下来的自耕农经营等农业经营主体之外，这一时期出现的一种新型农业经营主体是（　　）。

A. 佃农经营　　B. 地主经营　　C. 富农经营　　D. 农垦公司经营

3. 中华人民共和国成立初期（1949—1952年）的经营制度是（　　）。

A. 个体经营　　B. 集体经营　　C. 个体所有　　D. 集体所有

4. 这种高级社彻底废除了原有土地改革中确立的土地归农民所有，而是收归农民的土地归合作社所有，这是的农村土地制度完全具有了（　　）的性质。

A. 社会主义　　B. 半社会主义　　C. 社会主义萌芽　　D. 资本主义

5. 1978年，安徽省凤阳县小岗村的农民创造出一种全新的土地产权制度——（　　），俗称“大包干”。

A. 联产制　B. 承包责任制　C. 联产承包责任制　D. 承包责任制

6. （　）的实行重塑了农户的微观经营主体地位，极大地调动了广大农民的积极性，有力地促进了农业生产的发展。

A. 个体所有　B. 集体经营

C. 家庭联产承包责任制　D. 集体所有

7. 中国共产党第十三届中央委员会第八次全体会议通过了《中共中央关于进一步加强农业和农村工作的决定》，指出“要在稳定家庭承包经营的基础上，逐步充实集体统一经营的内容。一家一户办不了、办不好、办起来不合算的事，乡村集体经济组织要根据群众要求努力去办”，并将其表述为（　）。

A. 统分结合的双层经营体制　B. 双层经营体制

C. 联产承包责任制　D. 家庭联产承包责任制

8. 党的十八大报告提出“发展多种形式规模经营，构建（　）相结合的新型农业经营体系”，鼓励大力培育新型农业经营主体。

A. 集约化、专业化、组织化、市场化　B. 规模化、专业化、组织化、社会化

C. 集约化、专业化、组织化、社会化　D. 社会化、市场化、组织化、专业化

9. 2015 年 8 月，《国务院关于开展农村承包土地的经营权和农民住房财产权抵押贷款试点的指导意见》颁布，经全国人民代表大会常务委员会授权，在 232 个县（市、区）开展农村承包土地的（　）抵押贷款试点。

A. 所有权　B. 承包权　C. 经营权　D. 使用权

10. 中国共产党第十九次全国代表大会明确了土地承包关系稳定并长久不变的具体政策，即第二轮土地承包到期后再延长（　）年。

A. 10　B. 20　C. 30　D. 40

第二篇

农业经营/服务主体经营管理

第四章　农户经营管理

学习目标

掌握：农户经营的企业化。
熟悉：农户经营的概念与行为。
了解：农户经营的现状。

知识导图

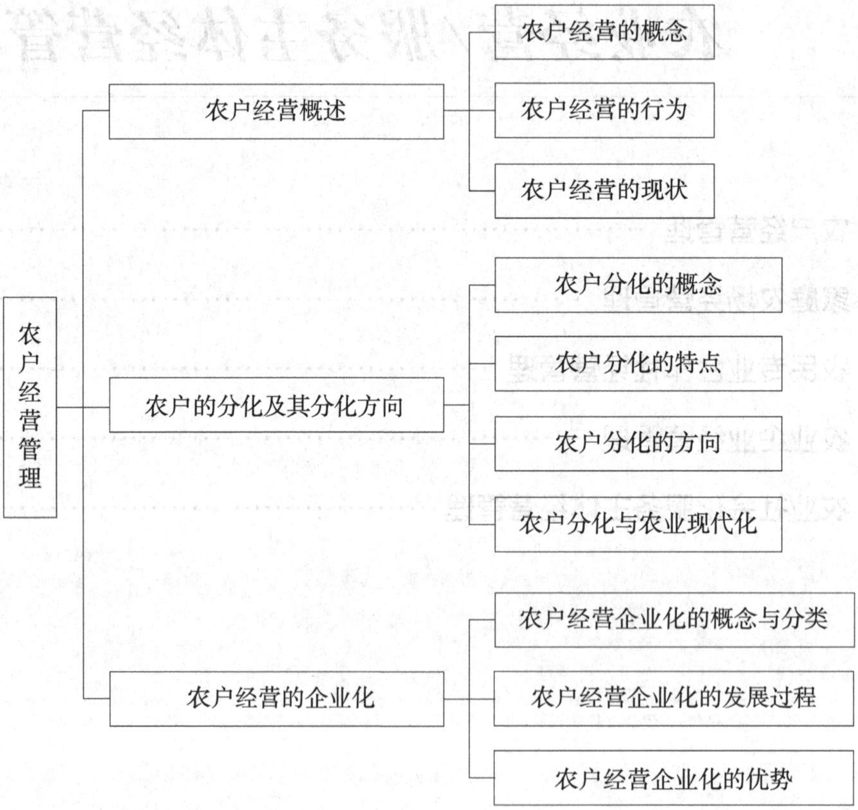

第一节　农户经营概述

一、农户经营的概念

农户经营是指以农民家庭为相对独立的生产经营单位，以家庭劳动力为主所从事的农业生产经营活动。农户经营根据其规模的不同，又可分为家庭农场经营、专业大户经营和小农户经营。本章重点介绍小农户经营。

小农户经营是指以农民家庭为相对独立的生产经营单位所从事的农业经营，是以家庭经营方式存在，经营者及其家庭拥有一定数量的生产资料，主要实行家长制或户主制管理，农业经营与家庭生活紧密交织，以使用家庭劳动力为主所从事的农业生产经营活动。当前，在我国以自家承包地为主、主要使用自有劳动力进行农业经营的农户都属于小农户，也称为传统农户。

其生产资料以自有为主，一般不存在借贷及转入土地；其农业经营与农民生计紧密相关，生活原理优于经营原理。在经济不景气时，家庭可以通过削减生活消费来弥补经营赤字，还可以通过农外就业增加收入。虽然在现阶段小农户经营是现代农业科学技术及工业装备基础之上的农业经营，但由于规模限制，小农户在技术采用上呈现出随大流的特征，一般不具备积极主动性。

二、农户经营的行为

（一）生产决策

农户作为家庭单元和经济单元，是一个矛盾对立的统一体。一个典型的农户既是生产单位，又是消费单位。作为生产单位，农户的生产可分为自给性生产和商品性生产。自给性生产和商品性生产的规模及比例实际上仍服从于利润最大化的目标。根据利润最大化的要求，农户自行进行生产最优决策。

农户的生产决策有以下几种可能：当农业生产经营利润超过社会平均利润时，能保护农民对农业生产和投入的积极性；当农业生产经营不能使农户获得社会平均利润时，农户常常会转移投资，甚至会将劳动力转移到农外产业，以减少农业生产经营的要素投入。人不是孤立的，而是生活在社会中的，因此，农户在农业生产中进行生产决策时，常常受到外界因素的影响。传统的种植习惯、宗族、政府非强制的干预、乡村能人行为等都会对农户的生产决策有影响，在各方面的综合影响下，农户常常会选择一个风险最小的项目来进行生产。

（二）劳动力配置

改革开放以来，农村产业结构、城乡结构乃至国民经济结构不断调整，同行业劳动力价格差异的外部拉动和追求家庭收益最大化的内部推动，引起了家庭内部生产要素，特别是劳动力在不同行业的重新配置。虽然农户在生产成本中不存在工资成本的概念，但劳动力是农户的重要资源，这是客观存在的，劳动力的使用存在机会成本问题。因此，农户在进行经营活动时总是力图合理分配自己的劳动力和劳动时间，以期获得最大的净产值或纯收入。

一般的劳动力供给模型是假设一个人的时间可以分配给工作和闲暇。众所周知，我国劳动力，特别是农村劳动力过剩，存在大量的潜在失业现象。因此，对农民劳动供给最为现实的选择不是劳动与闲暇，而是对不同劳动投入时间的选择。在技术不变的假设下，农户由于受到承包土地面积的限制，在农业投入中增加单位劳动时间所带来的产量增量是递减的。

(三) 土地配置

家庭联产承包责任制以均田承包为特征，在20世纪70年代末到80年代中期为我国农业生产的迅速发展、农民收入的快速提高和城乡收入差距缩小做出了重要贡献。近年来，虽然家庭联产承包责任制存在一定的缺陷，但作为一项农业经营制度，其稳定和完善发展对传统农户来说仍具有十分重要的作用。

传统农户以自有土地为主进行小规模生产，这类农户通常选择在农忙时节从事农业生产，在农闲时节外出打工，土地的存在为其生产和生活起到了稳定器的作用。小规模的土地经营不仅投入较小，而且在为农户提供自给性产品的同时，节省了生活成本。因此，仍有大量农户选择以自有土地为主，从事农业生产。

三、农户经营的现状

我国现阶段的传统农户是指小农户，从一定意义上说，它是我国农业资源禀赋和农业人口配比所带来的一种自然结果。就每个农户拥有的耕地而言，现阶段的小农户比20世纪50年代初的小农户具有更小的规模。据1953年的统计数据，当时我国有16.3亿亩耕地，约1亿个农户，平均每个农户拥有耕地面积16.3亩。而现阶段，据农业部统计，2016年，我国总耕地面积为20.23亿亩，承包经营户为2.28亿户，平均每户经营耕地面积不足9亩。如果说1955年农业合作化之前的农户是小农户，那么今天的农户经营规模比历史上的小农户经营规模更小。但就其生产方式的性质而言，今天的小农户已经不再从属于传统农业的小农经济。准确地说，现阶段的小农户是小规模经营，他们的生产经营活动已置于现代农业阳光的普照之下，内在基因中已经融入了不可切割的现代元素。与传统农业中的小农经济不同，现阶段我国的小农户在诸多方面发生了质的变化。

（1）小农户的生产经营活动紧随时代发展，与时俱进。现阶段小农户的生产经营活动是在现代农业科学技术和工业装备应用的基础上开展的，除极个别地方外，典型的手工劳动已经基本上退出了农业生产，畜力农具也很少使用了，农业基本上走出了依靠世代经验积累种田的阶段。与20世纪50年代相比，土地生产率提高了3倍以上。

（2）小农户是一个开放的生产系统，使用的生产资料和生产出的农产品均高度依赖外部市场。现代科学技术的提升和现代工业的发展为农业提供了良种、化肥、农药、农膜和农机等生产工具，这些生产资料的使用是他们获取较高的土地生产率和劳动生产率的必备条件。这些生产资料都要从市场上购买，除种子来自农业领域之外，大量使用的化肥、农药、机械等都来自工业。尽管小农户的规模较小，且主要生产一种或两种产品，但农户生产已经不是为了满足自身消费，而是为了换取货币收入。因此，现阶段小农户的生产体现出商品化、专业化的特征，从属于商品经济范畴。

（3）现阶段小农户的家庭收入结构发生了巨大的变化，家庭经营收入（或者说农业生产收入）占家庭全部收入的比例显著下降。在农地资源禀赋较少且第二产业和第三产业发达的地区，家庭经营收入在家庭人均可支配收入中所占的比例已经降到25%以下，而工资性收入已经占到了60%以上。即便在东北这样资源禀赋相对优越的主要农区，家庭经营收入所占的比例也降到70%以下。这样的收入结构和农户土地的集体所有性质，使农户并不存在或很少存在家庭经营破产的风险。我们从变化趋势可以看出，小农户对农业的依赖程度越来越低。

（4）社会化服务主体作用凸显，农业生产活动简化。随着农机合作社、农产品销售公司等农业社会化服务主体的发展，农业生产经营专业化程度日益提高，农户仅需统筹产中环节，生产资料采购、新技术应用、农产品销售等都有专业化的服务主体可以帮助完成，农业生产的简化为农户预留了更多的时间从事其他生产活动，农户的收入得到大幅提高。

（5）小农户生产经营结构发生了根本性的变化。越来越多的农户生产经营项目在减少，以满足家庭消费为目标的小而全的家庭经营结构在较大程度上已经消失。除自给性较强的蔬菜生产以外，其他满足日常消费的产品中，大部分是从市场购入的，专业化、商品化生产程度显著提高。由此，农户与外部的联系也越来越多，封闭、半封闭的家庭消费方式已经完全被打破。

（6）出于上述原因，农户的社会交往方式也发生了改变，家庭外部经营组织开始出现，如各类专业合作社、农业龙头企业、农民技术协会等。农户与外部经营组织的合作日益频繁，包括农业产业化经营、各种订单农业等。

第二节　农户的分化及其分化方向

一、农户分化的概念

农户分化是指一定区域内相对同质性的农户在工业化和城镇化的过程中受人口流动、劳动力转移、兼业行为、农户和农户家庭成员专业化选择等因素影响逐渐发生异质化的过程，形成纯农户、一兼农户、二兼农户和非农户等多种不同类型农户的现象。

二、农户分化的特点

（一）地域性

我国的农户分化带有明显的地域性特点。在我国东部经济发达地区，如长三角、山东半岛，农民从事第二产业和第三产业的劳动力占农村总劳动力的比例以及来自第二产业和第三产业的收入比例都已达到80%左右；村落的纯农户比例远远小于兼业农户，超过90%的农民家庭或多或少地存在兼业。在中西部农业经济落后地区，虽然多数农户从事兼业活动，但是农户分化缓慢，且二兼现象严重，这种情况甚至阻碍了农业生产力的发展。

如表4－1所示，从东部到西部，我国农村居民的收入构成中，工资性收入占可支配收入的比例呈递减趋势，而工资性收入主要为农户从事兼业活动所得到的收入，这说明我国农户兼业化的发展一般与经济发展呈正相关的关系，且从东部到西部，兼业化水平递减。

表4－1　2017年我国不同地区农村居民收入构成

项目	东部地区	中部地区	西部地区	东北地区
工资性收入	54.84%	39.71%	30.97%	26.47%
经营净收入	28.44%	37.16%	44.69%	53.5%
财产净收入	3.05%	1.43%	2.23%	2.9%
转移净收入	13.67%	21.7%	22.11%	17.13%
可支配收入	100%	100%	100%	100%

注：数据来源于《中国农村统计年鉴》。

（二）不彻底性

农户分化具有不彻底性的根本原因是农户对土地的继续占用。这些已经从乡村集体和农业生产中转移出来，到其他地区和其他产业从业的农户成员，在其户籍所在地仍然拥有一份土地和集体生产资料的产权，从某种意义上说，他们还属于农村集体成员，并且凭此身份可以坐享集体经济的利益。由此造成各种类型农户之间占用土地数量差别不大，土地未能在兼业农户、非农户、纯农户与其他新型农业经营主体之间有效流转起来，使得农户经营规模狭小的状况继续存在。农业剩余劳动力不能实现彻底的转移，其结局是农村土地固化均分在不同类型的农户手中，难以实现多数的小规模农户向少数的大规模专业户的转化。

（三）不稳定性

我国传统农户非农就业极容易受到经济发展景气程度和外出务工环境的影响，当宏观经济发展缓慢，甚至衰退时，在非农行业就业的农户成员会再转回农业中，将农业生产作为最终的生活就业保障。这实际上体现了第一产业作为剩余劳动力“蓄水池”的作用。目前第一产业的劳动密集程度居高不下，说明中国农村劳动力中实际务农人数绝对量仍然较高。第一产业之所以可以充当剩余劳动力的“蓄水池”，说明从事非农产业的农户成员游离于农业与非农业之间，从而验证了农户分化的不稳定性。

三、农户分化的方向

（一）纯农户

分化过程中形成的纯农户基本上可以分为两种类型：

一种是由于家庭劳动力的非农就业能力较弱而难以实现向兼业户或非农户的转化，只能从事传统农业生产的农户。一般而言，受耕地资源禀赋的限制，这类农户的农业收入水平较低，又因为缺乏非农收入途径，其家庭较为贫困。由于规模限制，这类农户通常进行的是自给自足的生产行为，对总体农业生产效率和产出水平的影响较小。

另一种是通过土地流转形成的种植大户、家庭农场等。这类农户一般具有较高的经营眼光和较强的生产性投资能力，已经脱离传统的小农经营方式，逐步向企业化经营方向发展。经营性纯农户是以市场需求为导向的农业经营者，他们在生产投资、技术采纳、产品销售等方面更具有市场理性，经营规模更大，经营趋向专业化。经营性纯农户的生产行为对提升农业生产效率具有积极影响。

（二）兼业农户

农户兼业是指农户为追求家庭效用最大化，将部分劳动力投入工业或服务业等非农部门，从而既从事农业生产，又从事非农生产的现象。兼业农户是指既从事农业生产，又从事非农业生产的农户。按照收入来源，可以将兼业农户分为农业兼业户（一兼农户）和非农兼业户（二兼农户）。

（1）农业兼业户。农业兼业户是指住户家庭总收入中50%~95%（不包括95%）的收入来源于第一产业收入的住户。

（2）非农兼业户。非农兼业户是指住户家庭总收入中5%~50%（不包括50%）来源于第一产业收入的住户。

（三）非农户

非农户是指家庭经营以非农业为主，劳动力就业以非农为主的住户。以此标准划分的非农户，按其家庭经营内容的差异，可分为两种类型：一类是农村从事农产品加工、农资供应、农产品购销等类型的农户，这类农户的家庭收入主要源自涉农的产品加工及物资供应收益，他们一般不直接从事农业生产活动；另一类是农村中从事非涉农产品的工商业生产活动，或家庭成员主要在非农领域就业的农户，其家庭收入主要源于经营工商业或非农领域的工资性收入。

四、农户分化与农业现代化

农户分化作为一种发生在农村的社会经济现象，必定会对现代农业的发展造成一定的影响，在一定程度上推进农业现代化的进程。

（1）农户分化从一定程度上提高了农民的素质。农民为了追求较高的经济效益而从事的非农产业的生产，相对于农业可以遵循传统模式进行劳作的特点来说，往往需要掌握特定的劳动技能和劳动方法，有的还对从业者有较高的科学文化水平的要求，这也正是非农产业的比较利益相对于农业来说要高的原因之一。因此，从事非农产业的农民要想在经济上追求高收益，就必须不断地提高自身的科学文化水平和技术熟练程度，掌握先进的生产方法和经营管理方式，提高生产效率，降低生产成本。与此同时，农民通过对先进知识、技术的学习，视野得到开阔。这些也会为其在农业生产上改进传统的生产方式和生产方法，采用现代化的技术、设备创造提供可能，进而为农业现代化的发展创造条件。

（2）农民收入的提高也增加了生产者对农业的投入。农户分化之后，农民从事兼业活动，在很大程度上提高了农民的收入水平。这些增加的收入，除一部分用于农户必要的生活消费和对非农产业的扩大再生产之外，剩余相当大的部分被农户用于农业投资。这是因为，中国的农民出于历史的原因，对于农业，特别是土地有着极其特殊和深厚的感情。虽然他们从事其他行业的生产劳动，但农业生产仍然是不可放弃的、保证生计的基本底线。一旦在资金上有富裕，大多数的农民还是会选择将这部分资金用于农业生产工具的购买、农地的改良和农业的扩大再生产。因此，农户分化间接地为农业的发展提供了必要的资金支持，为现代化农业的形成积累了财富。

（3）农户分化促进了农村产业结构的调整和优化。农村产业结构是指一定地域范围内，农村的各个产业部门之间、产业部门内部的构成以及相互之间的比例关系，即农村的第一产业、第二产业、第三产业所占的比例。合理的农村产业结构对于推动农业的发展有着积极的作用。中国目前农村产业结构调整所面临的一个重要问题就是，第一产业所占的比例太高，第一产业、第二产业、第三产业的比例严重失调。这对于满足农村居民日益增长的物质文化需求是十分不利的。农户分化所产生的大量一兼户、二兼户和非农户将会极大地促进农村第二产业、第三产业的发展，在降低第一产业所占比例的同时，也可以满足农村居民对于各种商品和服务的需求，优化农村产业结构。

第三节　农户经营的企业化

一、农户经营企业化的概念与分类

农户经营的企业化是一个过程，是根据市场经济运行的要求，以市场为导向，以经济效益为中心，以农业资源开发为基础，在保持家庭联产承包责任制稳定不变的条件下，在现有农村生产力和经济发展水平的基础上，把传统的农户转变为市场化的组织载体的过程。农户经营的企业化包括农户经营行为企业化和农户向真正农业企业嬗变两种类型。

（1）农户经营行为企业化。农户经营行为企业化就是在农户中逐步实行企业式的经营管理；或者说，农户要像企业那样运作，在经营目标、经营机制、管理方法等方面向企业靠拢。这主要表现为以下几方面：第一，在经营目标上，将收益最大化作为农户生产经营的目标，即农户摒弃自给自足的生产习惯，按照市场需要确定生产方向、生产规模和生产结构，以获得最大的经济效益。第二，在日常经营管理上，将农户的生产经营与家庭的生活消费分开，实行生产、生活“两本账”“两条线”，并对生产过程实行科学管理和比较规范的经济核算（特别是成本核算）。第三，在对外关系上，按照平等自愿、等价交换的原则，积极发展与外部的经济合作关系，积极参加相关的协会组织；在条件成熟时，争取在工商管理机关登记注册，取得法人资格。对于实行企业式经营管理的农户，我们通常称为“准农业企业”，相当于人们常说的“家庭农场”或“专业大户”。

(2) 农户向真正农业企业嬗变。农户向真正的农业企业嬗变是更高形式的农户经营的企业化。真正的农业企业在组织结构、行为规则等方面应与一般工商企业一致，并在工商管理机关登记注册。其经营管理者就是农业企业家，其员工就是新的工人群体——农业工人。不过，这种嬗变仅可能在很小部分的农户中发生。那些拥有较多资金、精通某些农业技术或善于经营管理的“大户”“能人”最有可能成为这一实践的先驱。目前在一些地方出现的各种“农业庄园”“养殖中心”等已经可以被视为农业企业。

二、农户经营企业化的发展过程

农户经营的企业化是一个长期的历史过程，从国内外农业发展的经验分析，这一过程可简单地总结为“传统农户—兼业农户和一定规模的专业农户—准农业企业和真正的农业企业”。农户经营的企业化大致可以分为三个阶段：农户经营企业化的孕育期、农户经营企业化的成长期和农户经营企业化的成熟期。

(一) 农户经营企业化的孕育期

随着社会经济和农业生产力的发展，传统农户会逐步沿着两个相反的方向分化。一是部分农户按照社会化大生产的要求，进行专业化分工。例如，有的成为农产品生产专业户，有的成为农产品加工专业户，有的成为农产品销售专业户，有的成为农业生产服务专业户。其生产经营规模逐步扩大，农产品商品率逐步提高。二是众多农户向兼业化方向发展。由于这一阶段尚处于传统农业向现代农业转变的初级阶段，农村存在大量的剩余劳动力，而城市又不能吸收和容纳大量的农业剩余劳动力，在这种双重压力下，农户的兼业经营便成为一种比较现实的选择。

(二) 农户经营企业化的成长期

农户经营企业化的成长期持续时间较长，一般与产业结构变革和人口结构变革相适应。从经济结构的演变来看，这一时期，工业逐步在经济增长中占据主导地位；从人口结构的演化来看，农村人口已开始较大规模地向非农产业及城镇转移，传统的户籍管理制度已不再是农民流动的桎梏，人口的自然流动和城乡人口的双向渗透成为经济发展的必然。随着农村社会分工进一步深化，农村社会化服务体系有了相当程度的发展，许多农民开始放弃对土地的强烈依赖，农户的土地经营规模逐步扩大，农户经营行为大多实现了企业化，农业经营的目标由追求生活自给和收入稳定向追求利润增长转变。

(三) 农户经营企业化的成熟期

该时期的基本特点是，相当多的农户在组织形式上完成了企业化，我国特色的家庭农场体系趋于成熟，众多的家庭农场与少数农业公司共同构成了中国现代农业的微观基础。至此，我国农业在组织形态上完成了现代化改造，农业成为一个富有竞争力的现代产业。

总之，随着国家工业化、城市化的推进，越来越多的农民会逐步走出其世代生存的故土，农村紧张的人地关系有望逐步得到缓解，专门务农者有可能获得更多的土地和其他农业资源。同时，农业的商品化、专业化、社会化又为传统农业组织方式的变革和农业制度的创新提供了不竭的动力。在这两股力量的推动下，中国农户将会逐步实现企业化经营。

三、农户经营企业化的优势

企业性质、规模经济、资源禀赋等理论和国内外的实践都证明，农户农业企业化经营与传统家庭经营相比，在生产经营目标、要素组合、运行、激励和组织化程度等方面都具有明显优势。

（1）有助于实行专业化经营。亚当·斯密的“劳动分工学说”指出，实行专业化生产能大幅度地提高劳动效率和效益，实行专业化生产的有效方式之一就是企业专业化经营。实践证明，采用专业化、企业化方式经营的农户的经济效益要远高于传统“小而全”经营农户的经济效益。

（2）有助于开展规模化经营。在传统小规模经营状态下，农户受自身经济实力的限制，农业投入很少，加上土地碎化经营，制约了农业基础设施的建设，限制了大型农业机械的购买和使用以及先进科学技术的应用，造成了农业劳动生产率难以增长且农产品商品率大幅度降低。现代农户实行农业企业化经营后，可以使土地向种田能手集中，实现规模经营。这样就能最大限度地分摊固定资产设备和科学技术成本，降低生产经营成本，显示出规模经济效益。

（3）有助于发展农业产业化经营。实践证明，农业产业化经营对发展农村经济具有巨大的促进作用。农业产业化经营的组织形式很多，但最基本的是“公司+农户”。这种基本形式在实践中存在两个问题：一是组织形式的稳定性问题；二是运行机制问题。因为在这种形式中，农户在多数情况下处于劣势地位。要改变农户这种被动的状况，从组织形式上应将“公司+农户”变为“公司+企业”或“企业+企业”，这样双方才能处于平等地位。从运行机制上，应该通过契约等约束关系，使农户与公司一样可获得实行农业产业化经营的利润。因此，从这种意义上讲，创办农业企业、实行农户经营企业化有助于巩固和发展农业产业化经营。

（4）有助于提高农业现代化水平。随着生产规模的扩大和生产要素的重组，过去落后的管理模式必将被科学的管理模式取代。现代农户创办的农业企业有可能利用现代生产要素对传统的农业技术进行改造，实行土地、劳力、技术、资金等生产要素的优化组合，促进农业资源的综合利用和有效开发，达到高产出、高效益的目的，有利于实现农业生产标准化、操作机械化、服务社会化、农艺规范化和管理科学化，促进传统农业向现代农业转化。

（5）有助于降低交易成本。单个农户在市场购销时交易费用较高。农业企业作为一个经济实体，在一定程度上是对市场组织的替代，通过分工与协作，可以大大减少小农家庭在购买生产资料和销售产品时所耗费的人力和时间。单个农户若能办成较大规模的家庭农场，生产资料和产品的购销批量将随之扩大，交易费用也会相应降低。

（6）有助于增加农民收入。农户实行农业企业化经营后，土地经营规模会逐步扩大，促使农村人口和富余劳动力向城镇转移。随着农村农户数量的大幅度减少以及农业机械化、现代化水平和社会化服务水平的不断提高，农村的劳动生产率、土地生产率、农民收入也会逐步提高。

本章小结

小农户仍是中国农业生产的主体，其在激励与监督方面的优势是小农户经营长期存在的基础。但随着农业现代化的推进，小农户经营所导致的地块细碎化、农业生产效率低等问题阻碍了农业现代化的步伐。学习小农户的经营管理及其未来的分化发展，特别是农户经营的企业化发展，我们可以更为深刻地理解小农户发展的现状和未来。

本章首先介绍了农户经营的概念、行为和现状，并在此基础上深入分析了农户发展的主要方向——农户分化与农户经营的企业化，详细介绍了农户分化的概念、特点、方向及农户经营企业化的优势等内容。

练习题

1. 农户生产的目标是（　　）。

A. 产量最大化　　B. 收益最大化　　C. 利润最大化　　D. 效用最大化

2. 传统农户经营的现状不包括（　　）。

A. 采用传统技术　　B. 收入结构发生巨大变化

C. 经营结构发生根本性变化　　D. 开放的生产系统

3. 农户分化的特点包括（　　）。

A. 地域性　　B. 不彻底性　　C. 不稳定性　　D. 以上都是

4. 农户分化方向包括（　　）。

A. 纯农户　　B. 兼业农户　　C. 非农户　　D. 以上都是

5. 农户分化的积极作用体现为（　　）。

A. 增加了对农业的投入　　B. 限制了农民自身的发展

C. 阻碍了农户收入的增加　　D. 青壮年劳动力流失

6. 农户经营的企业化主要有（　　）种。

A. 一　　B. 两　　C. 三　　D. 四

7. 农户经营行为企业化主要体现在（　　）。

A. 经营目标　　B. 日常管理　　C. 对外关系　　D. 以上都是

8. 农户经营的企业化包括（ ）。

A. 农户销售渠道多样化　　B. 农户社会关系复杂化

C. 农户技术先进化　　D. 农户经营行为企业化

9. 农户企业化的发展大致分为（ ）个阶段。

A. 5　　B. 4　　C. 7　　D. 3

10. 农户企业化经营的优势是（ ）。

A. 有助于增加交易成本　　B. 不利于实行专业化

C. 有助于提高农业现代化水平　　D. 不利于增加农民收入

第五章　家庭农场经营管理

学习目标

掌握：家庭农场的经营管理。
熟悉：家庭农场的概念与现状。
了解：家庭农场的演变趋势。

知识导图

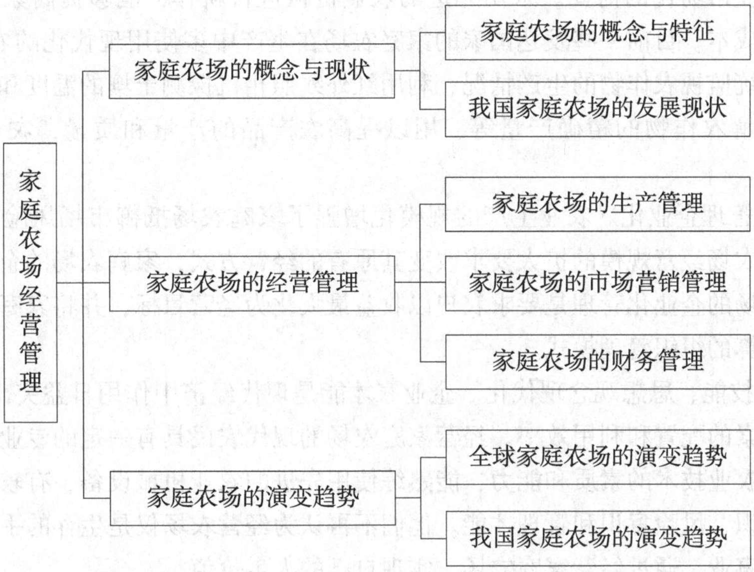

第一节　家庭农场的概念与现状

一、家庭农场的概念与特征

家庭农场是以家庭成员为主要劳动力，从事农业规模化、集约化、商品化生产经营，并以农业收入为家庭主要收入来源的新型农业生产经营主体。其主要特征如下：

(1) 以家庭为基本经营单位。家庭农场以家庭经营方式为主，由农场主（户主）统一配置资源，在家庭激励机制的作用下独立生产，自主经营。土地以家庭自有为主或土地使用权归家庭成员共同所有，随着社会经济的发展，可以采取承包、租赁、拍卖和入股等形式获得土地的使用权。家庭农场所需的生产经营资金通常以家庭自有资金为主，辅以亲朋借用、合资入股、政策贷款、质押贷款等形式筹资。农户既是家庭农场的所有者、经营者，又是劳动者。家庭农场的劳动力以家庭成员为主，雇工一般不超过劳动力总量的一半。

（2）经营规模化、市场化、专业化。各国家庭农场受耕地面积、环境、种养结构和经济制度的影响，其生产规模各不相同，但大多经历了由分散化向规模化转变的过程。家庭农场的生产不再以“自给自足”为目标，而是以市场为导向，依据社会需求，调整家庭农场的种植、养殖结构，实行商品化经营。农场专业化是指农场主要经营一种产品，实行生产作业专业化，将过去由一个农场完成的全部工作，如耕种、田间管理、收获、运输等，部分或全部交由农场以外的企业或中介组织来承担，农场成为农业生产供应链中的一个重要环节。

（3）生产技术现代化。家庭农场广泛运用现代化生产手段和高新科学技术，以适应规模化经营和农业市场化的需要。采用先进的农业机械进行耕作，能够提高家庭的劳动生产率，减少生产成本。目前一些发达国家的家庭农场在生产中多使用现代化的农业技术装备，如利用卫星系统监视农作物的生产情况，利用红外线照相机探测土壤的温度和湿度，利用全球定位系统了解农作物的精确产量等，用以提高农产品的产量和质量，农业精准化初现端倪。

（4）组织管理企业化。农业生产的规模化增强了家庭农场抵御市场风险和自然风险的能力，而家庭农场经营规模的扩大要求改变其原有的经营方式，家庭农场的企业化管理应运而生。家庭农场的企业化管理是要求农户以收益最大化为经营目标，并将家庭生活消费与生产经营分开核算的组织管理模式。

（5）农民技能、思想观念现代化。企业家才能是现代经济中作用日益突出的核心要素，决定了其他要素的配置和利用效率。经营家庭农场的现代农民具有一定的专业知识，具备接受和应用现代农业技术的素质和能力，能熟练使用先进的农业机械设备，有较强的现代市场意识、投资意识、风险意识和管理才能。他们不再认为经营农场仅是生存的手段，而是将其视作有希望的事业，通过经营家庭农场，实现自己的人生价值。

（6）与多种经营组织结合发展。随着社会经济的发展，由农场进行的农业生产只是社会化大生产中的一个环节，众多农业生产服务组织也参与其中，家庭农场与产前和产后部门在分工的基础上密切合作。农业协会、农业合作社等由各类型农场主自愿结合起来的农业组织为会员（社员）提供农产品市场信息，监督农场实施产品标准化生产。

二、我国家庭农场的发展现状

（一）以种植业为主，种养结合业快速发展

根据家庭农场经营的业务内容，可以将其分为种植业、畜牧业、渔业、种养结合及其他类型5种。从整体上来看，我国家庭农场仍以种植业为主，且除畜牧业家庭农场所占的份额大幅度下降外，种植业、渔业、种养结合及其他类型的家庭农场所占的比例均有上升

趋势。

2016年，种植业家庭农场的占比为60.8%，是家庭农场的主要经营类型。2017年，种植业家庭农场继续保持这一主体地位，占比为61.5%。渔业、种养结合和其他类型的家庭农场占比分别由2016年的5.6%、9.9%、4.2%变为2017年的5.5%、10.8%和4.0%。畜牧业家庭农场占比由2016年的19.5%降到2017年的18.3%。2016—2017年各类型家庭农场数量变化如表5-1所示。

表5-1　2016—2017年各类型家庭农场数量变化　　单位：万家

年份	种植业	畜牧业	渔业	种养结合	其他类型	合计
2016	27.1	8.7	2.5	4.4	1.9	44.5
2017	33.7	10.1	3.0	5.9	2.2	54.9

注：数据来源于《农村经营管理统计年报》。

虽然目前种养结合家庭农场占比不是很大，但随着生态农业的发展，种养结合家庭农场将迅速崛起。从表5-1可以计算出，种养结合家庭农场的占比增长了0.9个百分点，是家庭农场经营类型中增长速度最快的。种植业为养殖业提供饲料基础，养殖业为种植业提供有机肥料，通过种养结合，实现农业生产的绿色循环，减少环境污染，节约水肥资源。

（二）制度不断完善，管理服务水平提高

早在20世纪80年代，伴随着家庭联产承包责任制的实施，家庭农场的实践探索就开始出现。但在早期，家庭农场的相关制度并不完善。随着问题的显现，我国做出了巨大的努力，鼓励支持家庭农场发展。2007年，上海市松江区出台了中国第一个有关家庭农场的指导意见。此后，黑龙江省海伦市、浙江省嘉兴市、吉林省延边朝鲜族自治州也相继出台了一系列政策支持家庭农场发展。截至2017年年底，全国各类扶持家庭农场发展的资金总额达17.5亿元，获得资助的家庭农场主要集中在浙江省、江苏省、安徽省等地。自2013年“中央一号文件”颁布以后，全国各地开始加紧制度建设，为家庭农场发展创造了良好的制度环境。

（三）发展思路不断创新，发展模式逐步建立

家庭农场发展模式的形成是基本经济条件、制度环境、经营主体、社会资源等相互作用的结果。经过近年来的探索，从总体来看，我国家庭农场在实践中逐步形成以下4种模式。

1.“经营自耕农式”的上海松江模式

2007年起，上海市松江区开始发展规模为100～150亩的粮食家庭农场，并在此基础上，重点推进“种养结合”“机农一体”家庭农场发展。在家庭农场的发展带动下，松江区取得了生产发展、农民增收、环境改善和保护耕地的良好效果。“种养结合”“机农一体”是松江区家庭农场的发展方向，而自耕农经营原则是其主要特征。目前，上海市松江区坚持经营者择优原则，注重家庭农场主培训，优先选拔一些“吃苦耐劳、善于钻研技术、善于经营”的职业农民和种田能手担任农场主。

2. “与城镇化联动”的吉林延边模式

2008 年，吉林省延边朝鲜族自治州开展专业农场试点工作。由于在延边朝鲜族自治州的专业农场中，90% 以上为个体（家庭）农场，专业农场基本上就是家庭农场的代名词。延边模式的主要特点是以土地流转为中介，实现专业农场与城镇化联动发展。一方面，在鼓励和引导农户流转土地、发展专业农场的同时，积极改变农民对土地人身依附的现状，实施多项优惠政策，引导农民进城定居，推进城镇化；另一方面，引导社会力量参与，鼓励城镇居民、企业及其他社会组织通过承租土地等方式，积极创办专业农场，实现城乡统筹、互动发展。

3. “依靠协会带动”的安徽郎溪模式

从 2007 年开始，安徽省郎溪县就开始探索农业经营方式变革，着手创办家庭农场。2009 年 7 月，郎溪县将一些经营规模较大、辐射带动能力较强、发展较规范的家庭农场组织在一起，成立了家庭农场协会。截至 2012 年 7 月，安徽省郎溪县家庭农场协会已有会员 700 多户。通过家庭农场协会的示范带动，家庭农场的培育与发展不断推动。

4. “实施分类管理”的山东诸城模式

山东省诸城市的家庭农场起步虽晚，但是发展迅速。为了鼓励家庭农场发展，诸城市一连出台了 26 条支持家庭农场发展的政策。截至 2014 年 7 月底，诸城市已核准认定并完成注册登记的家庭农场数达 772 家，注册资本为 5.1 亿元。在登记管理方面，诸城市依据产业规模和年纯收入两个指标，将家庭农场分成了大、中、小三种类型，分别在种植、养殖和种养结合三大领域，按照粮食、油料、露地瓜菜、设施农业、茶叶、果品、苗木等 16 种农产品提出了家庭农场认定登记标准。以粮食、油料和露地瓜菜为例，小型家庭农场的标准面积为 100～200 亩，年纯收入为 10 万元以上；中型家庭农场的标准面积为 200～500 亩，年纯收入为 20 万元以上；大型家庭农场的标准面积为 500 亩以上，年纯收入为 30 万元以上。在财政扶持方面，对于经认定合格的家庭农场，政府分别给予相应规模的奖励，其中小型农场为 5 万元，中型农场为 10 万元，大型农场为 15 万元。

第二节　家庭农场的经营管理

一、家庭农场的生产管理

（一）生产计划管理

目前，我国家庭农场尚处于起步阶段，是一种在发展中不断改进和完善，并将长期存在的新型经营主体。制订长期经营计划对农场发展起着举足轻重的作用。家庭农场长期经营计划主要包括以下内容。

1. 生产计划与生产布局

生产计划是核心，主要包括安排哪些生产经营项目、每种生产经营项目的经营规模如何、各生产项目在时间上的配置情况、各生产项目在空间或地域上的安排、不同生产项目之间如何协调等。

2. 产品销售计划与营销策略

家庭农场经营者在制定经营决策时就应考虑产品销售，但具体某种产品的销售量、销售时间、市场去向、营销策略等，则应在销售计划中体现。

3. 基础设施建设计划

基础设施建设计划具体是指农田水利设施建设、建筑物、道路建设、高标准农田建设等的时序安排和总体计划，同时还应考虑这些设施的常年维护和保养。

4. 固定资产投资计划和改造计划

固定资产投资计划和改造计划具体是指农业机械设备的购置计划和更新报废计划。

5. 技术引进计划

技术引进计划具体是指引进和应用新品种、新技术、新工艺等的计划安排。

6. 培训计划

家庭农场经营者必须开阔视野，积极参加政府举办的各类培训班，不断提升自己的技术水平和管理能力。因此，一个科学的培训计划是必不可少的。

（二）生产要素管理

1. 土地

因为农业生产具有周期性和季节性，在自然环境与社会环境中存在诸多限制因素，所以家庭农场的规模并不是越大越好。确定家庭农场的规模有两个标准：一是生计标准，即家庭农场的规模收益能满足家庭人口的基本需要，这是家庭农场规模的最低标准；二是生产力标准，即在现有技术水平条件下，家庭劳动力所能经营的最大面积，即把不雇工即可完成的规模作为家庭经营规模的上限①。

2. 资金

我国农村土地属于集体所有，农民只拥有承包经营权，即农民对土地不具有完全权利，在当前还无法将土地进行转让、抵押、继承。家庭农场缺乏有效融资担保手段造成了农民融资难、融资贵等问题，因此，其生产运营资金大多以自有为主，限制了其进一步发展。

以种植 1 611.9 亩粮食的某家庭农场为例，据农场主统计，一次性采购玉米种子需花费 8 万元，每年雇工费用约为 30 万元，购置拖拉机、玉米加工机等 10 多台农机具的费用约为 60 万元，粗略计算，在初始阶段，两年共投入 400 万 ~500 万元，超出了绝大部分农户的承受能力。虽然现有家庭农场的规模大多有限，但一个 100 ~ 200 亩的家庭农场，按亩均成本 600 元来计算，家庭农场主也需自有资金 6 万 ~12 万元。因此，要想进一步推动家庭农场发展，加大金融扶持力度势在必行②。

---

① 朱启臻，胡鹏辉，许汉泽．论家庭农场：优势、条件与规模．农业经济问题，2014，35（7）：11 －17 +110.

② 钟昂．第一种粮大户的苦水．营销界（农资与市场），2013（9）：55 －57.

3. 劳动力

目前我国家庭农场专业人才缺乏，农场主的经营素质还需要进一步提高。尽管大部分农场主农业生产的实践经验丰富，但受学历、理念等因素影响，难以有效承担现代农业发展的重任，需要进一步提高经营素质。家庭农场主及成员应具备以下一般能力和特殊能力。

（1）一般能力。家庭农场的新特征需要家庭农场成员不断学习新知识，提高经营管理能力。而这些能力中有许多是一般性的能力，主要包括沟通能力、信息管理能力、适应变化的能力、确定目标与制订计划的能力、人力资源管理能力、市场营销能力、企业管理能力、学习新知识的能力、伦理风险决策能力等。

（2）特殊能力。现代家庭农场所需要的特殊能力包括新技术管理的能力、生产管理的能力、获得特定产业体系供应环节知识的能力、生态环境管理的能力等。特殊能力是必要的，经营者必须获得这些能力或者聘请具有这些能力的人才。家庭农场经营效果取决于一般能力和特殊能力的充分结合，以生产为中心的传统家庭农场已不再存在，家庭农场成员所需具备的知识和能力也越来越多。

4. 科技

科技是推动农业和农村经济发展的决定性力量，促进农业科技成果转化，加快发展高产、优质、高效的农业是实现农业现代化的必由之路。

只有适宜的农业技术才是促进中国适度规模家庭农场持续发展的动力源泉。适宜家庭农场使用的农业技术应该符合以下标准：一是可以在有限土地规模的前提下推广；二是对资金要求不大，并且可以通过分步增加投入来实现；三是经营风险应在可控范围内；四是可以通过合理分配劳动时间来增加收入；五是技术难度应该在人们可接受的范围内，并且技术易于被采用；六是从效果上看，可以显著增加家庭农场收入。

（三）生产过程管理

生产过程是指围绕完成农产品生产的一系列有组织的生产活动的运行过程。农业生产管理对农业系统来说，就是对农业生产过程进行计划、组织、指挥、协调、控制和考核等一系列管理活动的总称。生产过程管理主要包括以下几方面。

1. 生产准备管理

在进行生产活动之前，必须做好相关准备，包括设备设施准备、劳动力准备等方面。如果生产过程中需要依托某些合作关系，还必须事前协商好并签署合作协议。家庭农场的生产准备管理具体包括如下内容。

（1）相关合作协议的签署。家庭农场经营者可能将一些生产性项目外包给专业企业或农民专业合作社，如机械作业、统防统治、产品烘干等可能需要聘请专家来完成。这类合作关系必须事前签署协议，实现对双方的共同约束，保证生产过程的顺利进行。

（2）农业生产资料的准备。种子、农药、化肥、饲料、饵料、生长调节剂、燃油等消耗性物质材料均须在生产前采购到位并妥善保管。采购农业生产资料时，必须根据年度生产计划和生产资料的季节性需求特征，事先准确地设计好数量需求、规格、质量等，在保证生产资料供应的前提下节约成本。

（3）设备设施与场地准备。检查生产过程中需要使用的农业机械设备和其他农业设施是否处于良好状态，有问题的要及时安排维修；检查劳动场地是否做好相关准备，如大田耕翻前是否已做除草处理、灌水是否已达到要求，有问题的要及时处理。

（4）劳动力准备。家庭农场的自有劳动力时刻处于准备状态，若需要季节性临时雇工，必须提前联系和预约。

2. 生产组织管理

生产组织管理是对生产过程进行合理组织、指挥、协调和督促，对生产的各个阶段、各个环节进行合理安排，以最佳方式将各种生产要素结合起来。家庭农场的生产组织管理在多数情况下是夫妻二人事先商量后付诸行动，本质上已经将复杂问题简单化。家庭农场的生产组织管理必须关注以下三种特殊情况。

（1）作业环节的衔接管理。农业生产是一个复杂的农事操作系统，生产组织中必须合理安排好各种衔接关系。例如，在种植业生产中，首先要处理好不同作物的茬口衔接，如对于早稻—晚稻—油菜“三熟制”，三季作物的茬口衔接设计很重要，要保证三季作物都能正常成熟，必须选择适宜的早熟品种并尽量采用育苗（秧）移栽；另外，采用育苗（秧）移栽时，必须提前设计好苗圃（秧田）与大田的比例关系。

（2）平行作业的整体调度。家庭农场是一个农业生产单位，可能同时开展多个项目的生产，这就需要经营者合理安排、有效调度，保证不误农时、不误农事，种植类家庭农场在春、夏、秋三季尤其突出。以蔬菜生产类家庭农场为例，同时种植多种蔬菜时，可能在一段时间内甲种蔬菜需要育苗，乙种蔬菜需要施肥，丙种蔬菜需要施药防病。这时的劳动安排只能以小时为单位进行协调，以保证平行作业的顺利完成。

（3）合作关系的衔接与协调。家庭农场与专业公司或农民专业合作社的合作关系确认后，后续管理还需要家庭农场经营者的衔接和协调。例如，家庭农场将机械作业外包给某个农机专业合作社，但机耕、机播、机插、机收的具体安排仍比较复杂。在实施具体的机械作业之前，家庭农场经营者必须与农机专业合作社进行协商。若对方在约定时间未履约，家庭农场经营者还必须考虑应急处理。

3. 田间作业管理

家庭农场的田间作业管理不同于企业的车间作业管理，是以家庭成员为主要劳动力的特殊机制，这不仅简化了家庭农场的田间作业管理环节，而且降低了家庭农场的生产监督成本。但对于外来服务与外来劳务，农场管理人员仍需投入精力进行管理。

（1）外来服务的质量保障。将统防统治、机械作业等项目外包，虽然在协议中明确了双方的责、权、利，但实际操作过程中还会存在一些问题，需要家庭农场经营者及时检查督促或现场监管，通过监控来避免不必要的损失。

（2）外来劳务的管理。养殖类家庭农场可能需要聘请长期雇工，种植类家庭农场也需要季节性临时雇工。对于外来劳务，家庭农场经营者也应提升劳动力管理意识，可以考虑计件制、定额制。对于无法按计件制和定额制进行的农事操作，应尽量安排家庭成员共同完成。

二、家庭农场的市场营销管理

（一）农产品营销的含义

农产品营销是指农产品生产者或经营者为消费者提供商品和有关的劳务，以实现其经营目标的经济行为。它所涉及的是每一个具体的农产品生产经营者从事的农产品营销活动，并且以获取盈利为主要经营目标。

（二）市场营销组合

1. 市场营销组合的含义

市场营销组合就是企业的综合营销方案，即企业根据目标市场的需要和自己的市场定位，对自己可控制的各种营销因素的优化组合和综合运用，使之协调配合、扬长避短、发挥优势，并实现企业的经营目标。市场营销组合策略就是这一理论的具体化，即多种营销手段合理搭配、有主有次、综合运用的过程。

2. 市场营销组合策略

（1）家庭农场的品牌策略。品牌是整体产品概念的重要组成部分，是一种名称、标记、符号或设计，或是它们的组合运用。消费者可以通过品牌辨认某个企业或行业的产品或服务。家庭农场品牌策略包括品牌名称策略和品牌拓展策略。

（2）家庭农场的价格策略。近年来，迅速变化的市场营销环境提高了价格决策的重要性，这就要求家庭农场经营者必须充分运用产品价格策略，促进农产品的销售。农产品价格策略包括以下几方面：新产品的定价策略，包括撇脂定价策略（高价策略）；渗透定价策略（低价策略）；满意价格策略；折扣定价策略，即企业为了鼓励消费者及早付清贷款、大量购买，由此降低其基本价格，这种价格调整叫作价格折扣；心理定价策略，即根据消费者购买商品时的心理变化所采取的定价策略；地区差价策略，由于农产品的生产与区域气候、地理环境等有较为密切的关系，企业定价时，可以根据消费者所在地区与路途的远近，把农产品运费、保险费、保鲜费等考虑进去，形成不同区不同价的策略。

（3）家庭农场的销售渠道策略。农产品销售渠道是营销的重点之一，是指农产品从生产领域向消费者转移的过程中，由具有交易职能的商业中间人连接的通道。它包括以下三种：

一是普遍性销售渠道策略，它是指家庭农场通过批发商把产品广泛、普遍地分销至各地零售商，以便及时满足各地区消费者的需要。

二是选择性销售渠道策略，它是指在一定地区或市场内，家庭农场有选择地确定几家信誉较好、推销能力较强、经营范围和自己对口的批发商销售自己的产品。

三是专营性销售渠道策略，它是指在特定的市场内，家庭农场只使用一个声誉较好的批发商或零售商推销自己的产品。

(4) 家庭农场的促销策略。在现代市场条件下，仅有优质的产品、合理的价格和适当的渠道不一定能引起消费者的注意。要想使产品占领市场，还必须采用各种有效的促销手段来激发消费者的购买欲望和购买行为，以达到扩大销售的目的。家庭农场的促销策略一般包括广告促销、人员推销、关系营销和营业推广。

案例分析

三生万物家庭农场

家庭农场不同于企业，规模小、资金少仍是其主要特征。因此，当现有完备的市场营销理念应用于家庭农场农产品销售时，仍需结合实际情况做出调整。

三生万物家庭农场位于北京西北六环外4.5千米处，其经营秉承遵循自然农法、建设传统田园的理念，主要以果蔬种植为主，产品类别复杂多样。三生万物市场营销以自身过硬的产品为基础，推行健康、环保的生活方式，以微店为媒介，出售面向高端顾客的优质产品。三生万物家庭农场的经营方式可以总结为以下几点：

(1) 举办主体活动，提升知名度。三生万物家庭农场向消费者传递的是一种生活理念，坚持10余年不使用化肥和农药，践行自然农法，探索循环农业，专心于露天果蔬的种植实践，致力于恢复生态循环的完整链条，践行健康、环保的生活新方式。三生万物家庭农场通过承办企业拓展活动、代办团队会议等，不仅增加了非农收入，更是拓宽了其与高收入、高学历、高品位消费者接触的渠道，利用举办活动之便，向消费者传递其理念，发展了一批忠诚度高、消费能力强的忠实顾客。

(2) 依托线下订单，提升线上口碑。借助微信平台进行营销能够达到节约营销成本、扩大消费者群体、增加营销渠道等多种目的。但是，仅仅利用图片和文字，往往并不能使消费者产生购物欲望。对于微信消费来说，它是依托朋友与朋友之间信任的一种良性消费传递模式。也就是说，当一个人对某一产品感觉较好时，他获取了期望与实际使用之间的平衡点，就会自发地向微信好友传递优秀产品的信息，从而促使产品销售量的实质性提升。特别是对于家庭农场而言，其本身所生产的产品也许在整个市场中的竞争力并不是很强，因此，其应当依托线下订单来提升线上口碑，以线下带动线上。三生万物家庭农场采用零库存、预售方式，利用这种模式来有效地节约库存成本、腐烂成本、运输成本等。

(3) 采用优质原料，进行精深加工。为了减少季节性导致的经营起伏和不可预测因素给农场带来的损失，分散经营项目风险是必要的。三生万物家庭农场的规模较小，过度延长产业链会造成资金短缺、经营困难，因此，其着重于投放资金少、加工较简单的项目。三生万物家庭农场的蔬菜除直接销售外，还有相当一部分作为原料被加工成蔬菜挂面。其制作工艺简单，营养价值高，且保质期较长，符合大多数人的口味。产品的多元化降低了经营风险，合理、适度地延长产业链增加了产品的附加值。

三生万物家庭农场将关系营销作为出发点，通过与顾客建立良好的关系，发展了一批忠实顾客，传递生活理念，将三生万物的品牌推广出去。以其优质产品为基础，三生万物家庭农场的所有农产品皆采用撇脂定价策略，一棵白菜可以卖到100元，高价格为农场带来了不菲的收益。

三、家庭农场的财务管理

（一）家庭农场财务管理的含义

家庭农场的财务管理是家庭农场管理活动的有机组成部分。它是指家庭农场按照国家相关法律、法规的规定，根据家庭农场财务活动的规律和事业发展及其活动的特点，有计划地组织财务活动，正确处理各种经济利益关系，合理、有效地筹集、分配和使用资金，分析、监督资金的使用情况，以保证事业计划和任务全面实现的一项综合性管理工作。

（二）家庭农场财务管理的内容

家庭农场的财务管理非常简单，不需要按企业模式来进行管理，也无须承担财务管理的相关成本。但是，由于大多数农民缺乏财务管理意识，在家庭农场引入规模化、机械化、商品化生产和社会化服务机制之后，财务收支不清、经营亏损等将给家庭农场造成重大的打击。因此，家庭农场经营者必须强化财务管理意识，提高财务管理能力。

按照财务管理的一般思路，财务活动通常分为收、支两条线，收入合计与支出合计的差额就是当年家庭农场的实际资金结余。虽然家庭农场的财务管理不需要专业财务人员，但经营者也应做到心中有数，实时记录。

1. 家庭农场的收入管理

收入是指一定时期内，家庭农场在销售产品、提供劳务和让渡资产使用权等日常经营活动中所形成的经济利益总流入。

（1）农产品销售收入。家庭农场是农业商品生产者，生产的农产品通过销售进入市场以后取得销售收入，即农产品销售收入。需要注意以下几点：一是家庭农场统计收入时只考虑资金的流入，不考虑生产成本；二是农产品销售收入是指家庭农场所生产的各种农产品的实际销售收入，家庭的自留口粮、饲料粮及其他用于系统内流转的农产品只要没有形成外部流入的直接收入，均不计为农产品销售收入。

（2）工资性收入。家庭农场的工资性收入是指家庭成员外出务工或为他人帮工所取得的实际收入。家庭农场经营者的未成年子女不参与家庭农场的农事操作，即使他们参与，这也只能算作对父母的帮助；但是，家庭农场经营者的子女成年后（未独立组建家庭）外出务工，其工资收入应算作家庭农场的工资性收入。家庭成员为社区其他组织或个人提供劳务（帮工）所获得的报酬也算作工资性收入。

（3）商业性收入。家庭农场可能同时经营农业生产资料或其他商务活动，所取得的收入就是典型的商业性收入；家庭农场对外有偿租赁农业资源、机械设备、生产设施等所取得的租赁性收入（不承担具体操作，不提供操作人员）也应纳入商业性收入。

（4）服务性收入。家庭农场经营者可以利用自有农业机械设备或其他设备设施为社区居民或组织提供服务，如外销种子苗木、利用自有农机承包他人机械作业、利用自有车辆为他人提供运输服务、利用自有设施为他人提供有偿服务等，所取得的收入都应纳入服务性收入。

（5）投资性收入。家庭农场运营稳定以后，剩余资金可以用于开展多方面的投资活动，如投资某类项目可以获得投资回报，对农民专业合作社、农业企业或其他组织参股经营可以获取红利，银行存款可以获得一定的利息，这些都属于投资性收入。

（6）补贴性收入。家庭农场收到的财政等有关部门的政策性农业补贴或补助金，也应列入家庭农场实际收入。中央和地方政府的农业补贴政策以及其他农业支持保护政策不断发展，家庭农场应根据实际情况记录收到的各类补贴或补助。需注意的是，农机购置补贴没有形成家庭农场的资金流入，不应计入补贴范围，但农机报废更新补贴应计入补贴性收入。

（7）其他收入。这主要是指家庭农场及其家庭成员所获得的奖金（包括以奖代补）、馈赠（受赠物质应折算为金额）、偶然所得（如彩票中奖）、人情收入（如收纳礼金）等。

2. 家庭农场的支出管理

家庭农场的支出是指在一定时期内，家庭农场从事生产经营活动和日常生活所产生的经济利益流出。家庭农场的支出包括生产性支出、生活性支出和管理费用三大部分。

（1）生产性支出。家庭农场的生产性支出包括土地流转费、设备设施租赁费、物质费用开支、劳动雇工开支、外来服务支出、外来投资支出、设备设施维修保养费用、设备设施折旧费（一般按5年折旧制，永久性建筑按35年折旧制）等。需要注意的是，计入了设备设施折旧费的农机购置费和基础设施建设费不计入当年成本支出（因为已计提折旧，不能重复计算），同时还应注意农机购置费按实际支出计算原价（农机购置补贴没形成收入也不应计入支出）。

（2）生活性支出。家庭农场既是一个生产单位，也是一个生活单元，生产性支出和生活性支出有时不可能分得很清楚。一般来说，家庭农场的生活性支出包括基本生活开支、出行和旅游开支、水电网络费（生活用和生产用合并计入生活开支）、保险费（家庭成员的人身保险、家庭财产保险等）和其他开支。

（3）管理费用。家庭农场的管理费用是指从事家庭农场管理活动所耗费的支出，是生产经营单位的必要开支，包括开展管理活动所必需的办公材料费、差旅费等。为了简化家庭农场经营的管理思路，可以将这类开支合并计入生产性开支或生活性开支的相关项目。

第三节　家庭农场的演变趋势

一、全球家庭农场的演变趋势

作为农业最基本的经营形态和组织形式，家庭农场在欧美等发达国家已有几百年的发展历史，长期以来，发达国家大多采取以家庭或家族为基本单位的农业经营方式，而实践也证明，家庭经营是农业生产中潜力最大、适应性最广和生命力最旺盛的经营方式[①]。

（一）以美国为代表的大型家庭农场

美国地域广阔，自然资源丰富，农业发展条件得天独厚。美国自建国初期就确立了以家庭农场为主的农业发展道路，其私有化的土地制度使土地所有者对土地享有转让、租赁、抵押等完整的权利，这促进了家庭农场的发展壮大。事实上，美国采用家庭经营方式的农场占比高达98.7%。经过200多年的发展，美国家庭农场呈现出以下演变趋势。一是经营规模逐步扩大。据美国农业部统计，到2016年年底，美国206万个农场经营土地面积达9.11亿英亩，每个家庭农场经营土地面积从1950年的212英亩增长到2016年的442英亩。二是市场化、国际化趋势明显。作为世界农产品出口第一大国，美国家庭农场的市场化、国际化程度很高。农场大多通过公司化运作将产品远销世界各地。三是农场不断分化。在小型农场大型化发展的同时，农场组织形式开始逐步分化，除家庭农场外，雇工农场、合作农场、公司农场等多种形式开始兴起。其中，合作农场大部分仍保持了家庭的社会关系，公司农场也主要采取家庭控股方式经营。

（二）以法国为代表的中型家庭农场

法国是欧洲联盟第一大农业国和仅次于美国的世界第二大粮食出口国，农业在国民经济中占有极其重要的地位。目前法国有70多万个家庭农场，80%以上为占地50公顷以下的中型农场。法国家庭农场呈现出以下演变趋势：一是土地规模逐渐扩大。法国的土地经营方式传统上以土地所有者直接经营为主，这造成了土地分散和农场经营规模小，不利于现代农业科技的推广应用。一方面，政府从私人手中购买土地，经过整治后，以较低的价格租赁给中等规模的农场主；另一方面，政府发放脱离农业的终身补贴，鼓励年长农场主放弃耕作，由此逐渐扩大了家庭农场的经营规模。二是专业化生产程度较高。法国农场如果按照其专业化生产的内容，大体可分为畜牧农场、谷物农场、水果农场、蔬菜农场等。在农场作业方面，专业化公司承担了耕种、田间管理、收获、储运、营销等环节。随着法国农业服务业的发展和农业产前、产中、产后服务体系的日渐完善，农场生产经营的专业化程度将大大提高。三是注重农业科技运用。政府拨款资助农业技术研究，加强水果蔬菜研究中心、粮食研究中心、园艺研究中心建设，重视农业科技基础研究和技术成果转化开发。同时，中央和地方政府、农业行业组织和工业企业共同参与农业技术的推广和普及，在全国形成农机、农药、化肥、良种和先进农艺的立体推广网络。

（三）以日本为代表的小型家庭农场

日本国土狭小，农地面积有限，并且呈现出逐年减少的趋势。在日本，虽然家庭农场的土地也以私有为主，但与欧美农业发达国家不同，其家庭农场规模很小，机械化、化学化、良种化程度很高。同时，日本政府也为家庭农场的良好发展提供了可靠的法律保障和稳定的

① 张红宇，杨凯波．我国家庭农场的功能定位与发展方向［J］．农业经济问题，2017（10）：6－12.

资金来源。日本家庭农场呈现出以下演变趋势：一是小规模家庭农场是主流。日本的农用土地面积非常有限，而且随着城镇化、工业化发展，农用土地面积有逐年减少的趋势。人地矛盾决定了“小而精”的家庭农场更加符合日本的实际情况。二是农民合作组织的作用巨大。日本农协的全称是日本农业协同组合，是一个集生产、生活为一体的农村综合服务体，是经济弱势人群为保护自己的事业和生活而成立的组织，它存在的意义在于帮助农户解决危机，尤其对日本广大小型家庭农场主的意义更大。三是科学技术助推家庭农场高效发展。日本国土面积小、土质贫瘠、农地细碎化现象严重，这些特点使得其确立了规模小型化、经营集约化、生产专业化的家庭农场模式。发展生物技术，改造传统农业，优先实施水利化、化学化、机械化工程，并把生物技术的研究和推广、施肥方法改进、土壤改良等放在极其重要的地位，形成集专业化、集约化、小型化、高品质为一身的特色，显著提高了家庭农场的经营绩效，成为亚洲小型化家庭农场的典型代表。四是注重经营品牌和产品深加工。由于无法实现大规模生产，日本家庭农场主不断创新，充分利用自身农场的优势资源，因地制宜，开发具有特色的农业产品。同时，还注重发展品牌化农业，提高农场、农产品的知名度，注重农业产品的直销和深加工。家庭农场的品牌化、直销和深加工以及观光农业大大增加了农场主的收入。

二、我国家庭农场的演变趋势

我国家庭农场真正发展的历史并不长，2008 年，“家庭农场”概念首次被写入中央文件。中国共产党第十七届中央委员会第三次全体会议提出，“有条件的地方可以发展专业大户、家庭农场、农民专业合作社等规模经营主体”。2013 年，“中央一号文件”进一步把家庭农场明确为新型农业经营主体的主要形式。至此，连续多年“中央一号文件”都提出，要鼓励和扶持家庭农场等新型农业经营主体的发展，并要求通过新增农业补贴倾斜、鼓励和支持土地流入、加大奖励培训力度等措施，扶持家庭农场发展。经过近几年各地各有关部门的积极作为，我国家庭农场创新发展局面已经初步形成。我国家庭农场的演变趋势如下。

一是数量显著增长。据 2013 年的初步摸底调查，全国共有符合调查条件的、以各类规模经营农户的形式存在的家庭农场 87.7 万户。从 2014 年起，农业部指导各地以县为单位明确家庭农场的具体标准并建立名录，工商部门也就家庭农场的注册登记做出了相关规定，引导家庭农场规范发展、提升经营管理水平。截至 2016 年年底，在县级以上农业部门纳入名录管理的家庭农场达到 44.5 万户，比 2013 年的 13.9 万户增长了 2 倍多，其中，种植业家庭农场的平均经营规模为 170 亩左右；在工商部门注册的家庭农场达到 42.5 万户，比 2013 年的 10.6 万户增长了 3 倍多。

二是经营产业趋于多元。实践中，刚刚组建的家庭农场往往只从事一种产业，且主要限于农业生产环节。近几年，不少家庭农场的经营范围逐步走向多元化，从粮经结合到种养结合，再到种养加一体化，第一产业、第二产业、第三产业融合发展。2017 年，全国从事种养结合的家庭农场达到 4.4 万户左右，占被纳入农业部门名录管理的家庭农场总数的

10.6%，比2016年增长了43.1%。据农业部对全国家庭农场生产经营情况开展的典型监测资料显示，我们可以发现，湖北、海南两省的种养结合型农场占比达到40%以上。

三是发展模式趋于多样。各地家庭农场在发展过程中，加强与其他新型主体的联合和合作，呈现出多种多样的发展模式。例如，浙江省海盐县的“家庭农场＋合作社＋龙头企业”模式，由家庭农场组建合作社，再通过合作社与农业产业化龙头企业签订农产品收购合同，既稳定了企业原料供给，又增加了家庭农场收入。又如，江苏省泰州市近千户家庭农场组建服务联盟，专业化统防统治和联防联控覆盖率达93%，水稻集中育供秧面积达87%，“植保＋农机”综合服务覆盖率达98.2%，农资零差价供应率达68.6%。

本章小结

家庭农场是一种重要的现代农业微观经济组织，随着农村土地流转与规模经营的加快推进，家庭农场将成为现代农业经营的重要模式选择。我国家庭农场发展迅速，但目前家庭农场的认定标准与程序并不完善。因此，学习家庭农场经营管理、了解家庭农场的经营现状意义重大。

本章首先介绍了家庭农场的概念与我国家庭农场的发展现状，在此基础上，深刻剖析了家庭农场的经营管理，包括家庭农场的生产管理、家庭农场的市场营销管理、家庭农场的财务管理，最后介绍了全球与我国家庭农场的演变趋势。

练习题

1. 下列选项中，不属于家庭农场经营特征的是（　　）。

   A. 以家庭为基本经营单位　　B. 经营专业化、市场化、规模化

   C. 生产技术落后　　D. 组织管理企业化

2. 我国家庭农场的发展现状包括（　　）。

   A. 以种植业为主，种养结合快速发展

   B. 制度不断完善，管理服务水平提高

   C. 发展思路不断创新，发展模式逐步建立

   D. 以上都是

3. 家庭农场的生产管理不包括（　　）。

   A. 生产计划管理　B. 生产要素管理　C. 生活服务管理　D. 生产过程管理

4. 家庭农场品牌策略包括（　　）。

   A. 品牌名称策略　B. 品牌发展策略　C. 品牌推广策略　D. 以上都是

5. 家庭农场的销售渠道策略包括（　　）。

   A. 普遍性销售渠道策略　　B. 选择性销售渠道策略

   C. 专营性销售渠道策略　　D. 以上都是

6. 由农产品的生产与区域气候、地理环境等差异而形成不同区不同价的策略是（　　）。

A. 撇脂定价策略　　B. 心理定价策略

C. 地区差价策略　　D. 折扣定价策略

7. 按照财务管理的一般思路，财务管理通常分为（　　）条线。

A. 1　　B. 2　　C. 3　　D. 4

8. 家庭农场成员所获得的奖金属于（　　）。

A. 商业性收入　　B. 工资性收入　　C. 其他收入　　D. 补贴性收入

9. 以美国为代表的大型家庭农场的演变趋势包括（　　）。

A. 经营规模逐步扩大　　B. 本土化趋势明显

C. 农场形式逐渐统一　　D. 以上都是

10. 我国家庭农场的演变趋势有（　　）。

A. 数量显著增长　　B. 经营产业趋于多元

C. 发展模式趋于多样　　D. 以上都是

第六章　农民专业合作社经营管理

学习目标

掌握：农民专业合作社的经营管理。

熟悉：农民专业合作社经营的发展现状。

了解：农民专业合作社的功能。

知识导图

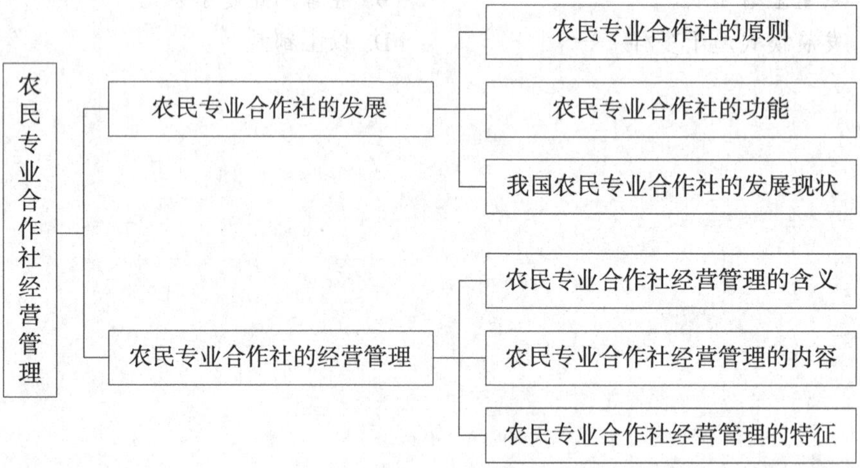

第一节　农民专业合作社的发展

国际合作社联盟对合作社的定义是人们自愿联合、通过共同所有和民主管理的企业来满足他们共同的经济和社会需求的自治组织。《中华人民共和国农民专业合作社法》（2007 年首次实施）规定，农民专业合作社是指在农村家庭承包经营基础上，农产品的生产经营者或者农业生产经营服务的提供者、利用者，自愿联合、民主管理的互助性经济组织。

一、农民专业合作社的原则

（一）国际合作社联盟的合作社原则

尽管世界各国合作社产生的背景、发展的环境及发展的类型各不相同，但合作社作为市场经济发展的产物，各国合作社的发展又具有一定的共性。当前大多数合作社及合作学者们仍信奉传统原则，即在1860年罗虚代尔公平先锋合作社提出的“行为规则与组织要点”12项原则的基础上，1966年国际合作社联盟提出了合作社的“入社自由、民主管理、资本报酬适度、盈余返回、合作社的教育与合作社之间的合作”6项原则。1995年，国际合作社联盟在曼彻斯特大会上确定了合作社7项原则：自愿、开放的会员资格，成员民主管理，成员经济参与，独立性与自主性，教育、培训与信息，合作社间的合作，关注社会。

（二）中国农民专业合作社原则

《中华人民共和国农民专业合作社法》规定，农民专业合作社应当遵循下列原则：成员以农民为主体；以服务成员为宗旨，谋求全体成员的共同利益；入社自愿，退社自由；成员地位平等，实行民主管理；盈余主要按照成员与农民专业合作社的交易量（额）比例返还。

无论是国际合作社联盟原则还是中国农民专业合作社原则，均体现了合作社的经典原则，即自愿原则、民主原则、共享和公平原则。尽管新修订的《中华人民共和国农民专业合作社法》增加了与国际合作社联盟原则中“合作社间合作”相对应的联合社的相关内容，但并未明确将其列为原则。同时，中国农民专业合作社作为一个特定群体的组织，本身具有社区的概念，因此，原则中未体现“关心社区”的内容。

二、农民专业合作社的功能

（一）农民专业合作社的组织功能

农民专业合作社作为一个组织，其组织功能是第一位的，一是可以组织农户进行农业生产；二是组织分散的专业户和专业村进行合作，抱团参与市场竞争；三是可以把农户的意愿组织起来反馈给政府，政府也可以通过这个组织落实农业与农村政策，在上情下达和下情上达过程中起到桥梁和纽带的作用。

（二）农民专业合作社的中介功能

在市场经济中，企业为了降低交易成本，同时也为了获得更多的关于农产品质量安全方面的信息，需要一个中介组织；农户为了避免市场风险和节约交易成本，也需要一个中介组织，而农民专业合作社的中介功能可以同时满足农户和企业的需求，完成市场和农户、企业和农户的对接。

（三）农民专业合作社的载体功能

近年来，农业科技新成果数量逐年递增，但农业生产和科研环节存在脱节，农业科技创新在推广层面面临掣肘。目前中国大部分地区的农业科技推广到县乡一级，只有很少地区能到达村级。农民专业合作社的载体功能就可以很好地解决该问题。农民专业合作社作为农业科技成果推广和转化的平台，通过引进先进、适用的农业技术和科研成果，提高农民的农业生产技术水平，促进农业发展的科技含量，最终成为实现农业现代化的重要载体。

（四）农民专业合作社的服务功能

农民专业合作社以其社员为主要服务对象，这表明了其服务功能，也表明了其生存和发展的基础。农民专业合作社为社员提供优质服务，在吸引新社员加入的同时老社员会继续留下来。这种服务涉及农业生产的产前、产中、产后环节，能有效衔接农业产业化各环节，在为农民提供便利的同时可以降低成本和增加收入。

(五)农民专业合作社的保护功能

中国实行家庭联产承包责任制之后，农民面临的不仅有自然风险、技术风险，更重要的是市场风险。小规模、分散的农民无法准确掌握市场信息，在生产经营中存在着盲目性，“买难”“卖难”经常发生。同时，在农资供给上的卖方垄断，在农产品售卖上的买方垄断，使得农户在市场交易中处于不利地位。因此，为了维护农民利益，应该建立一些代表农民利益的组织，而农民专业合作社正好可以作为农民利益的代表，提高农民的谈判地位，保护农民的权益。

三、我国农民专业合作社的发展现状

改革开放以后，我国实行了农村家庭联产承包经营责任制、政社分离的改革，确立了农户的市场主体地位。随着市场化进程的推进，传统农户经营的缺陷逐渐显露出来，集中表现为传统小农生产与现代大市场经营的矛盾。为实现千家万户小生产与千变万化大市场的有效对接，不断提高农民进入市场的组织化程度，农户选择联合起来发展合作社。改革开放后，我国农民专业合作社的发展历程，可分为四个阶段：萌芽阶段（20 世纪 70 年代末期至 90 年代初期）、成长阶段（20 世纪 90 年代中期至 90 年代末期）、深化和加速阶段（20 世纪 90 年代末期至 2007 年）、发展转型阶段（2007 年至今）。2017 年 12 月 27 日，十二届全国人大常委会第三十一次会议表决通过修订的《中华人民共和国农民专业合作社法》，本次修订增设农民专业合作社联合社一章，鼓励发展联合社。2018 年中央一号文件提出了“发展多样化的联合与合作，提升小农户组织化程度”，再一次明确农业合作。《中华人民共和国农民专业合作社法》实施以来，农民专业合作社的发展如雨后春笋，在实施乡村振兴、深化农村经济改革、增加农民收入、发展现代农业、加快农村科技进步、促进食品安全、加强农村文化建设、推进城乡经济社会一体化建设等方面发挥了积极作用。

(一)农民专业合作社数量增长稳中有升

全国农民专业合作社的数量虽逐年增加，但近几年增速趋于平稳。2007 年，全国农民专业合作社仅为 2.64 万家，入社的成员数达到 35 万。2017 年 11 月底，全国农民专业合作社数量已达 199.9 万，是 2007 年的 76 倍，实有入社农户超过 1 亿户，约占全国农户总数的 46.8%（见图 6-1）。

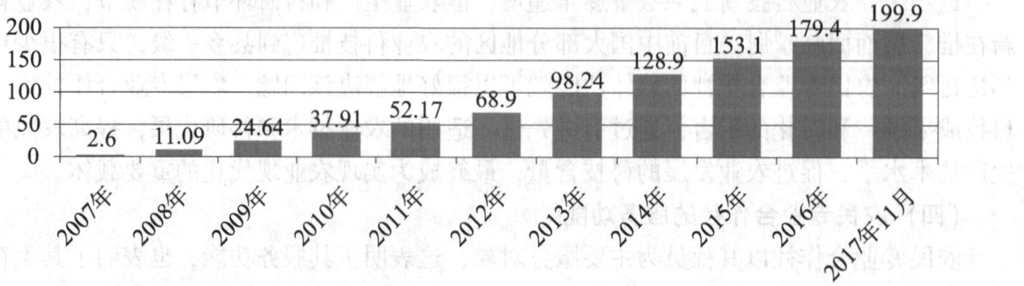

图 6-1　2007—2017 年 11 月底全国农民专业合作社数量（单位：万家）

（二）传统种养合作社依然是主业

按行业结构划分，2017年种植业、畜牧业、服务业、林业、渔业合作社数量均有增长，占比保持相对稳定。数量依次为95.4万家、40.4万家、13.9万家、10.4万家和5.7万家，分别比2016年增长13.1%、9.0%、12.8%、13.4%和11.7%，占合作社总数的比重分别为54.4%、23.1%、7.9%、5.9%和3.3%，表明我国农民专业合作社从事的产业依然是传统的种养业（见图6－2）。

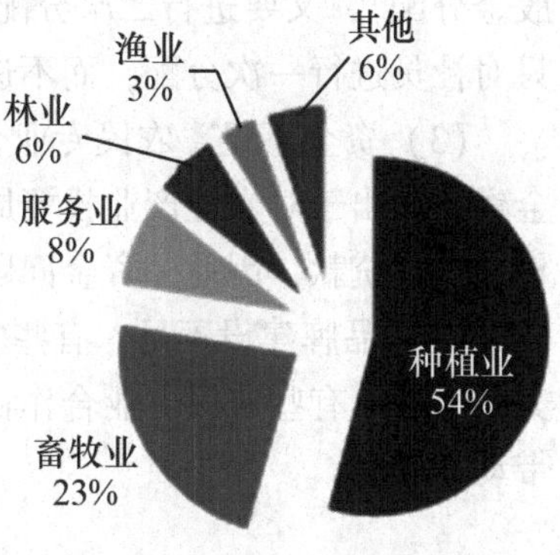

图6－2　2017年农民专业合作社行业结构划分

（三）农村能人领办占主流

农民专业合作社的成员以农民为主体，但从发起创办的类型看，大致可分为四种：一是涉农部门发起型，二是龙头企业带动型，三是农村产销大户领办型，四是村“两委”（村党支部委员会和村民自治委员会）干部发起型。从2017年数据来看，由农村能人牵头领办的合作社159.9万家，比2016年增长12.2%，占合作社的比重为91.2%。其中，由村组干部牵头兴办的合作社21.1万家，占该类型合作社的13.2%；由企业牵头领办的合作社4.2万家，占合作社总数的比重为2.4%；由基层农技服务组织牵头领办的合作社2.6万家，占合作社总数的比重为1.5%；由其他主体牵头领办的合作社8.6万个，占合作社总数的比重为4.9%。

（四）农民专业合作社发展取得的成绩

为进一步发挥农民专业合作社在现代经济生活中的重要作用，政府部门把农民专业合作社的规范化管理作为重中之重，从2011年开始推出示范社。通过近几年的发展，合作社示范社在树立典范、发展引领方面作用巨大，在引领农村经营体制变革、推进农业现代化建设、维护成员合法权益、增强农民专业合作社发展内生动力、承接国家涉农项目、创新财政支农方式等方面发挥了重要作用。此外，随着中国农业农村的进一步发展，农民专业合作社也在不断适应当下的环境，合作社制度的发展一直处于演化阶段。“合作社间的合作”是经典合作制的一个基本原则，在合作制比较发达的国家，合作社联合社比比皆是。目前，我国的农民专业合作社联社已经初步显现，在合作社发展比较快的地区较为突出。截至2018年10月底，全国专业联合社超过一万家，专业联合社成员40万个。农民专业合作社联合社作为市场经济条件下的一种新的契约安排，已经显示出了旺盛的生命力。

（五）农民专业合作社发展存在的问题

农民专业合作社虽然发展比较快，有力地促进了农村的发展，但目前仍然面临一些困难和问题，严重制约了其功能的有效发挥。

（1）辐射带动不足。农民专业合作社规模比较小，覆盖面不足，使得农民专业合作社在与其他市场主体竞争中处于弱势地位，不能发挥应有的辐射带动作用。

（2）运作不规范。大多数农民专业合作社制定了合作社章程，并设立了社员大会、理事会和监事会等机构，但多流于形式。按规定，在分配利润时，既要进行一次分配（按照股金分配)，又要进行二次分配（按照交易量分配)。但在实践中，大多数农民专业合作社只对社员进行一次分配，而不进行二次分配，严重影响了农民加入合作社的积极性。

(3) 资金不足。农民专业合作社的发展基本上处于初期阶段，营利能力有限。大多数金融机构出于对农业产业投资周期长、收益慢的特点及控制风险的考虑，很少给农民专业合作社发放贷款，因此，资金问题成为农民专业合作社发展的“瓶颈”。

(4) 品牌建设不足。有些农民专业合作社在注册商标时随意性较大，缺乏地域特色和文化底蕴。有些农民专业合作社抢注商标，导致有竞争力的品牌的商标权被侵犯，无法发挥带动作用。

第二节　农民专业合作社的经营管理

一、农民专业合作社经营管理的含义

农民专业合作社的经营管理就是合作社根据市场的需求，对各成员所需生产资料与服务给予供应和各成员生产的产品给予销售的整个经营过程进行的安排、谋划、组织、使用与调整、实施和控制，以最高的效用来保证经营目标实现的经济活动过程。从另一个角度来讲，农民专业合作社的经营管理也可以称为对农产品生产、营销和成员服务的系统进行设计、运行、评价和改进，是一个循环不断的过程。作为合作社生存盈利的关键要素，它决定着一个合作社的市场经营成果；从长远来看，能否找到适合合作社经营管理需要的运作模式并不断改进完善，直接决定着一个合作社的未来发展。

二、农民专业合作社经营管理的内容

(一) 农民专业合作社的治理结构

农民专业合作社的治理结构是指一组联结并规范合作社所有者、支配者、管理者各相关主体之间权利、责任、利益的系统制度安排，具体表现为合作社的组织框架，即合作社机构设置、人事制度安排及其权利界定等正式的制度安排。

1. 权力机构

成员大会（成员代表大会）是合作社的最高权力机构，由全体成员或全体成员代表组成。合作社一切重大问题均由成员大会（成员代表大会）决定，任何人都不能凌驾于成员大会（成员代表大会）之上。

2. 执行机构

理事会是为了执行合作社事业的业务而设立的。理事会属于社员大会决议的执行机关。理事会不是个人的专断机构，而是若干理事会成员的集合体。这有利于监督合作社理事长的个人行为，也有利于合作社的民主管理。

3. 监督机构

监事会是专门检查合作社财产和业务的独立机构，它直接向成员大会负责。监事会可随

时检查合作社的财产或业务执行情况。

案例分析

彭州市三界丰碑蔬菜产销专业合作社

"北有寿光，南有彭州"，彭州蔬菜享誉全国，这得益于近年来彭州市充分发挥蔬菜专业合作社的作用。位于该市三界镇丰碑村的三界丰碑蔬菜产销专业合作社，着力带动当地蔬菜产加销一条龙发展，带动农民通过发展蔬菜产业持续增收。2007 年 8 月 6 日，丰碑合作社按照《中华人民共和国农民专业合作社法》正式完成工商登记注册。目前，该合作社入社农户达 113 户，资产总额达到 500 多万元，拥有较为齐备的办公和检测场所，建成了农业投入品集中配送中心、标准化商品蔬菜种苗育苗工厂、标准化设施栽培示范区、核心产业示范园区 235 亩，优质蔬菜生产区 3 000 多亩。

合作社依法设立了成员大会、理事会、监事会等组织机构。其中，理事会成员 5 名，监事会成员 3 名。凡是合作社重大决策都由成员代表大会决定，实行一人一票表决。合作社每年召开 2 次成员代表大会，每月召开一次理事会会议，每季度召开一次监事会会议。定期向成员公开财务收支、经营情况，接受成员监督。合作社内部设置了财务、生产技术、种苗、营销等部门，聘请了专业的财务人员、生产技术人员，由职业经理人担任部门经理，同时聘请了中国社会科学院农村经济研究方面的一名退休教授作为合作社的专职顾问，形成了"理事长 + 理监事会 + 职业经理人 + 专家顾问"四位一体、团结协作的管理团队。合作社通过民主集中制的会议制度讨论、解决重大事务，依照章程建立了规范的内部管理制度、财务管理制度，并通过管理团队严格落到实处。合作社 2008 年成为成都市农民专业合作社示范社，2008 年、2010 年获得成都市"优秀农村专合组织"称号，2009 年获评四川省农民专业合作社省级示范社，2012 年被国家农业部授予"全国农民专业合作社示范社"光荣称号。

（二）农民专业合作社经营管理的内容

合作社根据外部环境和内部条件，确定合作社经济活动的目标、内容和方式，以及为实现这一目标而采取的一系列措施，进而完成合作社的经营管理。外部环境主要有国家法律、政策、计划、市场供求信息、经济合同的要求、自然条件（如合作社生产、加工产品基地位置、交通运输条件）、经营管理目标等；内部条件主要有成员生产规模、经营资金、生产技术、加工设备状况等。

1. 经营管理的目标

市场经济条件下，生产经营活动最基本的目标是获取利润，即投入少、产出多、盈利好。但合作社经营管理目标具有双重性，合作社因其作为人的联合和成员共有的企业这一特有的双重性而与其他企业有所区别。一般来说，生产经营的循环需要各种要素的不断投入，如设备、厂房、原材料和劳动力等，但仅有这些生产要素还不能实现生产，因为还需要协调管理。不同的协调管理可以产生不同的生产要素组合，从而达到不同的经济效果。

2. 经营管理的范围与内容

合作社以成员为主要服务对象，依法为成员提供农业生产资料的购买，农产品的销售、加工、运输、贮藏以及与农业生产经营有关的技术、信息等服务。其主要业务范围是：组织采购、供应成员所需的生产资料，组织收购、销售成员生产的产品，开展成员所需加工、运输、贮藏、包装等服务，引进新技术、新品种，开展技术培训、技术交流和咨询服务等。

基于以上经营管理的范围，合作社的经营管理内容有：生产技术服务，物资供应服务，收购和销售服务，信息服务，对外签订合同服务，开展示范项目实施服务，维护成员合法权益服务，组织与筹集成员在生产、加工、销售等方面所需的服务，承担政府有关部门委托及本组织需要的其他服务。

3. 合作社经营管理过程中需要把握的几个重要环节

要实现合作社经营管理的目标，合作社要根据自然和社会经济条件、技术管理水平、市场行情等，选择经营项目和确定合理的经营规模，因此，需要把握以下 5 个环节。

（1）经营预测。经营预测是指对未来影响经营活动的内容环境，包括政治、经济、社会、技术、自然条件等一系列不确定因素进行科学的估计。受多种条件制约，目前不少合作社经营管理人员还停留在凭经验办事的阶段，对市场需求的变化，只能根据前一两年的情况做迟钝的反应，对经营预测认识不足，很难做到科学预测。进行市场化生产和经营预测对合作社和各成员来讲都是至关重要的，不可回避。经营预测的好坏直接关系到经济收益的多少，当前须逐步引导合作社的经营管理人员不断加深对经营预测重要性的认识，帮助他们逐步学会经营预测的本领，从而增强应变能力。

（2）经营决策。经营决策是指对合作社的经济发展、经营目标及其实现的途径和手段做出最优的选择，如对经营规模的选择、投资方向的选择、最佳生产要素组合方案的选择等。

（3）经营计划。经营计划是指依据决策目标，对各生产要素、产品布局、经营结构等各个环节进行协调安排，如制订生产计划、销售计划等。

（4）经营管理。经营管理是指围绕经营目标，通过对合作社成员、经营管理人员、人力、财力、物力和自然资源进行具体的筹集、安排、使用和周转，以最高的效率来保证经营目标的实现。

（5）经营诊断。经营诊断是指通过事后的分析和事前的预测，发现经营中存在的问题，并从大量的问题中找出主要矛盾，分析形成矛盾的原因，为进一步决策提供依据。

以上各个环节充分发挥自己的作用便完成了整个经营管理过程。但是，经营管理过程的实现，并非就一定能给合作社带来好的经济效益。最大的经济效益是建立在科学预测、正确决策和合理有效的经营管理统一之上的。要达到上述三方面的统一，在很大程度上取决于经营管理者的经营能力。因此，尽快为合作社培育一大批有技术、善经营、懂管理的人才，是把合作社经营推向新阶段的急迫任务。

三、农民专业合作社经营管理的特征

（一）经营目标的双重性，即服务性与营利性的相统一

农民专业合作社一方面要向各个成员提供生产经营服务，是一种互利关系；另一方面又要最大限度地追求利润，是一种互竞关系。在市场经济不断发展的情况下，农业家庭经营急需得到产前、产中、产后等诸环节的优质服务。农民专业合作社正是为满足降低生产经营风险、扩大生产经营规模、提高劳动生产率的需要而建立起来的，它必须为社员提供相应的服务，才具备存在的前提。当合作社与其成员发生经济往来时，不是以追求利润最大化为目标，它可以为社员提供有偿、低偿或无偿的服务，力求经营成本最小化。但当它与外部发生经济往来时，它必须以追求利润最大化为目标。只有如此，它才能够生存，才能够更好地为其社员提供优质的服务。因此，农民专业合作社是具有追求利润和为其成员提供服务双重目标的一个经济组织。

案例分析

禹城市沈庄营养玉米专业合作社

禹城市沈庄营养玉米专业合作社于2008年1月正式注册成立，主要生产经营富硒鲜食甜玉米、富硒紫色马铃薯等特色富硒农产品，合作社于2008年注册了“稼春”商标，所生产的“稼春”牌富硒鲜食甜玉米被农业部认定为特色优质富硒农产品，并成为2009年全运会和上海世博会指定食品。几年来，分别在济南、青岛、北京等地的超市设立了经营专柜，实现了禹城市鲜活农产品在高端超市经营零的突破。目前合作社发展社员120名，固定资产150万元，生产基地700余亩，是山东省最大的富硒鲜食玉米生产基地，年销售收入曾达480万元，纯收入300万元。与普通粮食作物相比，亩增收1 300元，实现了特色农业持续发展，增加了农民的收入，取得了良好的经济效益和社会效益。

合作社以服务社员、解决生产销售中的困难、发展特色富硒农产品为宗旨，以市场需求为主线，强化服务职能，积极协调生产经营中的各项环节，实行统一农资投入、统一品种、统一技术生产规程、统一收购、统一贴标销售等管理服务措施，避免一家一户购买到假冒伪劣农资的风险。同时，因为减少了中间环节，既保障了各种农资产品的质量，也大大降低了农户的投入成本。对于入社农户，在价格上普遍比市面价格低5%~10%，直接将本应由合作社赚取的利润以价格差的形式返还给入社农户。2016年，种子、肥料、农膜等投入品让利累积达10万元，户均让利约800元。对非合作社成员，农资则按照市场价格进行销售。此外，合作社发挥组

织优势、规模效益、品牌效益、市场信息优势等，统一组织富硒鲜食玉米的销售，销售价格比同类产品高0.1元/斤，合作社将这部分销售纯收益按照农户玉米交易量进行返还，户均增收约600元。

（二）经营结构的双层次性，即统一经营与分散经营相结合

以合作为核心，在个体制基础上形成合作制，主要是指在以家庭为基本生产经营单位的前提下，整个生产过程的一定环节由农民共同组成的合作社来完成。在某个环节上，家庭经营被合作经营所替代，而在其他环节上还基本保持着家庭经营的特性。凡适合于合作社生产、加工、贮藏、营销和服务的项目，都由合作社统一经营；对某些生产要素的使用和某些生产环节的协调，也由合作社统一安排。当然，合作社并不是对家庭经营的否定，而是构筑在家庭经营的基础之上的，并为其提供有效服务。在非合作的项目上，家庭经营仍保持其独立性。因而，合作社是约定统一经营与分散经营相结合，具有经营结构的双层次性。

案例分析

垦利区众兴小麦种植专业合作社

垦利区众兴小麦种植专业合作社于2011年5月在区工商局登记注册，经过几年的发展壮大，合作社拥有社员超百人，主营无公害小麦种植及“齐鲁众兴”牌小麦石磨面粉、挂面等各类小麦产品的销售，同时开展农业新品种推广、土地托管、农业机械和技术、农产品加工保鲜及冷链物流配送等服务，辐射带动8个村，固定资产达900余万元，年经营收入2 000余万元，社员年均收入2万元，合作社成为了带动农民增收致富的“火车头”，2012年、2014年、2016年分别被评为市级、省级、国家级示范社。

冬小麦主产区“一喷三防”可以实现防病虫害、防干热风、防倒伏，增粒增重，这是确保小麦增产的一项关键技术措施。对普通农户来说这是一项费时费力的农活，对合作社而言，由于具备专业设备，可以大范围作业。经过多年的发展，合作社在飞防植保等方面的服务质量显著提高，可以为周边广大农户提供统防统治统供统管服务。2015—2016年，合作社承担了垦利区小麦“一喷三防”专业化统防统治任务，连续两年在宁海黄河滩区对15 000亩小麦实施了“一喷三防”专业化统防统治。2015年，合作社承担了垦利区小麦赤霉病防治项目，效果良好，得到项目专家的充分肯定。2016年，合作社利用飞机植保器械，实施了垦利区玉米“一飞双减”项目，飞防玉米40 000余亩，玉米产量和品质均得到较大提升。此外，合作社在发展优质小麦种植这一主营业务的同时，根据市场需要，积极扩大一家一户小农不能开展的业务范围，发展多种经营。建设了小麦石磨面粉加工车间，生产“齐鲁众兴”牌小麦石磨面粉，深挖农产品附加值，生产挂面，在东营、济南等地设立了产品专卖店；成立了众兴农产品冷链物流配送中心，主要为本市、本区内机关、企业、学校食堂和城市超市、农村社区配送合作社产品。合作社通过统一经营与分散经营相结合，实现了经营结构的双层次性，减轻了农业劳动强度，增加了农民收入。

（三）管理的民主性，即自主与自愿的有效结合

农民专业合作社必须按照自愿的原则，通过民主协商制定一系列切实可行的章程和制度，将有关问题以文字形式确定下来，具有一定的法律效力。农民专业合作社完全建立在自愿组合的基础上，在没有外界干预的条件下农民进行自主选择，联合各方，彼此信任。自愿避免了由于人为组织或行政撮合所带来的消极逆反心理，使全体成员始终保持应有的责任感和生产与合作热情，这是合作社具有旺盛生命力的重要原因。同时，由于自愿联合，成员对分离不具有排他性。成员在合作社经营过程中，拥有充分重新选择的权利。他既可以离开原有的合作社，又可以是多个合作社的成员。这种自愿组合与自愿分离两种机制的交互作用，既催发了新合作社的诞生，又加速了旧合作社的强大或瓦解，从而形成了经济发展的强大推动力。

本章小结

本章主要介绍了农民专业合作社的原则和功能，在此基础上剖析了我国农民合作社的发展现状、取得的成绩及面临的困难，最后着重介绍了农民专业合作社的经营管理，包括农民专业合作社的治理结构、农民专业合作社经营管理的含义、经营管理的内容及特征。

练习题

1. 国际合作社联盟的原则有（　　）项。

A. 5　　B. 6　　C. 7　　D. 8

2. 农民合作社的主要功能有（　　）。

A. 组织、中介　　B. 载体、服务　　C. 保护、中介　　D. 以上都对

3. 《中华人民共和国农民专业合作社法》是（　　）年正式实施的。

A. 2005　　B. 2006　　C. 2007　　D. 2008

4. 目前，我国农民合作社处于（　　）。

A. 萌芽阶段　　B. 成长阶段　　C. 深化和加速阶段　　D. 发展转型阶段

5. 下列选项中，（　　）不属于合作社发展面临的困难。

A. 规模小　　B. 运作不规范　　C. 功能单一　　D. 品牌建设不足

6. 农民专业合作社的发起类型包括（　　）。

A. 龙头企业带动型、涉农部门发起型

B. 村“两委”干部发起型、涉农部门发起型

C. 大户领办型、龙头企业带动型

D. 以上都对

7. 农民专业合作社的治理机构不包括（　　）。

A. 权力机构　　B. 执行机构　　C. 监督机构　　D. 运营机构

8. 下列选项中，（　　）不是农民专业合作社经营管理方式。

A. 统一经营方式　　B. 统分结合方式

C. 保护价收购产品方式　　D. 自由经营方式

9. 下列选项中，（　　）不是农民专业合作社农产品质量安全管理的内容。

A. 产前种植品种选择　　B. 产中疫病防治

C. 产后农产品收购　　D. 产前生产资料购买

10. 下列选项中，（　　）不是农民专业合作社的营销策略。

A. 产品营销策略　　B. 促销策略　　C. 渠道策略　　D. 人员策略

第七章　农业企业经营管理

学习目标

掌握：龙头企业与农户利益联结机制、农业企业管理。

熟悉：农业企业组织模式与经营环境。

了解：农业企业的概念、类型。

知识导图

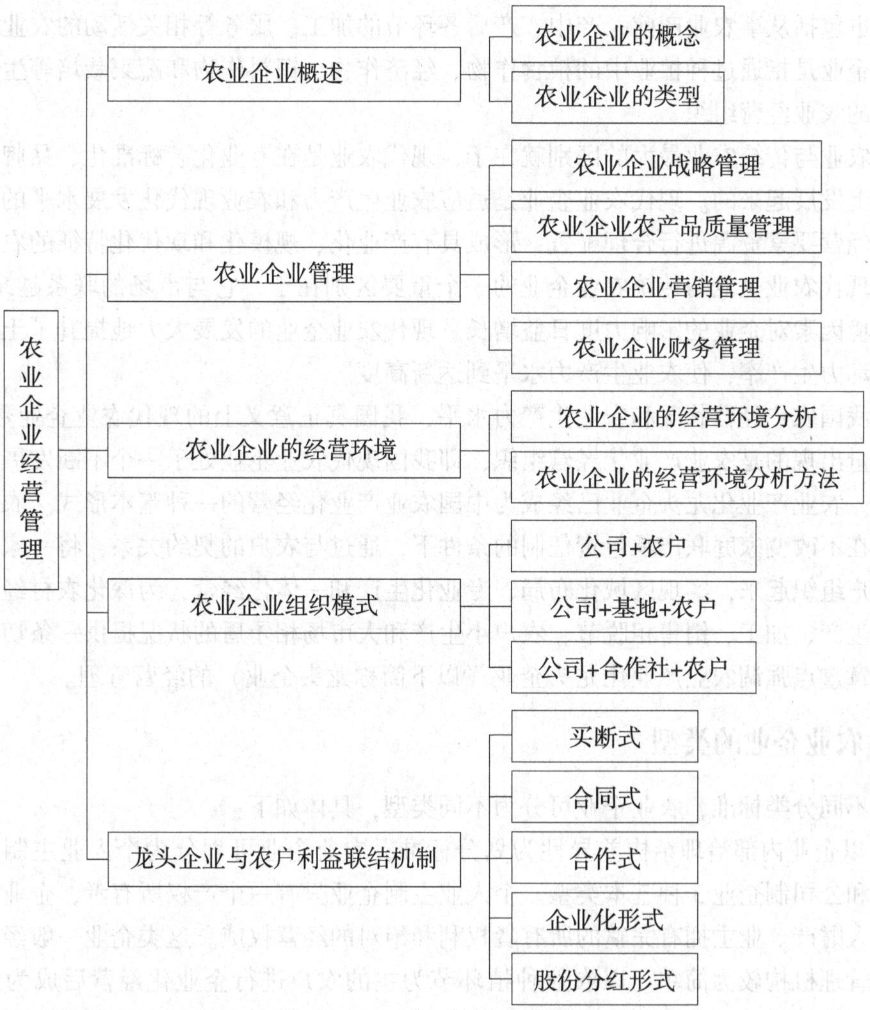

第一节　农业企业概述

一、农业企业的概念

企业通常是指从事商品生产、流通、服务等经济活动，通过商品或劳务交换去满足社会需要从而取得盈利，实行独立核算，自主经营，自担风险，自负盈亏的依法设立的经济组织。具体到农业企业，它是指使用一定劳动资料，独立经营，自负盈亏，从事商品性农业生产以及与农产品直接相关活动的盈利性经济组织。它既包括以土地为投入要素直接经营农、林、牧、渔业的经济组织，也包括从事农业产前、产中、产后各环节的加工、服务等相关活动的企业。农业企业有广义和狭义之分。广义的农业企业是以“大农业”概念为基础的所有从事农业或者涉农企业的总称，既包括以土地为投入要素直接经营农、林、牧、副业的经济组织，也包括从事农业产前、产中、产后各环节的加工、服务等相关活动的农业企业。狭义的农业企业是指通过种植业中的粮食作物、经济作物、饲料作物和蔬菜栽培等生产经营而获得产品的农业经营组织。

现代农业与传统农业最大的区别就在于，现代农业是在专业化、标准化、品牌化和产业化的基础上发展起来的。现代农业企业是适应农业生产力和农业现代化发展水平的需要，对农业生产经营要素资源进行合理配置，形成具有产业化、规模化和现代化特征的农业企业经营组织。现代农业企业与传统农业企业的一个重要区别在于，它与市场的联系越来越紧密，市场等环境因素对企业的影响力度日益增长。现代农业企业的发展大大地提升了土地生产率和农业劳动力生产率，使农业生产力水平到达新高度。

囿于我国农户经营状况和农业生产力水平，我国真正意义上的现代农业企业数量不多，现实中大量出现的是农业产业化经营组织，即我国现代农业企业处于一个不断发展的动态过程。当前，农业产业化龙头企业已经成为中国农业产业化经营的一种基本形式。农业产业化龙头企业在不改变家庭联产承包责任制的条件下，通过与农户的契约关系，将一家一户分散经营的农户组织起来，实现区域化布局、专业化生产和一体化经营，为深化农村经济体制改革，解决生产、加工、销售相脱节，农户小生产和大市场相矛盾的状况提供一条切实可行的途径。本章重点强调农业产业化龙头企业（以下简称龙头企业）的经营管理。

二、农业企业的类型

按照不同分类标准，农业企业可分为不同类型，具体如下：

（1）以企业内部治理结构差异性为划分标准，农业企业可划分为个人业主制企业、合伙制企业和公司制企业3种基本类型。个人业主制企业只有一个产权所有者，企业财产就是业主的个人财产。业主拥有完整的所有者权利和绝对的经营权威。这类企业一般经营规模较小，内部管理机构较为简单。以农业种植环节为主的农户进行企业化经营后成为的农业企业，如家庭农场和农业大户等多属于个人业主制企业。合伙制企业是指由两人或两人以上按照协议投资，共同经营、共负盈亏的企业。合伙制企业财产由全体合伙人共有，共同经营，合伙人对企业债务承担连带无限清偿责任。当前我国农村地区大多从事农产品加工的企业都属于合伙制企业。公司制企业具有较为完善的现代公司治理机构，有助于企业的长远发展，使企业更能适应市场，规模较大的农业企业多属于此类企业。

（2）以企业经营要素组合模式的划分标准，农业企业可以划分为劳动密集型农业企业、技术密集型农业企业和资金密集型农业企业。企业类型的转变是与农业经营发展状况和农业技术发展水平有密切关系的。当农业生产力水平较低时，农业企业发展也相对落后，农业企业以劳动密集型为主。随着我国农业生产力和农业现代化发展水平的提升，农业企业逐渐向技术密集型农业企业和资金密集型农业企业转变。

（3）以企业服务的产业不同，分为农产品生产类企业、农资生产类企业、农产品加工类企业、农业技术研发类企业、农业供应链服务企业、农产品流通类企业等，如图 7－1 所示。

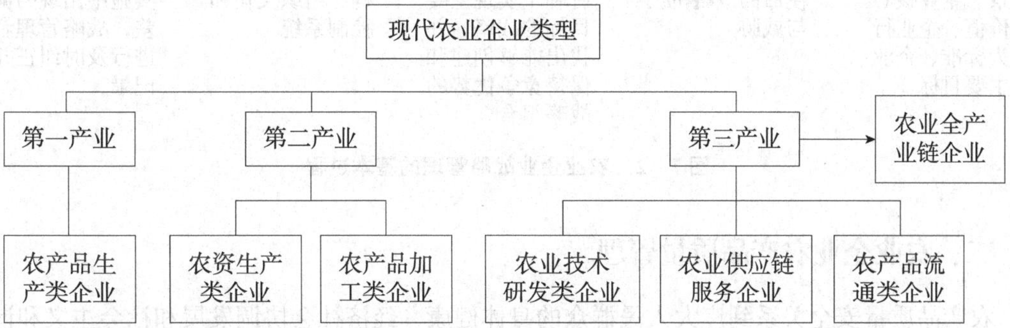

图 7－1　农业企业类型

企业是国民经济发展的基本细胞，同样，农业企业作为农业经济的细胞，在推进现代农业发展、提高农业企业竞争力、增加农民收益、实现富裕文明新农村的进程中起着不可或缺的重要作用。党的十九大报告提出了实施乡村振兴战略，对重塑新型城乡关系，实现农业农村现代化优先发展提出了新要求。这些重大战略的部署和安排，对加快农业产业兴旺，构建新型农业产业体系做出了明确指引和要求，农业企业作为发展农业产业化经营的中坚力量必将迎来前所未有的发展机遇。

第二节　农业企业管理

农业企业管理的任务之一就是合理地组织企业生产力，这就要求把企业作为整个社会经济系统的一个生产单位，按照客观经济规律，科学地组织企业的全部生产经营活动，对企业内外各方面活动进行统一决策、计划、组织、领导和控制，才能保证企业再生产和扩大再生产的顺利进行。

一、农业企业战略管理

农业企业的战略管理是现代农业企业在预测和把握环境变化的基础上做出的有关企业发展方向、经营范围和经营结构变革的远景规划。它通过在不断变化的环境中调整资源来取得竞争优势，从而实现利益相关方的期望，其目的不在于维持企业的现状，而在于创造企业的未来。确定企业是否采取了最好的战略是非常困难的，但仍存在较好的方式，使企业尽可能避免走弯路。最好的方式是认真且系统地选择战略，并遵从战略管理的基本过程。农业企业战略管理的基本过程如图 7－2 所示。

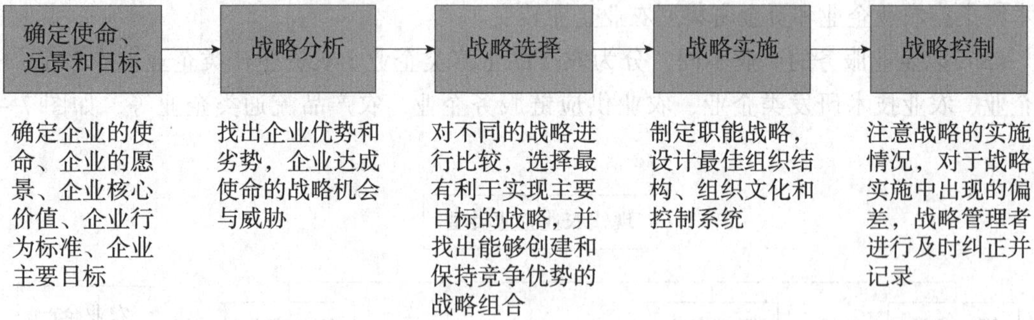

图 7－2　农业企业战略管理的基本过程

二、农业企业农产品质量管理

农产品质量安全关系到广大人民群众的身体健康、经济社会协调发展和社会主义和谐社会构建，深受政府及社会各界的高度关注。农产品质量控制在保证产品质量的同时，不但有助于提高农业企业产品的竞争力，在激烈的市场竞争中赢得优势，进而获取较高的经济效益，而且有助于保障广大消费者的身体健康，提供好的社会外部性。现代农业企业产品质量控制是指农业企业通过采取一系列作业技术和活动，对产品质量形成的整个过程实施控制，包括原材料采购控制、生产过程控制、储运过程控制、包装控制等，使之符合企业生产的质量要求并达到相应的标准。农产品质量安全体系的建设和运用是实现产品质量控制的手段和措施，是决定企业产品质量的关键。目前，主要农产品质量管理体系有 ISO 9000 质量管理体系、ISO 14000 环境管理标准体系、HACCP 质量管理体系、ISO 22000 食品安全管理体系、GMP 质量管理体系。

三、农业企业营销管理

美国著名市场营销学家菲利普科特勒指出，市场营销的任务就是通过创造、传递和传播优质的顾客价值，获得、保持和发展顾客。农业企业的营销活动首先通过对迅速变化的市场营销环境的分析、市场机会的发现以及目标市场的选择，来对企业提供的产品和服务进行价值定位，从而保证农业企业所提供的产品和服务适销对路，实现商品到货币的惊险跳跃。企业产品和服务的开发、定价、制造和销售的过程都是在价值定位指导下进行的。而依附于产品和服务上的价值能否为市场所接受，有赖于人员推销、营业推广和广告投放等价值传播过程。由此可以看出，市场营销贯穿于农业企业经营管理过程始终，营销管理是对市场营销活动的全过程和全方位的管理。农业企业营销管理的基本过程如图 7－3 所示。

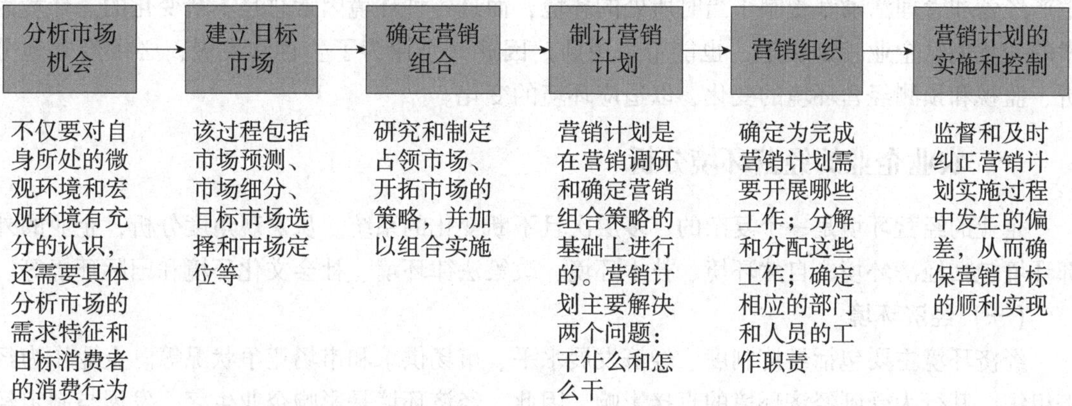

图 7－3　农业企业营销管理的基本过程

四、农业企业财务管理

农业企业财务管理是有关资金的筹集、投放和分配的管理工作。农业企业财务管理的对象是资金的循环和流转，主要包括：

（1）筹资管理。对于农业企业经营中不同来源的资金，其使用时间的长短、附加条款的限制、财务风险的大小、资金成本的高低都不一样，这就要求农业企业在筹集资金时，不仅要从数量上满足生产经营的需要，而且要考虑各种筹资方式给企业带来的资金成本的高低和财务风险的大小。筹资管理就是要以较低的资金成本与适度的财务风险来选择最佳筹资方式，实现农业企业的筹资目标。

（2）投资管理。农业企业的资金是否合理配置，对农业企业的生存和发展是十分重要的。投资管理就是在市场调研的基础上，及时发现回报率较高的投资机会；制订科学可行的投资计划；将投资风险最小化，努力提高投资效益。科学的投资管理有利于企业资金的保值增值。

（3）利润分配管理。利润管理主要是通过确定目标利润、利润分配政策等手段，确立合适的利润水平，制定兼顾企业发展和各方利益的利润分配目标。

农业企业的管理是解决生产（经营）什么、生产（经营）多少、如何生产（经营）和为谁生产（经营）这些问题。其基本内容可以概括为：按照市场经济的要求，建立健全农业企业经营组织形式，合理编制经营计划，运用计划、组织、指挥、协调和控制等职能，合理开发和配置农业企业资源，并实行科学的财务管理，达到经济效益、社会效益与生态效益相统一的目的。

第三节　农业企业的经营环境

企业经营环境是指对企业经营与发展产生直接或间接影响的各种外部条件的总称。企业生产经营和管理活动都受制于当时所处的环境，而且各种环境因素总是不断变化的。环境因素的变化能给企业带来机遇，也能带来威胁。因此，企业为了生存和发展，必须经常地分析、监视和预测经营环境的变化，以适应环境的变化。

一、农业企业的经营环境分析

企业的经营环境是一个复杂的、多层次且不断变化的系统。从宏观角度分析，企业的外部环境包括经济环境、自然环境、技术环境、政策法律环境、社会文化环境和国际环境等。

（一）经济环境

经济环境主要包括经济制度、经济发展水平、市场供求和市场竞争状况等。企业作为经济组织，其行为受到经济环境的直接影响。因此，经济环境是影响企业生存、发展与制定经营战略的首要因素。企业在制定经营战略时，必须将基本的经济环境条件纳入考虑范畴。

（二）自然环境

自然环境的变化也会给企业带来环境威胁或市场机会。环境保护与绿色消费正成为21世纪企业经营观念的主流。农业企业是直接以动植物生产、加工为经营对象，自然环境对农业企业的运作起着至关重要的影响。因此，农业企业经营决策必须考虑自然环境的变化。

（三）技术环境

在知识经济时代，技术环境是企业经营决策应重点关注的方面。首先，新技术会给某些企业创造新的市场机会，甚至形成新的行业，同时又可能威胁另一些企业的生存与发展。其次，新技术革命将改变农业企业的生产方式与经营规模。最后，新技术革命将不可避免地改变零售商业结构和人们的购买习惯。

（四）政策法律环境

政策法律环境包括一个国家或地区的社会制度、政治体制、对外关系，以及相应的方针、政策、法律、法规等。政策法律因素是保证企业的经营活动和经营行为规范运行的基础。因此，政策法律环境直接或间接地影响企业经营战略的制定。

（五）社会文化环境

社会文化环境是指一定的社会条件下形成的价值观念、伦理道德、宗教信仰、风俗习惯、教育水平、行为方式、社会群体及其相互关系等。文化是影响人们欲望和行为的更为深层次的因素，尤其是开展国际经营活动的企业，必须了解不同国家的文化差异。东西方国家因文化差异，其企业经营战略与策略有很大的不同。

（六）国际环境

经济全球化进程中起主导作用的是企业。加入世界贸易组织以后，我国农业将在更大范围内实施对外开放。一方面，扩大开放国内农产品市场，为外商来华投资创造更多的机会，同时为国内农业企业到海外投资创造条件；另一方面，农业企业将面临着更加激烈的国外市场竞争。

二、农业企业的经营环境分析方法

（一）PEST 分析法

英国学者格里·约翰逊和凯万·斯科尔斯将企业经营环境概括为政治（Politics）、经济（Economy）、社会（Society）和技术（Technology）四个方面，故其环境分析法称为 PEST 分析法。这种方法主要是对企业的过去、现在和将来的经营环境进行时间序列分析。首先，分析上述四个方面因素在过去对企业产生了哪些影响及其影响程度，从中找出关键性因素；其次，分析这些关键性因素在当前对企业及其竞争对手的影响程度；最后，在确认关键影响因素的基础上，进一步分析对企业未来发展的影响程度及其变化趋势，据此确立企业的经营战略。

（二）SWOT 分析法

SWOT 是优势（Strengths）、劣势（Weaknesses）、机会（Opportunities）和威胁（Threats）的英文缩写。SWOT 分析法主要是分析经营环境中的关键性影响因素，确认企业当前的优势和劣势，认识外部环境变化所能提供的机会和可能面临的威胁。所谓优势，是指企业较竞争对手在某些方面所具有的核心竞争力；所谓劣势，是指企业较之竞争对手在某些方面的缺点与不足。机会和威胁分析，首先是将外部环境变化趋势中对企业有战略性影响的因素尽可能罗列出来，其次判断这些因素出现的概率，以确定企业面临的机会、威胁及其程度。

（三）波特竞争模型分析法

1979 年，哈佛大学教授迈克尔·波特提出波特竞争模型分析法。他认为，影响企业经营战略形成的因素有政治、经济、法律、科技、文化等；影响企业盈利能力或竞争能力的关键因素有 5 种：行业在现有竞争者中所取得的地位、潜在进入者的威胁、替代产品或服务的威胁、顾客的讨价还价能力和供应商的讨价还价能力等，如图 7－4 所示。波特竞争模型通过对这 5 种关键因素进行分析，具体勾勒出企业与外部环境的关系，并由此指导企业经营战略的制定。

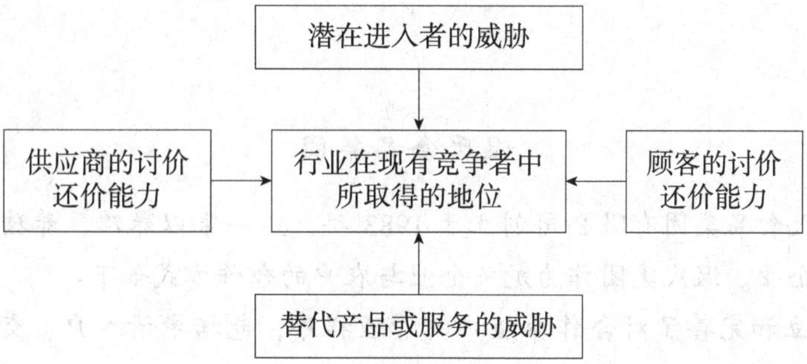

图 7－4 波特竞争模型

第四节　农业企业组织模式

农业企业要达到较高的经营效率和经济效益，就需要选择与之相适应的组织模式。选择农业企业组织形式，实质上是选择联系农户与市场的机制，这种形式不仅要体现当前对生产交换的需求，还要契合当下农村经济的具体情况，最终使得农户与农业企业均从中受益。从这个意义上说，农业企业有一个渐进的发展过程，不同地区、不同产业、不同发展阶段其经营模式也有所不同。目前，主要经营模式有"公司＋农户""公司＋基地＋农户""公司＋合作社＋农户"等模式。

一、公司＋农户

一般而言，公司和农户在市场上按照农产品供求关系的变化进行购销活动。公司想买多少、何时买、何地买、用什么价格买进都受市场的影响和约束。同样，农户想要突出自己的产品也要接受市场的选择。受市场波动的影响，农产品在公司与农户之间很难获得稳定的供求关系，价格过低对农民不利，价格过高又对公司利益造成损害。公司与农户的财产各自独立，互不干涉。

"公司＋农户"模式以一个技术先进、资金雄厚的公司作为龙头企业，利用合同契约的形式把农户生产与公司加工、销售联结起来。通过这种模式，公司获取相对稳定的上游收购渠道，降低购进成本；对农户来说，找到了相对稳定的销路。从形式上看，公司与农户双方只是一种外在的结合，实质上是一种纯粹的买卖关系，龙头公司与农户不是同一利益主体。

这种模式下，由于农户生产规模小、力量弱、利益分散，缺乏代表自身利益的组织，导致缔约双方地位不平等，使得农户在与公司谈判中处于不利地位。正因为此，可能导致大部分利润留在了龙头企业，这个模式的稳定性常常受到考验。譬如，当市场价格高于契约收购价格时，农户具有把农产品转售给市场的强烈动机。而在市场价格低于契约价格时，公司则是倾向于违背契约而从市场上进行购买。所以，在该模式下，应尝试各种方法，不断提高合约的稳定性。

案例分析

温氏食品集团

广东温氏食品集团有限公司创立于1983年，是一家以养鸡、养猪为主营业务的大型畜牧企业。温氏集团作为龙头企业与农户的合作方式如下：

(1) 建立和完善了对合作养殖户的管理程序，包括申请入户、交付定金、领取鸡苗和生产资料、提供技术指导和相关服务、统一收购、结算。公司与申请入户者签订合同，建立统一档案和账户，如每户饲养一只鸡先向公司预交生产成本费，公司统一提供鸡苗、饲料、防疫药物及技术指导，农户的各项支出均进入网络，可随时查询，定期结算，多退少补。在收购合同上，实行保护价收购。

(2) 建立全方位一条龙的服务体系。公司为农户提供种苗、药物、技术、销售服务，农户按公司要求接种疫苗、按饲养规范进行生产，以确保质量和成活率。

农户通过与温氏食品集团的合作，可以把主要精力用于养殖环节上；公司在经营活动过程中，以强化经营、加强服务、拓展销售为主，如此形成了封闭的利益循环体系，加强了农户与公司的联结程度。

二、公司+基地+农户

上述“公司+农户”模式具有不稳定性，市场需要不断追求更稳定的合作形式，“公司+基地+农户”模式应运而生。该模式下，基地向公司提供农产品，基地成为公司的代理方。基地对分散的农户进行监督和约束，基地同时也是农民的利益代表，对公司挤占农民利益的行为也能进行约束。在基地管理上，公司提供生产技术、农资供应、政策信息传递等统一的服务。基地作为连接公司和农户的桥梁，保障公司和农户之间的沟通。

这种组织模式较“公司+农户”，克服了一些不足，同时延续了优点。在公司与农户签订的契约中也改变了“公司+农户”形式下规定协议价格的做法，一般只签订最低保护价格：在规定的收购时限内，如市场整体价格低于保护价格，则按保护价格收购；如市场价格高于保护价格，则按市场整体价格进行收购。

企业、农产品生产基地、农户结成紧密的贸工农一体化生产体系，龙头企业通过共建、自建基地引导和组织分散的小农户进入社会化大市场。基地具体的形式可以是公司直接买断土地使用权，让农户成为企业工人；也可以是与农户达成协议，建立股份制生产基地，从产权层面上进行联结。

案例分析

雏鹰农牧

雏鹰农牧于2010年9月在深圳证券交易所成功挂牌上市，公司经营范围包括生猪养殖及销售、种猪繁育、种蛋生产、鸡苗孵化、粮食收储、生猪屠宰、生鲜肉制品加工、蔬菜种植、冷链仓储与物流等。雏鹰农牧是较为典型的按照“公司+基地+农户”模式组织农业产业的龙头企业。公司把二元种猪、商品仔猪、肉雏鸡放入公司自建的基地中由农户进行饲养。农户生产的商品仔猪，公司按协议价格回收后又转向农户作商品肉猪进行饲养；农户生产的成品肉猪、肉鸡，公司负责按协议价格收购，然后统一出售。公司不只是单纯地向农户收购肉猪、肉鸡产品，而是视农户的生产为企业的第三车间。此外，公司还针对经济困难的农户成立了专门的担保公司，为农户进入小区养殖提供贷款支持，解决了许多农户的资金问题。

基地中的合作养殖是雏鹰农牧的核心所在。合作养殖的对象主要是具有一定养殖经验的农户家庭，主要内容包括：①公司将自由畜禽交予农户，在公司养殖场进行养殖；②农户须缴纳一定比例的保证金，防范公司风险；③农户按照公司流程接受饲料供应、防疫、技术指导和“封闭管理”，但具体养殖方式由农户自行决定；④养殖周期结束，公司按照养殖成果支付农户养殖利润；⑤在发生严重疫情等极端情况下，公司将保障合作养殖农户1.3万~2.0万元/年的最低保障利润。这些举措对稳定公司与农户的合作关系、保持持续的发展发挥了关键性的作用。

三、公司+合作社+农户

该模式在公司与农户之间加入了合作经济组织的作用。通过合作社等合作经济组织，把分散的农民组织起来，以公司为龙头，以合作经济组织为纽带，以众多专业农户为基础，提供从技术服务到生产资料服务再到销售服务的产加销、贸工农一体化全方位服务，把公司、农户与合作经济组织紧密联系在一起。合作社是农民创办的农户间的利益共同体，对外是营利性经济实体，对内是非盈利性服务组织。合作社盈利在合作社成员间进行分配。

这种模式既能发挥龙头企业对农户的拉动作用，又通过农民自愿组建、自愿加入的合作组织，提高了农民的组织化程度。从本质上来说，该模式与“公司+基地+农户”类似，都是通过加入第三方的力量，使得公司与分散的农户之间有了更稳定的利益联结。

案例分析

奶联社

内蒙古奶联科技有限公司创造的“奶联社”模式，将奶农、奶站和乳制品企业的利益相互联系，大大降低了运营成本，提高了作为弱势的奶农的抗风险能力。奶联社具体做法如下：奶联社搭建技术、管理、现代化设施设备和资金投入平台，吸纳奶农将奶牛以入股分红、保本分红、固定回报、合作生产等多种形式入社，合作期间内，奶牛疫病和死亡风险由奶联社承担。“奶联社”模式中，奶农会在生产后期根据入股情况得到分红，奶农和企业的利益实现了利益共享、风险同担，既根本上确保了奶源安全，也有力地保证了奶农的合法利益，避免因为价格波动而出现伤农事件。

农业企业经营组织模式多种多样，在不同的农业生产力发展水平下，应选择不同的经营组织模式。需要指出的是，随着农业现代化进程的加快，农业领域的组织形式创新也会愈加纷繁精彩。

第五节　龙头企业与农户利益联结机制

龙头企业与农户在市场交换过程中因为双方利益不同，各经营主体都希望获得更多的利益，他们从维护自身的利益出发，对外部环境中各种经济现象及其变动做出决策，并相互依存、制约、影响交易双方之间的行为。因此，建立稳定的利益联结机制是龙头企业与农户实现“双赢”的基础。龙头企业与农户之间的利益联结机制主要解决的问题是如何实现“利益共享，风险共担”。目前实践中，龙头企业与农户的利益联结机制主要有买断式、合同式、合作式、企业化形式、股份分红形式等。

一、买断式

买断式利益分配方式是龙头企业与农户利益分配的初级形式，指龙头企业通过对分散农户生产的农副产品进行一次性收购，双方不签订任何合同，自由进行买卖，交易的价格随行就市。农户为企业提供农产品，企业根据市场价格进行收购（见图7－5）。在这种利益联结机制下，龙头企业与农户之间以市场为纽带形成松散型的交易关系。在这种纯粹的市场交换关系下，双方都要承担不确定的市场风险，农户独立组织生产，承担生产和市场的风险，龙头企业承担农产品货源不稳定和产品质量安全等风险，交易结束后双方不再有任何的经济联系。这种一次性买断的利益联结机制，在生产、加工和销售之间并没有形成有机的内在联系，龙头企业与农民的关系既不稳定，也不相互承担责任。从理论上讲，这种利益联结机制还不是真正意义上的利益联结，只能算松散型的利益联结方式。

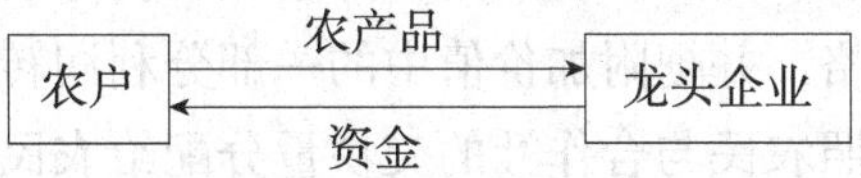

图7－5　买断式示意图

二、合同式

合同式利益联结机制主要基于“公司＋农户”组织形式的一种利益分配方式，这种形式一般由龙头企业直接和农户或农村大户签订合同，通过商品合同定价来进行利益分配。龙头企业与农户以契约为纽带建立起经济联系，双方在自愿、平等、互利的原则下签订合同，明确规定各自的权利和义务。农户依照合同规定确定种养品种、面积、数量、质量，龙头企业按合同规定的价格形式、价格水平、收购数量和收购方式向农户收购农产品。农户除了获得农产品的收购资金外，还可以从龙头企业那里获得农业生产的技术指导、物质支持及农产品加工和销售环节的部分利润返还（见图7－6）。在这种关系中，企业与农户双方不存在隶属关系，皆为相互独立的商品生产者和经营者，在合同的订立、履行和违约责任承担等方面都处于平等的法律地位。

在这种利益联结机制下，龙头企业的生产经营获得了稳定的原材料供应，降低了市场交易的风险；农户的小生产经营通过龙头企业与市场相联结，有了相对稳定的销售渠道，经营的不确定性因素相对减少。但是，这种利益联结是一种不稳定的半紧密型联结，龙头企业和农户很难结成利益共同体。从经济学角度来看，龙头企业与农户都是机会主义者，在市场行情一般的情况下容易履约，一旦双方认为与自己的利益目标有冲突就会退出合作，“风险共担、利益共享”的经营机制很难形成，机会主义行为使得合同违约现象普遍存在。

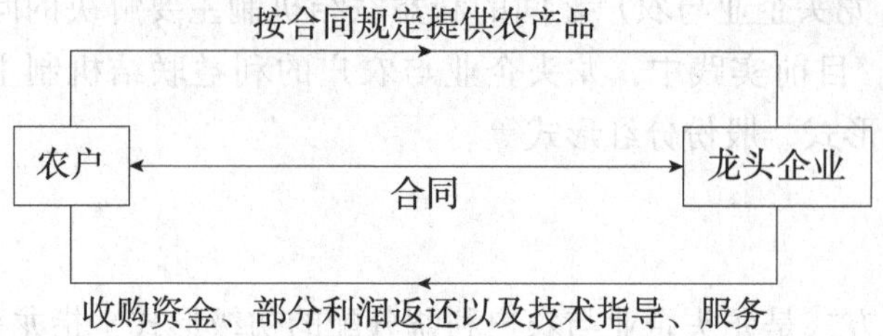

图7－6　合同式示意图

三、合作式

合作式利益联结方式主要基于“公司＋中介组织＋农户”组织形式，通过农民专业合作社等中介组织将分散的农户组织起来，然后与龙头企业联结。这种利益联结机制以根据交易额返还利润为特征，合作三方按合作协议的规定享有权益，并承担相应的责任。龙头企业与中介组织和农户之间分别以契约的形式相互联结。中介组织按照企业所规定的产品的规格和质量进行生产，企业收购农产品加工，并向中介组织提供产前和产后服务，按照市场的行情和生产成本订立产品的价格，并把附加价值中的一部分利润转移给中介组织，中介组织再将除了管理费用外的利润按照农民与合作社的交易量分配给农民（见图7－7）。

这种合作式利益联结机制综合了资本相对较多的企业化经营和合作组织民主性的优点，有利于稳定企业与农户之间的合作关系，从而建立多元化利益共同体。一方面通过合作经济组织的载体作用，龙头企业获得了稳定的原料供应，降低了与农户的交易成本；另一方面，以合作经济组织为载体，农户可真正坐到市场经营活动的“谈判桌”上，谈判地位提高，还可以与龙头企业共享市场收益。但是，这一利益联结方式下，由于企业、合作经济组织、农户之间信息不对称仍然存在，逐利动机驱使强势集团在交易中采取压级压价等手段，影响组织模式的良性运行。

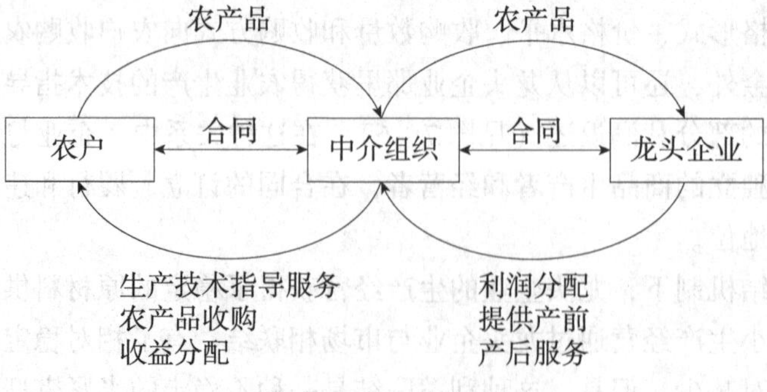

图7－7　合作式示意图

四、企业化形式

企业化形式利益联结机制是龙头企业与农户利益联结方式中比较稳固和有效的方式，是指龙头企业对某种农产品的生产、加工和销售等各阶段实行垂直一体化经营，使连续的各个生产阶段在同一个厂商内部进行协同。农户将土地出租给龙头企业，并获得龙头企业提供的就业机会，成为企业的员工。龙头企业对所租用的土地进行统一规划和管理，使土地相对集中成为一个大型的规模化、集约化的基地，并按照企业的发展决策进行农产品的生产和加工，企业内部实行企业化管理的方式。在这种方式下，农户的利益来源包括两部分：土地租金和成为龙头企业员工所获得的工资（见图7-8）。另外，农户通过在企业内部工作，有机会学习到先进的农业生产技术及管理理念和方法，从而有利于提高自身的素质，这充分体现了龙头企业对农户的带动作用。

这种利益联结方式，把农副产品的生产、加工、销售等活动更稳定地联结在一起并使之一体化，形成了比较紧密的产供销产业链，也使龙头企业与农户之间的利益联系得更为紧密。龙头企业与农户是一种企业内部的关系，企业把农户的生产作为自己的第一生产车间，较好地解决了传统农业产业化模式中利益合作机制不稳定的矛盾。企业通过自己组织生产满足了原料需求，极大地提高了综合效益。总之，通过这种利益联结方式，将利益分配和要素贡献紧密联系起来，实现了利益主体各方的“风险共担，利益共享”。

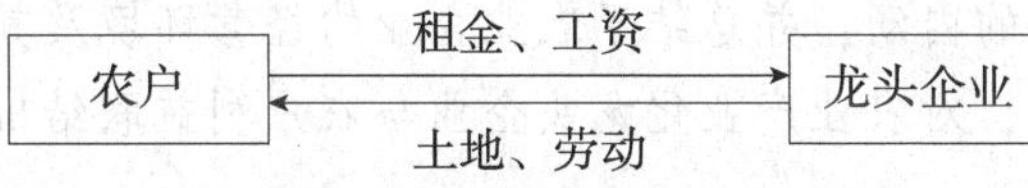

图7-8　企业化形式示意图

五、股份分红形式

股份分红形式是基于股份式龙头企业带动形式的企业与农户利益联结方式。龙头企业以股份式或股份合作制的形式与农户结成利益共同体，农户将其可支配的土地、资金、技术、设备等要素入股，在龙头企业中拥有股份，成为龙头企业的股东，参与企业的经营管理并享有监督权；农户按股分红，以产权为纽带与龙头企业形成真正意义上的“风险共担，利益共享”的利益共同体，龙头企业对农户在技术、资金、运销等方面承担一定的义务，经营风险由双方共同承担（见图7-9）。

这种利益联结方式下，龙头企业的经营效益与农户联系密切，企业与农民由各自独立的利益主体变为统一的利益主体，实现了龙头企业和农户的自觉联合，使两者在一定程度上结成了互相依存、共存共荣的关系，对于调动农民积极性和促进农业产业化经营具有明显的作用。这种利益联结方式从制度上保证了农户对农业产业化过程形成的经济利益有分割权，属于紧密型利益联结方式，可以说是一种比较理想的组织形式，是龙头企业带动农户的高级形式。但是，单个农户股东势单力薄，持有的股份在龙头企业中所占比重很小，在参与决策过程中的作用微乎其微，因此，无法对企业的管理层构成有效的制衡。

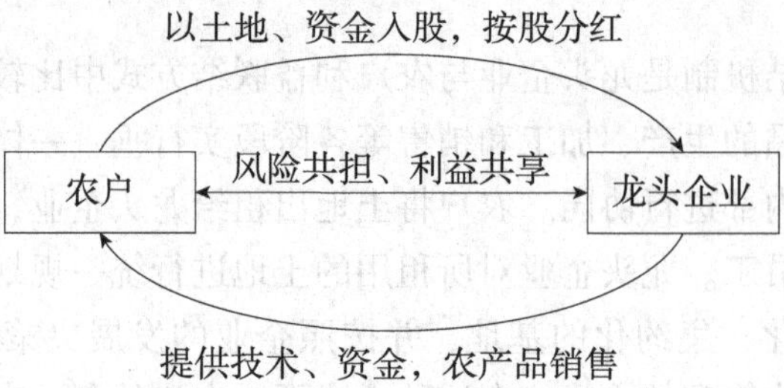

图7-9　股份分红形式示意图

以上五种利益联结方式呈现的是不断渐进的发展进程，即龙头企业从初级带动形式向高级带动形式演进，从以市场为纽带的纯粹的买卖关系发展到利用契约来约束双方行为的合作关系，再到以产权为要素的企业内部关系，在这个过程中交易成本逐渐降低，利益联结程度由松散到紧密，企业带动农户能力由弱到强，龙头企业与农户逐渐形成“风险共担、利益共享”的联合体。

本章小结

本章首先介绍了农业企业的概念及类型，之后阐述了农业企业战略管理、农产品质量管理、营销管理、财务管理的内涵，并总结了农业企业的经营环境及其分析方法，探讨了农业企业的三种组织经营模式，对农业产业化龙头企业与农户利益联结机制的5个表现形式进行了分析。

练习题

1. (　　) 是国民经济发展的基本细胞。

A. 企业　　B. 合作社　　C. 农户　　D. 家庭农场

2. (　) 是指使用一定劳动资料，独立经营，自负盈亏，从事商品性农业生产以及与农产品直接相关活动的盈利性经济组织。

A. 农业企业　　B. 公司　　C. 合作社　　D. 中介组织

3. (　) 是优势、劣势、机会和威胁的缩写。

A. SWOT　　B. PEST　　C. SWST　　D. SWPT

4. 农业产业化经营组织模式的正确选择主要取决于 (　　) 的发展水平。

A. 农业生产力　　B. 模式　　C. 农业科技　　D. 企业管理

5. 农业企业的 (　) 是农业企业在预测和把握环境变化的基础上做出的有关企业发展方向、经营范围和经营结构变革的远景规划。

A. 战略管理　　B. 营销管理　　C. 财务管理　　D. 运营管理

6. 农业企业 (　) 是指农业企业通过采取一系列作业技术和活动对产品质量形成的

各个过程实施控制。

A. 农产品质量管理 B. 控制管理 C. 营销管理 D. 风险管理

7. （　　）是对市场营销活动的全过程和全方位的管理。

A. 营销管理 B. 风险管理 C. 农产品质量管理 D. 战略管理

8. 农业企业（　　）是有关资金的筹集、投放和分配的管理工作。

A. 财务管理 B. 组织管理 C. 营销管理 D. 战略管理

9. （　　）利益分配方式是龙头企业与农户利益分配的初级形式。

A. 买断式 B. 合同式 C. 合作式 D. 企业化式

10. （　　）形式利益联结机制是龙头企业与农户利益联结方式中比较稳固和有效的方式。

A. 股份分红 B. 合作 C. 合同 D. 企业化

第八章　农业社会化服务主体经营管理

学习目标

掌握：农业社会化服务体系的内涵与特征，农业社会化服务主体构成及各主体间的关系。

熟悉：各农业社会化服务主体的经营与所提供的主要服务。

了解：国外农业社会化服务体系的现状及特征。

知识导图

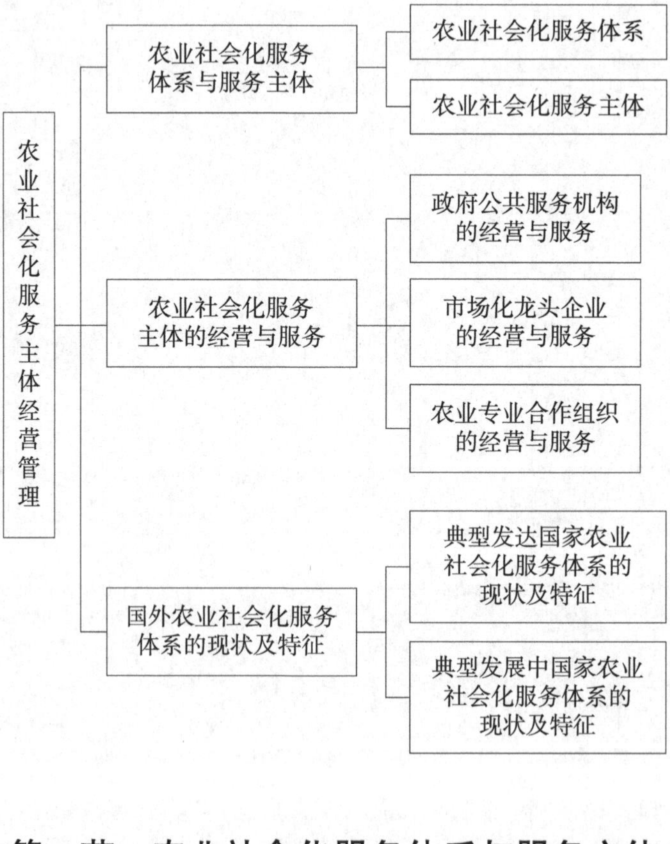

第一节　农业社会化服务体系与服务主体

农业社会化服务是指专业从事农业生产的各类社会组织，以满足农民农业生产及生活的需要为目的，为农业生产经营的各类主体提供的各类服务。农业社会化服务是农业产业化发展和城乡一体化发展的客观要求，伴随着农业生产由小型生产转变成大规模商品化生产而诞生，促进农业生产方式由分散、封闭转变成分工细密、协作广泛。它主要有两方面的含义：一是服务的社会化，指提供农业服务的主体不是由单独的机构构成的，它需要多个部门的通力合作；二是组织的系统化，各个为农业提供服务的机构，要有自己的组织体系，只有每个机构体系健全，高效运行，才能为农业生产发展提供高效的社会化服务，即农业社会化服务是通过农业社会化服务体系来完成的。

一、农业社会化服务体系

（一）农业社会化服务体系的内涵

农业社会化服务体系简称为农业服务体系，指的是与农业相关的社会经济组织，为满足农业生产的需要，为农业生产的经营主体提供各种服务而形成的网络体系。

农业社会化服务体系是农业内部分工扩大的结果，是农业生产商品化、市场化发展到一定程度的表现。发展农业社会化服务体系，是要在农户分散供给与市场集中需求之间建立起沟通的桥梁与纽带，为小生产走向大市场提供载体与中介。农业社会化服务体系的形成，不仅有利于提高农业生产效率，缓解农民小规模生产与大市场之间的矛盾，还能促进先进农业技术的推广与传播，促进我国农业早日实现现代化。

根据农民需求的复杂性和多样性，需要建立较为完整的服务体系以满足农民进行农业生产的需要。整个服务体系包括以下几个方面（见图8－1）：

（1）农业生产资料的供应服务。专业组织为农民提供种子、化肥等必要的基本生产资料，并提供农机等技术性的专业生产工具，解决农民基本的购买难题。

（2）农业产品的销售服务。农产品的销售收入是农民生活的主要经济来源，由于各种原因，农产品经常滞销，前期投入的成本无法收回，也就无法进行接下来的农业生产计划，因此，必须解决农产品的销售问题，保证农民有序地进行正常的农业生产。

（3）农产品的加工服务。农民生产出来的农产品成本高、利润低，所以需要对他们的农产品进行粗加工和精加工，增加其产品的销售利润和收入。

（4）农产品储运设施服务。这一服务主要解决农产品的存储及运输方面的问题。

（5）农业生产的科技服务。农民所能掌握的先进生产技术仍然有限，能获取科技的条件和渠道非常狭窄，导致农产品的附加值不高。因此，需要提供专业的科技指导，加强深层次的农业产品生产。

（6）农业相关的信息服务。目前，宽带网络在农村的普及率不够高，农民不能及时地接收最新的政策和技术等信息，这直接导致其不能及时调整和改变农业规划，可能造成一些损失。因此，需要农业服务人员及时向农民提供信息，减少农民的损失。

（7）农业相关的法律服务。这项服务主要解决农民的相关诉讼、纠纷及契约公正等一系列法律问题，目的是保护农民的合法权益不受侵害。

（8）经营决策服务。这项服务可以为农民提供生产计划的合理安排和合适项目的选定等。

（9）生活方面的服务。这其中就包括农村的生态保护及治理，协调好农业生产与环境的关系。同时，要求农业服务人员及时关注农民的生活水平变化，及时提供帮助。

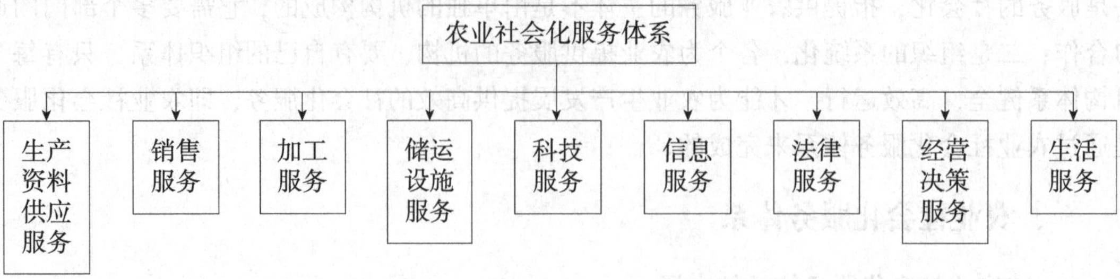

图8-1　农业社会化服务体系

（二）中国农业社会化服务体系的特征

中国农业社会化服务体系有以下几个明显特征：

1. 服务性质社会化

农业作为社会经济再生产的一个基本环节，其再生产过程不仅依靠农业生产经营者本身，还需要其他生产部门所提供的服务。农业社会化服务体系所提供的服务完全不同于自然经济条件下农民的自我服务，而是农业生产力和商品经济发展到一定阶段的必然产物，是以商品交换为基础的。因此，农业社会化服务具有社会化的性质。

2. 服务主体多元化

农业社会化服务体系是由各种社会经济组织构成的一个庞大系统，服务主体是多元化的，包括政府及涉农事业单位（如各级农业技术推广站、水利站、水产站等），村集体经济组织，农业院校、农业科研院所等教育及科研单位，金融、物资、外贸等部门，合作经济组织及涉农企业等。

服务主体多元化具体体现为以下四点：农业公共服务机构逐步健全、经营性服务组织迅速发展、农业专业合作组织快速壮大、科研院所社团组织主动参与。首先，中国按行政体制，建立了从中央到地方的各级农业技术服务中心、服务站，形成了从中央到乡镇的五级政府公益性服务组织，在村一级也建立了科技组和科技示范户。其次，农资供销服务体系建设也不断完善，流通渠道多样化，基本形成了由供销社农资公司、农资生产企业、农业“三站”（农技站、植保站、农机站）、种子公司、个体工商户等多元市场主体共同参与经营的农资供应格局。再次，专业合作社服务领域不断拓展，涉及信息服务、农技推广、土肥植保、加工储藏、流通销售、金融担保等各个环节，服务能力稳步提升。最后，全国涉农林科研院所和高等院校通过建立产学研示范基地、教授工作站、科技小院等多种形式，加强与基层的技术和成果对接，通过基地的示范带动，提供种苗、技术、管理等综合服务，取得了良好的效果。

3. 服务内容系统化

在服务内容上，社会化服务组织不仅提供农资、机耕、植保、机收、加工运输、农产品销售等专项服务，还提供技术、信息、金融、保险、经纪等综合性服务，且越来越多的从简单专项服务向内容全面、形式多样的综合服务转变。各农业社会化服务主体在农业产前、产中及产后的服务上与农户经营有机结合，促进了农业生产效率的提高。农业社会化服务体系所包括的服务内容是系统、全面的，覆盖了农业生产经营的全过程，包括种子、化肥、农机等生产物资的供应，良种推广、动植物疫病防疫等技术服务，农户资金借贷、农业生产保险等金融服务，农业气象、农产品价格、政策等方面的信息服务，农产品的包装、储运、加工及销售，道路、水利等基础设施建设，农产品质量安全、监管，等等。

4. 服务内容多样化

随着农业分工的演进，农业生产已经被划分为许多细小的运行单元，为满足农户服务需求的多样化要求，农业社会化服务体系的服务内容也逐步多样化。

（1）农机服务快速发展。从“十五”计划开始，国家就实行了农业机械购置补贴政策，出台了跨区作业的联合收割机和运送联合收割机的车辆免收道路通行费的优惠政策。目前，农机服务的快速发展已经成为农业发展的重要支撑。

（2）植保服务创新开展。中国各地努力把推进病虫专业化防治作为“保供、增收、促发展”的有力举措，加大行政推进力度，出台专业化防治的扶持政策，加大财政补贴力度，广泛开展专业化防治试点、示范工作，形成了承包防治、代防代治等多种植保服务模式。

（3）农村能源服务大力推进。中国各地积极加大以农村沼气为主体的农村能源发展政策支持和法规保障力度，狠抓户用沼气规范建设，探索出了专业合作社型、协会统领型、公司经营型、个人领办型、社会公益型等多种沼气后续服务模式。

（4）土地流转服务方兴未艾。中国各地充分认识到土地承包经营权流转在推进农业经营方式转变、促进现代农业发展中的重要作用。各地以乡镇农业经济经营管理机构为依托，搭建土地承包经营权流转服务平台，建立土地承包经营权流转市场，完善土地承包经营权流转市场机制。

（5）农业信息服务发展迅速。经过多年的建设与发展，中国省、市、县农业信息工作机构基本健全，乡村农业信息服务站点不断完善，初步形成以省为龙头、市为枢纽、县为骨干、乡村为节点的农业信息服务体系，农业信息服务体系已成为农业社会化服务的重要支撑。

（6）农业劳动力服务方兴未艾。伴随着市场化经济体制改革的逐步推进，中国工业化和城市化加快发展，为就业机会少、就业不充分的农村劳动力提供了广泛的就业空间，政府对农村劳动力流动政策的放宽，为广大农民的自由择业提供了政策保障，特别是随着城乡产业边际收入差距的进一步拉大，大大加快了农村农业劳动力的流出。中国各地通过集劳务派遣、劳务服务、劳务培训于一体的农村劳动力合作社有效组织农村富余劳动力就业，增加农民收入。

5. 服务模式新型化

改革开放40年来，各服务主体立足本地实际，在农业产前、产中、产后的服务上与农民经营有机结合，创新出了丰富、高效的农业社会化服务模式。

（1）政府公共服务机构依托模式。政府公共服务机构承担着农业社会化服务的公益性服务职能。随着农业和农村经济发展进入新的阶段，按照强化公益性职能，放活经营性服务的要求，我国已经成功探索出一批具有典型意义的公益性农业社会化服务新模式，推动了现代农业的发展。

(2) 村级集体经济组织依托模式。中国各地因地制宜，形成依托村级集体经济组织的各具特色的社会化服务模式。例如，有的村按照“民办民营”的运行模式，以技术为依托，以农资经营为经济支撑，采取“技物结合”的方式，成立村级综合服务站，有偿为农户提供种子、化肥、农药等农用物资。有的村依托村经济合作社对农户开展种苗、植保、耕作、品牌、销售等方面的统一服务，并利用村集体资源开展内外协调和联络，村集体为合作社提供办公和技术服务场所，推进统一服务。

(3) 农民专业合作组织依托模式。农民专业合作组织依托模式有利于克服小规模、分散化家庭经营的弊端，缓和小生产与大市场的矛盾，既有利于推进农业现代化，又能很好地实现农户自身利益最大化。在农业生产过程中，为社员农户提供产中的各项技术指导和服务。产后加工销售服务中，通过优先收购社员农产品，开展农副产品加工销售服务，并与农户建立紧密的利益联结机制。合作社有专人记录农户的价格、数量等信息，净盈利按照农户的交易量按比例返给农户。

(4) 产业化龙头企业依托模式。随着农业市场化程度不断提高和农业产业化经营的稳步推进，中国龙头企业通过不同的利益联结方式，形成了依托农业产业化龙头的多种社会化服务模式。例如，有的龙头企业为其所对接的基地农户提供生产资料和资金技术，农户按公司的生产计划和技术规范进行生产，产品由公司按照合同价格收购，并实行农产品的最低保护价；有的由农民自己成立的合作社（或专业协会）与企业签订合作合同，合作社组织农民采用新技术，满足龙头企业的生产要求，降低了违约率，而企业由于直接和合作社打交道，降低了交易成本。

(5) 民间服务主体依托模式。不同民间服务主体在长期的实践中形成了各具特色的社会化服务模式。例如，有的依托农资供应商、农民技术员或专业大户，在行政村建立为农民提供技术咨询、农资供应和市场信息等服务的村级科技服务站（员），既具备农业新技术、新产品的信息咨询和政策宣传功能，也具备农资连锁经营（配送）服务和农产品销售信息服务功能；有的在县或乡镇层面上成立农村经纪人协会，把分散的经纪人联合起来，为农民解决产后销售问题，促进农民的小生产与大市场的顺利对接。

二、农业社会化服务主体

（一）主要的农业社会化服务主体

农业社会化服务体系是综合协调政府、市场和社会三方面构成的服务网络与组织系统，能够发挥各方面的力量克服小农生产模式的不足，提高生产效益。同时，农业社会化服务体系是一个分工明确、形式多样、服务功能健全的有机系统，并非服务组织简单叠加而成的机械系统。具体而言，农业社会化服务体系是在家庭承包经营的基础上，为农业产前、产中、产后各个环节提供服务的各类机构和个人所形成的网络。从供给服务主体的角度出发，可以将农业社会化服务体系分为四个部分，即四个农业社会化服务主体，具体为政府公共服务机构、市场化龙头企业、农业专业合作组织和其他社会服务组织。

1. 政府公共服务机构

政府公共服务机构是提供农业社会化服务的支柱力量，主要是指国家各级涉农职能部门、官办集体服务组织和科研教育事业单位，其运行需要依靠国家财政支持，提供的服务具有福利性和公益性。政府涉农行政部门主要包括农业局、林业局、科技局、畜牧局；乡镇级派出机构包括农机站、水利站、农技站、城建站、林业站等，为农民的生产和生活提供各种服务；官办合作组织主要是指供销社和信用社；村级集体组织则主要在农资购买、耕种、防病治虫、栽培管理技术等方面提供服务。政府公共服务机构本身不以营利为目的，服务多数是无偿或低偿的。科研教育事业单位主要以农业院校和农业科研机构为主，为农业生产提供技术指导和咨询、农技推广、人才培养与教育等服务。这些服务主体是国家提供农业生产性服务的主要载体，政府财政资金是其运行的最主要经费来源，表现出准公共产品的属性。

同时，中国政府机构的农业服务组织是按行政体制建立的，从中央到地方分别建立了各级农业技术服务中心、服务站，在村一级建立了科技组和科技示范户，把实用技术推广至农户。省级以下的农业服务组织受本级政府和上一级推广组织的双重领导。在这样的组织架构下，各级农业服务部门在行政上要受到本级政府的领导，同时他们的业务工作受上级相关职能部门的指导。

政府公共服务机构作为非营利性服务组织，是公益性服务资源的供给主体。国家制定的相关政策及政策具体的实施都是以这些机构为依托的。随着国家财税体制改革的进一步深化，地方政府的农村集体服务功能也由于资金变化而发生了变化。政府公共服务机构的主要功能在于：投入和配置合理的基础设施和服务资源，建立有利于农业社会化服务运行的体制环境，鼓励市场和社会力量加入农业社会化服务体系，并对体系内的供给主体进行监督和管理，确保农业社会化服务最大限度地满足农业生产的发展。同时，科研教育单位作为公共服务机构的主要力量之一，也应将农业生产的科技创新、促进农业科技成果转化应用、培养涉农人才、培养新型农民、提高基层农业科技水平和服务能力作为自身的主要职能。

2. 市场化龙头企业

市场化龙头企业是农业社会化服务体系中的骨干力量，是指在市场经济条件下，以营利为目的，从事农产品生产、收购、加工和销售一体化经营，规模和营业指标达到标准并经政府有关部门认定的企业。市场化龙头企业是农业产业化经营的开拓者，实现了农产品的再加工、再升值。同时，按照市场规律运行，遵循等价交换原则，市场化龙头企业通过一系列的利益联结机制与农户合作，带动农户发展，并提供商业性的生产社会化服务。随着龙头企业的发展，农业产业化模式出现了“农户＋龙头企业”和“农户＋合作社＋龙头企业”两种模式。“农户＋龙头企业”模式是龙头企业与农户签订合同，龙头企业需要按照合同对农户依照合同要求生产的农产品进行收购、加工和销售，并为农户生产提供相应的服务。“农户＋

合作社 + 龙头企业”模式的特点是合作社充当了交易的中介，由合作社代表分散的农户与龙头企业签约。这种模式增强了交易关系的稳定性，提高了农户的市场地位，并有效地降低了交易成本。总体来说，市场化龙头企业是经营性服务的主要供给者，在农业社会化服务体系中发挥着带动作用。

当前中国农业社会化服务体系面临如何提升农业社会化服务的水平和质量的问题，需要借助市场机制在资源配置和优化结构方面的优势，特别是农产品市场化的领域，龙头企业可以充分发挥其作为市场主体的优势，有效地优化配置农业生产要素。市场化龙头企业是现代化农业生产的核心，其主要功能在于：建立多种方式与农户形成利益共同体，使分散的农户与市场联结，为农户提供农业生产的一体化服务，具体包括信息的采集与发布、农资供给、信贷保险、农技咨询、产品加工销售等。市场化龙头企业通过一体化的服务，带动农户一起发展，农户可以享受到农业产业链条延长的收益。

3. 农业专业合作组织

农业专业合作组织是农业社会化服务体系中的基础力量，是指按照“民办、民管、民受益”的原则，为农户提供服务和利益的一种合作经济组织，即由农村能人（村干部、农民技术员或专业技术干部、农民经纪人、专业种养大户、返乡创业农民工等）牵头、农民自愿参加的各种农民专业合作组织或行业协会。农业专业合作组织可以提供农资供应、技术指导、劳作服务、储藏运输和加工销售等综合性服务，通过这些服务可以提高农产品的竞争力，同时降低生产和交易成本。农业专业合作组织与农户息息相关，是市场经济发展和农村经营体制创新的产物。农业专业合作组织可以提高农业规模化程度，同时也可以保持农户独立经营，又可以避免农户单独经营的局限性，是农业生产社会化服务体系的基础。农业专业合作组织的主要功能在于可以有效地将分散的农户组织起来，鼓励农户互相帮助、共担风险，增强农户在市场中的竞争力。

目前，农业专业合作组织在农业社会化服务体系中，相对于凭借着资本与权力的市场化龙头企业和政府公共服务机构发展相对滞后，农业社会化服务体系呈现了“强政府、强市场、弱社会”的现象。农业社会化服务体系的发展，需要协调体系内各供给主体的力量，促进体系平衡发展，应积极鼓励和支持各类农业合作经济组织的发展，完善农业生产社会化服务。

4. 其他社会服务组织

农业社会化服务体系的供给主体除了政府公共服务机构、市场化龙头企业和农业专业合作组织外，还有其他社会服务组织。其他社会服务组织是在区域范围内自发形成的不同类型的服务组织，具有民间性和自治性。其他社会服务组织与政府公共服务机构、市场化龙头企业和农业专业合作组织相比，制度正规性和组织水平较低，受到的行政权力和企业资本的干预较少，包括服务联合体、研究会、农民技术协会、农民经纪人、农机租赁组织等。这些组织或个人可以直接或间接地加入农业社会化服务体系中，是农业社会化服务体系的补充性力量。

作为农业社会化服务体系中的补充力量，其他社会服务组织的运行机制既区别于政府机制，又不同于市场机制。因此，这类社会组织兼具公益性服务和经营性服务的特征。其主要职能如下：通过服务联合体、研究会、农民技术协会、农民经纪人、农机租赁组织等形式，弥补政府和市场不能触及的农业生产领域，为适应不同地区农村生产的发展提供有效且适用性强的服务。

（二）各农业社会化服务主体间的关系

在现代农业社会化服务体系内部，各供给主体相互联系、互为依存，各自依靠其主体具备的资源优势而发挥着不同的功能。

政府公共服务机构在农业社会化服务体系中处于支柱地位，凭借着政府职权和权威优势，提供基础性、无偿性或低偿性的服务，设定农业社会化服务体系的整体发展目标，做出合理的规划，鼓励、引导、监督并调控体系内其他服务供给主体的运行。

市场化龙头企业在农业社会化服务体系中发挥着骨干作用，利用其市场主体的优势，合理地配置资本、高效地管理企业运作、有效地降低交易成本和紧密地域市场联系，弥补了农业社会化服务体系中其他服务供给主体在适应社会环境和外部市场变化方面的不足，优先掌握充分的市场信息，带动其他服务供给主体进行调整和变动。

农业专业合作组织在农业社会化服务体系中发挥着基础作用，能够以多样性的服务模式高效地将农户组织起来，弥补政府公共服务机构和市场化龙头企业无法有效贴近农户的不足，提高农户与服务供给主体之间的合作强度。

其他社会服务组织在农业社会化服务体系中发挥了补充性的作用，具有民间性和自治性，在农村社会具备一定的影响力，能够适应不同地区农业农村生产的发展，提供有效且适用性强的服务，补充了其他服务供给主体不愿或不能及时触及的农业生产领域。

通过对各农业社会化服务主体及其功能和关系的分析，可以得出农业社会化服务体系的架构，如图 8－2 所示。

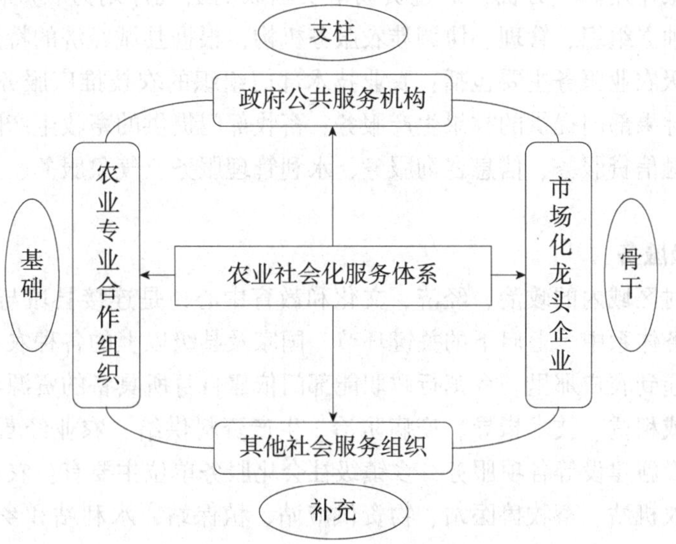

图 8－2　各农业社会化服务主体间的关系

第二节　农业社会化服务主体的经营与服务

一、政府公共服务机构的经营与服务

在服务范围上，政府公共服务机构提供的农业社会化服务最全面，为满足农户需求的变化和发展，基于服务的角度，社会化服务组织除了提供机耕、机收、植保、加工运输、销售及农资支持等服务外，还会提供各类综合型的服务，如信息、技术、保险、金融等，同时，许多传统的专项服务已经开始转变为更加全面、更加多样化的综合性服务。服务范畴不断扩大，且专业化水平逐年提高。在服务层次上，大体形成了以县、乡两级专业服务广泛覆盖，以技术部门为依托，以村集体为基础的服务结构，实现了中央、省、市、县、乡五级互联互通。

（一）中央政府和省级服务

农村地区的纯公共服务应主要由中央政府和省级政府提供。农业基础科学研究、气象、农业区划管理以及全国性的农业病虫害防治等由于只有外部收益而没有内部收益，属于纯公共服务的范畴，适合由政府提供。中央政府应主要从事跨经济协作区的农业和农村管理服务、农业科技成果推广、农业环境保护、全国性农业信息网的建设、农业基础科学研究以及与国防建设有关的民兵建设。省级政府应主要承担农村地区跨地区的公共服务。

（二）县市级服务

县市级服务在政府公共服务中具有非常重要的地位。并且，因为县一级作为较完整的经济社会单元，是农村与城市的接合点，在执行国家政策上发挥着枢纽作用，同时在组织管理上又具有自主决策作用。一方面，通过贯彻落实国家的宏观计划为农户提供相应的生产服务；另一方面，独立组织、管理、协调涉农服务机构，根据县城经济的特点决定农业服务的重点与目标。县级农业服务主要包括：农业技术部门组织的农技推广服务、农业机械服务、良种繁育服务；林果部门提供的林果生产服务；畜牧部门提供的畜牧生产防疫服务；其他涉农部门提供的金融信贷服务、信息咨询服务、水利管理服务、气象服务、人才培训服务和法律公证服务等。

（三）乡镇级服务

乡镇作为农村区域内的政治、经济、文化和教育中心，是连接县城与农村的关键层次，是农业社会化服务体系中承上启下的关键环节，国家及县级以上的各种农业服务要通过乡镇服务机构才能传递到农户那里。乡镇行政职能部门依靠自身所具备的资源与实力，向农户提供农用机械购买或租赁、技术指导、疫病防治、生产资料供给、农业经营管理、产品销售、植物保护、基础设施建设等各项服务。乡镇级社会化服务单位主要有：农业经营管理站、农业技术推广站、农机站、畜牧兽医站、物资供应站、植保站、水利站和乡镇信用合作社等。随着市场化改革的深入，各类经济技术部门的利益日趋多元化。一方面，其承担着为农户服务的行政职能，具有一定的行政权力与手段，能够获得国家财政或银行信贷的支持；另一方

面，面对激烈的市场竞争，为赢得生存空间，乡镇级经济技术部门也基本实现市场化转型，经营性服务增多。

（四）村级服务

村级集体组织位于农业社会化服务体系的最底层。一方面，其可以直接与农户发生联系；另一方面，其与各级政府部门及社会服务组织有往来，发挥基础性作用和直接落地的功能。村级集体组织虽然不属于政府行政序列，但实际上一直充当着协调、管理农村社会的角色，尤其是在直接承接农业社会化服务方面十分重要，甚至起到不可替代的作用。现有村级服务组织大多是在计划经济时期原有生产队的基础上建立的，以物资供应组、农机组、植保组、农技组为代表，村级服务内容主要集中在“几个统”项目上，如统一采购、统一机耕、统一播种、统一收割、统一脱粒和统一灌溉等。目前村级集体组织为农户提供的农业社会化服务项目主要包括综合性农业服务和单项农业服务两类。其中，综合性农业服务是指在农户生产经营各个环节都需要的服务，包括资金融通、技术指导、信息咨询、技术培训等，单项农业服务则只针对农业生产经营中的某一环节提供服务，包括农资购买、机耕、机播、植保、收制、贮藏、加工、运输、销售等方面。

二、市场化龙头企业的经营与服务

农户作为从事农业生产经营的微观经济主体，规模小且高度分散，缺乏适应市场经济并进行开拓与创新的能力，在市场营销、产业链延伸、生产专业化等方面困难重重。龙头企业对农户具有直接带动作用，具有促进优势与特色产业发展、切实增加农民收入、实现农业生产的专业化和规模化的作用。龙头企业为农户提供的社会化服务主要包括如下几个方面。

（一）技术服务

龙头企业为农户提供的技术服务主要围绕种植业和养殖业进行，以发放技术资料、提供技术指导、进行技术培训和直接提供技术服务等形式，解决农户在生产中遇到的问题。譬如，龙头企业围绕种植业开展的技术服务涵盖播种、灌溉、机耕、机修、田间管理、收割、脱粒、采摘、包装、收购、贮藏、运输、销售和加工等各个环节。围绕养殖业开展的技术服务则包括良种畜禽提供、疫病防控、饲养技术指导、屠宰、畜禽产品的销售和加工、质量安全控制等。另外，龙头企业还通过行业协会和农民专业合作组织的平台，广泛开展技术培训，着力提高农户素质与技能水平。

（二）信息服务

龙头企业提供的信息服务包括：发放传单与小册子、开通网上信息平台、举办培训班、召开会议等，定期向农户发布技术、政策法律、市场价格、疫病等方面的相关动态信息，为农户的科学决策提供帮助。

（三）金融与营销服务

龙头企业通过与农户签订合同，在收取一定保证金的前提下，由龙头企业向农户提供生产所必需的良种和生产资料，并为其介绍贷款渠道，以解决农户生产经营的融资难题。同时，龙头企业以收购的形式为农户提供农产品营销服务，较好地解决了农产品“卖难”的问题。龙头企业作为市场化服务供给主体，在完善农业社会化体系中发挥了重要作用，但在服务方面仍存在许多不足之处。

（四）加工销售服务

长期以来，农业的利润水平较低，使得农业初级产品的加工销售无法为其提供正常的利润空间。因此，农产品底层加工销售服务企业无法吸引工商资本的大力投入。近年来，部分农产品流通企业在政策和利润的引导下发展各类农产品储藏、烘干、清选分级、包装等初加工服务，提高商品化处理能力，凭借其农产品加工能力和优越的销售平台，使得农户的农产品大幅增值，在增加农户收入的同时也扩大了企业的利润空间。

目前从整体上来看，中国农业龙头企业规模较小、数量不多、综合实力不强，所提供的社会化服务不完善，辐射带动能力有限，服务的层次也较低。服务内容以生产技术指导等产中服务为主，产前、产后服务较少，农产品初级加工较多，深加工较少，在信息、金融和营销服务等方面还比较欠缺。此外，龙头企业与农户之间尚未建立有效的利益保障机制。由于信息不对称，龙头企业掌握的市场信息较为全面，而农户在农产品销售方面则处于被动地位，增产不增收的现象依然比较突出。

三、农业专业合作组织的经营与服务

农业专业合作组织（以下主要指农民专业合作社）贴近农户生活，了解农户的需求，可以将农户有效地组织起来，其所提供的服务也较为灵活实用。从服务联结机制来看，农民专业合作社在农业生产的产前、产中、产后三个环节为入社农户提供具体服务，可以有效帮助农户减少投入、增加收益。

（一）产前服务

农民专业合作社为社员提供的产前服务主要包括：①统一规划品种，优化品种结构。一方面，通过统一规划确保成片种植，实现规模经营，充分提高土地利用率；另一方面，通过品种结构的优化增加了产品的附加值。②统一生产技术标准，对社员进行统一的技术培训。农民专业合作社通过实施标准化生产，引进标准生产技术，与农技部门建立技术协作关系，邀请农技人员为农户做技术指导等方式，提高了农产品的数量和质量。③改善农业基础设施。农民专业合作社建立以后，通过自筹部分资金以及从农业、水利、扶贫、移民、科技等相关部门获取资金、技术支持，改善农业基础设施，为提高生产效益打好基础。④统一采购生产资料，做到质优价廉。农民专业合作社对农户所用的化肥、农膜、种子等可以直接从厂家批量购进，减少了很多中间费用，可以使农户获得低于市场零售价的生产物资。同时，部分农民专业合作社为解决农民资金缺乏、无力购买生产资料的问题，还可以为农户统一垫支生产成本。

（二）产中服务

农民专业合作社为社员提供的产中服务主要包括：①统一机械化耕作。这一点在粮食、蔬菜合作社中表现得尤为明显。农民专业合作社可以通过农机补贴政策购买一定数量的农业机械，成立机耕、机种、机防和机收服务队，统一组织协调使用农业机械，在节约农业生产成本的同时，还能解决农忙季节农村劳动力紧缺的问题。同时，通过提供有偿服务增加了农民专业合作社的额外收益。②统一组织施肥、施药、防虫等生产管理，确保标准化安全生产。农民专业合作社通过组织测土配方施肥、机器统防统治的方式，增加施肥的有效性，提高虫害防治效率，有效降低了农户的生产风险。

（三）产后服务

农民专业合作社为社员提供的产后服务主要包括：①统一组织产品销售。农民专业合作社大多能坚持以市场为导向的营销理念，通过多种渠道开展产品销售，减少中间环节盘剥，提高产品销售价格，增加销售收益。②统一包装和申请产品质量安全认证，培育品牌。农民专业合作社创建成功以后，通过注册商标，申请“三品一标”（无公害农产品、绿色食品、有机农产品和农产品地理标志统称“三品一标”）认证，形成自己的品牌体系，提高产品的附加值。③对农产品进行加工，获取附加值。部分农民专业合作社通过加工，延伸了产业链，缓解了产品集中上市的供需矛盾。

第三节　国外农业社会化服务体系的现状及特征

一、典型发达国家农业社会化服务体系的现状及特征

（一）美国农业社会化服务体系的现状及特征

美国的现代农业是建立在科学有效的社会化服务体系之上的，其机械化程度和科技水平很高。其现代农业社会化服务体系历经百余年已日渐成熟，高度市场化，具有独特的优势和显著的特点。从经营和组织的角度来看，美国农业的高度现代化与其拥有发达的农业社会化服务体系密不可分。美国是依托大学建立农业社会化服务体系的典型代表，其农业教育—科研—推广三位一体的服务体系为美国农业的成功提供了保障。

1. 美国农业社会化服务体系的构成

美国农业社会化服务主体主要包括三个部分，即公共农业服务系统、合作社农业服务系统及私营农业服务系统。这三种服务系统相互补充、共同发展，其中以农业科研中心和赠地大学（州立大学）为代表的科研、教育、推广体系最具特色，成为美国农业技术服务的核心力量。

（1）公共农业服务系统。公共农业服务系统主要由农业部农业研究局、林业局、农业科研中心、联邦农技推广局、州合作研究局等联邦农业研究所和推广机构，53 所州立大学农学院及其附属的农业实验站和县农业推广办公室共同组成。其任务是在政府财政的支持下，通过教育—技术—推广体系为农业发展提供保障，为农业提供最基本的服务，将农业知识免费传递给农民。美国政府为农业提供大量的相关服务，其中最为突出的一点就是组织和

完善了以赠地大学为中心，与农业试验站、农业推广站紧密结合的“农业教育、科研和推广体系”。

(2) 合作社农业服务系统。合作社农业服务系统由各种合作社组成，为农户提供购买、销售、信贷、技术、灌溉、运输、仓储、电力等各方面的服务。美国农业部门的合作社几乎全部是服务性质的，这主要是由美国农业生产效率极高、专业化程度极高决定的。其中，农场主合作社在美国具有重要的地位，它是家庭农场主为抵御厂商压低农产品收购价格、维护自身利益而成立的。农场主合作社具体又可以分为生产合作社、购买合作社、销售合作社和服务合作社，同时，还存在集多种功能于一体的混合型合作社，这些合作社与赠地大学及农业实验站联系紧密，以从中得到相应的技术支持。

(3) 私营农业服务系统。私营农业服务系统主要由各种从事农业生产、加工及运销的私营企业组成，一般通过与农民签订合同的形式将服务送到农民手中，主要提供全面、系统的购销、加工以及产中服务，还提供教育、科技推广方面的服务，并以此从中赚取利润。私营农业服务系统分别通过农用物资供应商与农场主结合实现后向一体化，通过加工、销售企业与农场主的结合实现前向一体化。美国拥有一批具有世界领先规模的农业企业，农业推广服务系统实力强、效率高，不仅可以提供农用物资、农产品运销等服务，而且可以及时、客观地反映市场运行状况。

2. 美国农业社会化服务体系的服务形式

“公司＋农场”“公司＋农户”以及合作供销是美国农业社会化服务的三种形式。“公司＋农场”主要以农产品加工销售为核心，由国有或私营大公司进行经营，农场为公司提供稳定可靠的农产品，公司与农场之间具有产权关系。“公司＋农户”是涉农的工商业大公司与农户通过购销合同形成的相互依赖关系，通过合约建立互惠互利的商业关系，如饲料公司与畜禽饲养农户联合、农产品种植农户与农产品加工公司联合等。合作供销主要是由专业农协、一般农协或综合农协为农户提供多种一体化服务。其中，专业农协一般只经营采购和销售，而不经营信用业务；一般农协的业务对象范围相对较宽泛，但同样不经营信用业务；综合农协业务对象最广，经营范围既包括购销、农产品加工等，也包括信用业务、互济保险、医疗卫生等。

(二) 日本农业社会化服务体系的现状及特征

日本是一个国土面积狭小且多山的国家，农业经营规模较小，但日本农业生产经营具有很强的组织性和高效性，农业的生产和农户的生活都有保障。日本农协是向农民提供农业社会服务体系的中坚力量，全国大约 99% 的农户加入了农协。

1. 日本农业社会化服务体系的服务主体

日本在为农服务方面，提供服务的主体是政府和农协。其中，政府提供的服务主要包括农田水利建设、作物干燥与储存、购置农用设备等，这些项目的投入主要来源于中央及地方政府的财政补贴。

除了政府实行一系列的农业保护政策外，农协为农户提供的农业社会化服务的范围十分广泛，几乎涵盖产前、产中和产后的各个方面。日本农协通过自身机构与农户建立起各种形式的联系，为其提供系统的、完备的服务。

2. 农协提供的主要服务

（1）生产资料供应服务。

为了解决农户自己购买生产资料和销售农产品难以与市场抗衡的问题，日本农协首先从流通领域开始，以购买农用生产资料和销售农产品作为主要职能，为农户提供农业生产资料等方面的社会化服务。农户的大部分生产资料由农协提供，因此，农协能够占据有利地位与厂商谈判，以较低价格购入农用生产资料。同时，农协成立了多层质量检验机构，在购进生产资料之前先进行检验，从而确保了生产资料的质量安全。

（2）农产品流通服务。

日本的农产品加工技术十分发达，因此，现代日本农产品的加工程度和商品化程度比较高。在这样的条件下，农产品的储存、运输和销售就成为整个农业再生产的一个重要环节。而对于农户来讲，农产品的加工、储存、运输和销售如果由自己承担是难以实现的，这样农协又成为这类服务的提供者。农协为农户提供的销售渠道主要有几下几种：一是通过各地的中央拍卖市场销售，一般水果、蔬菜等鲜货都采用这种方式；二是通过城市居民的“消费生活协同组合”销售；三是直接由农协卖给超级市场。

（3）基建和农机具服务。

为了加快提升农业现代化步伐，日本农协为农民设置了个人无力购买的大型机械设备和生产设施，包括大型拖拉机、运输车辆、粮食加工设施、饲料加工设施等，这些机器设备对外出租时，向农户收取租赁费，既帮助农户解决了购买大型设备的困难，又提高了农业机械的利用率。另外，农协还开办了农机服务站、汽车修理站、机械服务站等为农户提供服务，同时还有相关技术人员对农业机械进行维护和保养，解决了农户购买机具的后顾之忧。

（4）金融类服务。

由于农业经营具有周期长、风险大、收益低等特征，一般的金融机构不愿意提供农业贷款。因此，农协为满足农户对资金的需求，承担起了为农户提供资金、发放贷款的服务。日本农协拥有信用机构，可吸收大量的流动资金。农协筹集资金的途径主要有三个方面：一是吸收农户的储蓄存款；二是通过“农林中金”发行“农林债券”，从其他金融机构借款等途径吸收社会资金；三是政府的财政补贴。

除了上述服务之外，日本农协还为农户提供信息、技术指导等生产必备服务，从各个方面保证了农户生产经营的正常运行。

二、典型发展中国家农业社会化服务体系的现状及特征

（一）印度农业社会化服务体系的现状及特征

印度是一个拥有 13.53 亿人口（2018 年数据）的农业大国，农业社会化服务水平直接

影响印度农业的发展进程。除了印度政府相关部门，合作社是农业社会化服务重要的供给主体之一。自 1904 年开始，印度的合作社开始迅速发展，成为农业社会化服务的重要力量。印度政府为促进合作社的发展，制定了一系列优惠的税收、信贷政策，为其营造良好的法制环境，加大对合作社的财政支持力度及技术扶持力度。在各服务主体的共同协作下，印度现在已经拥有发达的农业金融体系、农业科技推广体系和农业信息化服务体系。

1. 农业金融体系

印度的农业金融体系主要由政府和合作社的信贷机构组成，按性质分为合作性质的信贷机构和政策性金融机构。

印度合作性质的信贷机构分为两类：一类是提供短、中期贷款的合作机构，主要是信贷合作社；另一类是提供长期信贷的合作机构，主要是土地开发银行。信贷合作社按层次主要分为初级农业信用社、中心合作银行及邦合作银行。土地开发银行主要为农民提供长期信贷，帮助农民购买大型农业设备、改良土壤等。

印度的政策性金融机构主要是国家农业和农村开发银行及地区农业银行。国家农业和农村开发银行是目前印度最高级别的农业金融机构，具有对其他相关机构的检查权与监督权。地区农业银行主要是为了促进印度落后的农村地区经济发展而设立的，该银行不以营利为目的，主要为贫困农民提供贷款，利率不高于当地信用社贷款利率。

2. 农业科技推广体系

印度政府高度重视农业科技的发展，现已形成政府、农业研究委员会、农业院校相结合的农业科技推广体系。农业研究委员会的主要任务是在农林牧渔业等方面的科研推广事业中发挥牵头作用，并为政府的农业咨询机构创造与国外进行学术交流的机会，下设多个专业研究所及研究中心，负责相关技术研究项目，涉及领域包括种植业、养殖业、水产业及水土保持等。农业院校也是印度农业科研系统的重要力量，在印度各邦均设有农业大学，农业大学一般管辖多个地区的专业性试验站，为学生提供良好的研究场所。因此，农业大学已经成为所在邦和服务地区的科研中心和农业科技推广的组织者。

3. 农业信息化服务体系

印度政府认为农民销售农产品利润低的主要原因是缺乏实时、准确的信息。因此，要通过建立农村信息化网络来推动农产品市场的发展。印度的农业信息化方案由基础设施建设、应用软件开发、国家级农村信息化项目三部分组成。整个农业信息化网络系统由国家信息中心负责协调，建立和运作农业信息化的综合数据库存系统，将一些农业市场管理组织、农产品的行业协会等部门的已有职能和业务进行网络化管理，起到数据集成的效果，从而改变现有农产品市场地区隔绝的局面。

（二）巴西农业社会化服务体系的现状及特征

巴西位于南美洲东南部，农业发达，是世界上重要的农产品生产国和出口国之一。在农业社会化服务体系方面，巴西的合作社组织、科技服务、金融服务、信息化服务都十分发达。

1. 合作社组织

巴西拥有多种形式的合作社组织，在推动农业生产、促进产供销一体化等方面发挥了巨大的作用。巴西合作社组织拥有四个层次，由高级到低级依次是全国合作社组织、州合作社组织、中心合作社和基层合作社。从合作社类别来看，主要有供销合作社、渔业合作社和农村电气化合作社等。这些专业合作社主要为农户提供技术、信息、相关培训、农产品储存、加工、运输、销售、基础建设等一系列服务，许多经营得好的合作社最后都发展成为农工综合企业。

2. 科研及推广体系

巴西农牧业研究公司是巴西农业方面最高级别的研究机构，主要任务是解决农户在农业生产中面临的各种技术问题，为农业可持续发展和农民增收提供技术支撑。巴西农牧业研究公司每年的财务预算一般是联邦政府资助占88%，自筹占12%。巴西农牧业技术推广公司负责巴西全国的农业技术推广工作，其主要任务是将最新的农牧业新技术、新成果直接传授给农业生产者，这主要依赖于分布在全国各地的基层农业技术推广组织，对农民进行相关指导和培训，发放科技读物等。

3. 金融服务体系

巴西为农户提供的贷款主要分为三类。第一类是用于基础建设、购买农机具的投资贷款；第二类是用于从播种到收获生产性支出的生产成本贷款；第三类是用于农产品流通的销售贷款。巴西法律规定，所有商业银行吸收存款的25%~30%必须用于农业贷款，利息远低于一般商业贷款。此外，巴西农业保险由中央银行独家经营，分为全额保险和分段保险两个险种，保险范围以生产成本为上限，农户可以根据自己的需要在备耕、种植、管理、销售四个阶段对生产条件或农作物进行投保。

4. 农业信息化服务体系

巴西是一个农产品出口大国，为了解决各部门提供数据不准确、不统一、工作量大又难以与国际贸易规范标准相结合的问题，特别研制和推广了农业机械贷款购买软件、巴西国际商务关税信息系统、巴西大众网银应用与技术、牧业应用软件等。

本章小结

农业社会化服务是指专业从事农业生产的各类社会组织，以满足农民农业生产及生活的需要为目的，为农民等农业生产经营的主体提供的各类服务，是通过农业社会化服务体系来完成的。发展农业社会化服务体系，能够有效解决现有体制下农民生产经营的问题，对于促进农业增效、农民增收和农村经济发展具有重要作用。

本章首先介绍了我国农业社会化服务体系的各主体，在此基础上着重剖析了政府公共服务机构、市场化龙头企业、农业专业合作组织的经营与服务内容，其次简要介绍了国外典型发达国家（美国、日本为代表）和典型发展中国家（以印度和巴西为代表）农业社会化服务体系的发展现状及特征，以期为我国农业社会化服务发展提供借鉴和思考。

练 习 题

1. 农业社会化服务体系的简称是（　　）。

A. 农业体系　B. 农业社会化体系　C. 农业服务体系　D. 服务体系

2. 农业社会化服务体系不包括（　　）。

A. 农业生产资料的供应服务　B. 农业产品的销售服务

C. 农产品的储运设施服务　D. 进城务工培训服务

3. 下列最有可能提供无偿性或微利性农业服务的主体是（　　）。

A. 政府公共服务部门　B. 龙头企业

C. 农业专业合作社　D. 其他服务组织

4. 下列选项中，不属于农业社会化服务主体的是（　　）。

A. 农业技术推广站　B. 农业院校　C. 农业科研院　D. 妇联组织

5. 按照行政体系，中国从中央到乡镇的农业公益性服务组织共分为（　　）级。

A. 3　B. 4　C. 5　D. 6

6.（　　）是中国农业社会化服务体系的支柱力量。

A. 政府公共服务机构　B. 市场化龙头企业

C. 农业专业合作组织　D. 其他社会服务组织

7. 市场化龙头企业在农业社会化服务体系中发挥着（　　）作用。

A. 主导　B. 骨干　C. 基础　D. 补充性

8. 作为农业社会化服务体系中的基础力量，最贴近农户生活的农业社会化服务主体是（　　）。

A. 政府公共服务部门　B. 龙头企业

C. 农业专业合作社　D. 其他服务组织

9. 同样提供农业技术服务，政府公共服务部门具有（　　），龙头企业具有（　　），农民合作组织具有（　　）。

A. 公益性　B. 宣传性　C. 自发性　D. 营利性

10.（　　）是日本农业社会服务体系的中坚力量。

A. 农业企业　B. 日本农协　C. 农业合作社　D. 日本政府

第三篇

农业经营的要素组合

第九章　农业经营的要素条件

学习目标

掌握：农地、农业资金的特征和利用条件。

熟悉：农业经营要素的相关概念。

了解：农业劳动力与农业经营能力培养。

知识导图

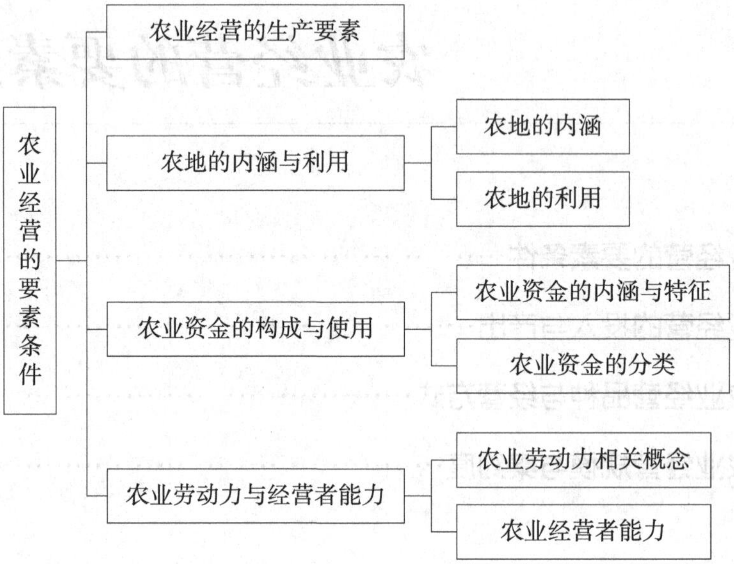

第一节　农业经营的生产要素

农业的生产经营需要面临一系列的复杂问题。在农业生产要素方面，不仅涉及土地、资金、劳动力及生产管理技术等显性的要素投入，还涉及对市场信息搜集和经营管理能力等隐形的要素投入。因此，农业生产经营需要各种显性和隐形的生产要素投入，还需要协调各种要素投入之间的比例。

不同的农作物面临着不同的生产要素投入比例。大田作物以粮食作物为例，需要一定规模的土地投入，也需要较多的机械投入，而人力投入较少。在我国，粮食的最低收购价政策推广以来，农民生产经营粮食作物的市场经营风险大大降低，使得农民更多地聚焦在生产环节上面。不仅中国，实际上其他国家，特别是欧美日发达国家在保障本国粮食安全方面也实行了类似或其他的保护政策。因此，以粮食为主的大田作物，投入更多的是土地和机械等显性的生产要素，而在市场信息搜集和经营方面的隐形生产投入较少。

以设施农业为代表的蔬菜和花卉等农作物对土地和机械的要求相对较低，对资金、技术和劳动力的投入要求较高。蔬菜和花卉等设施农业首先需要较高的资金投入建设生产设施；其次，一旦出现生产管理方面的错误，就会导致大量损失；同时市场对不同品种的蔬菜和花卉的喜好频繁变化，对新品种的要求更高。而以设施农业为代表的蔬菜花卉行业并没有与粮食作物类似的价格补贴政策。因此，相对大田作物而言，花卉对土地的要求不高，而对资金投入、生产技术的要求较高，对市场信息搜集和管理能力等隐性生产要素的要求也较高。

养殖业对土地和劳动力要求不高，但需要大量的资本，也需要养殖相关技术的投入，如饲料、繁殖及防疫等一系列的配套技术。养殖业产品（如猪肉、牛肉、羊肉）的市场价格波动更为剧烈，对养殖户而言更需要市场信息搜集和经营管理能力等隐性要素的投入。因此，养殖业对生产技术等显性生产要素的投入较高，对市场经营管理的需求也较高。

农业生产是将各种显性和隐性的生产要素有机协调地配置起来，最终构成了农业的生产经营活动。同时，农业也是一个具有多功能的产业，在投入各种资源的同时也能做到环境友好型的生产经营，才能实现生产的可持续发展。否则，随着生产活动对环境的持续破坏，最终会导致收益的降低，甚至使生产停止。

第二节　农地的内涵与利用

一、农地的内涵

农地不完全等同于土地，农地是直接用于农业生产的土地。农地作为人类食物生产的基础，既是私有财产也是社会财产。在我国，农地属于集体所有，但农户具有承包权和经营权。农业生产和经济生产混合的过程不仅是直接利用植物、动物的生命力和太阳能所进行生产的部门，也是农业部门获取经济收入的手段。因此，土地作为农业经营中最基本的要素，既是农业劳动的对象，又是农业生产的手段。

二、农地的利用

我国农地面积尽管总体比较大，但存在人均占有量低、后备农地资源匮乏等问题。如何在当前既定面积下合理、高效地利用农地，是当前我国农业经营面临的主要挑战。

（一）我国农地利用现状

1. 农地资源总量丰富

我国是世界上土地资源最丰富的国家之一，土地面积仅次于俄罗斯和加拿大，位居世界第三。根据《2017 中国土地矿产海洋资源统计公报》可知，2016 年末全国共有农用地 967 689. 9万亩，其中耕地 202 381. 5 万亩，园地 21 399. 45 万亩，林地 379 362. 15 万亩，牧草地 329 038.8 万亩。由表 9－1 可知中国土地分类标准。耕地可分为水田、水浇地和旱地，其中，水田多分布在我国东南地区，水浇地多分布在我国中部和东北地区，旱地则分布在我国西北地区。园地可分为果园、茶园和其他园地，其中，园地主要分布在华东、东南和西南地区，主要以果园为主。林地可分为有林地、灌木林地和其他林地，林地主要分布在东北和西南地区。草地可分为天然牧草地、人工牧草地和其他草地，草地则主要在内蒙古和青藏高原区域。因此，我国农地资源总量大，农地资源类型丰富。

表 9－1　中国土地分类标准

一类	二类	含义
耕地		指种植农作物的土地，包括熟地，新开发、复垦、整理地，休闲地（含轮歇地、轮作地）；以种植农作物（含蔬菜）为主，间有零星果树、桑树或其他树木的土地；平均每年能保证收获一季的已垦滩地和海涂。耕地中包括南方宽度<1.0 米，北方宽度<2.0 米固定的沟、渠、路和地坎（埂）；临时种植药材、草皮、花卉、苗木等的耕地，以及其他临时改变用途的耕地
	水田	指用于种植水稻、莲藕等水生农作物的耕地，包括实行水生、旱生农作物轮种的耕地
	水浇地	指有水源保证和灌溉设施，在一般年景能正常灌溉，种植旱生农作物的耕地，包括种植蔬菜等的非工厂化的大棚用地
	旱地	指无灌溉设施，主要靠天然降水种植旱生农作物的耕地，包括没有灌溉设施，仅靠引洪淤灌的耕地
园地		指种植以采集果、叶、根、茎、汁等为主的集约经营的多年生木本和草本作物，覆盖度大于 50% 和每亩株数大于合理株数 70% 的土地，包括用于育苗的土地
	果园	指种植果树的园地
	茶园	指种植茶树的园地
	其他园地	指种植桑树、橡胶、可可、咖啡、油棕、胡椒、药材等其他多年生作物的园地
林地		指生长乔木、竹类、灌木的土地，及沿海生长红树林的土地，包括迹地，不包括居民点内部的绿化林木用地、铁路、公路征地范围内的林木，以及河流、沟渠的护堤林
	有林地	指树木郁闭度≥0.2 的乔木林地，包括红树林地和竹林地
	灌木林地	指灌木覆盖度≥40% 的林地
	其他林地	包括疏林地（指树木郁闭度 0.1～0.19 的疏林地）、未成林地、迹地、苗圃等林地
草地		指生长草本植物为主的土地

续表

一类	二类	含义
	天然牧草地	指以天然草本植物为主，用于放牧或割草的草地
	人工牧草地	指人工种植牧草的草地
	其他草地	指树木郁闭度 <0.1，表层为土质，生长草本植物为主，不用于畜牧业的草地

2. 土地种植以粮食作物为主

由国家统计局统计可知，2017 年我国粮食作物种植面积为 176 983 万亩，其中稻谷、小麦和玉米分别为 46 120 万亩、36 762 万亩和 63 599 万亩；豆类和薯类种植面积分别为 15 077 万亩和 10 760 万亩；其他经济作物（如花生和油菜）的种植面积分别为 6 912 万亩和 9 980 万亩，棉花、糖料作物（包括甘蔗和甜菜）和蔬菜种植面积分别为 4 792 万亩、2 319 万亩和 29 972 万亩。另外，果园面积为 16 704 万亩，森林面积为 468 885 万亩，草原面积为 589 249 万亩。

3. 人均农地资源拥有量低

据第三次全国农业普查，到 2016 年底，全国小农户数量占农业经营户的 98. 1% ，小农户农业从业人员占农业从业人员总数的 90% ，小农户经营耕地面积占总耕地面积超过 70% 。目前，中国有 2. 3 亿农户，户均土地经营规模 7. 8 亩，经营耕地 10 亩以下的农户 2. 1 亿户。2016 年，全国农业经营户 20 743 万户，其中规模农业经营户 398 万户。全国农业经营单位 204 万个。因此，规模农业经营户占农户的比例仍较小。

4. 农地资源分布不均衡

我国土地资源的空间分布不平衡，土地生产力的区域差异明显。我国东部和南部是全国耕地、林地、淡水湖泊、外流水系等的集中分布区，耕地约占全国的 90% ，土地垦殖指数较高；西北部以牧业用地为主，80% 的草地分布在西北半干旱、干旱地区，垦殖指数较低。天然林地主要分布在东北、西南，东南部山区的林地多为人工林和次生林，西北和华北的大部分地区林地很少，草地主要分布在内蒙古的东部、青藏高原的东部与南部。

5. 土地资源质量不高，后备农用资源匮乏

中国国土资源部发布的《2016 年全国耕地质量等别更新评价主要数据成果的公告》将全国耕地按照 1 – 4 等、5 – 8 等、9 – 12 等和 13 – 15 等划分为优等地、高等地、中等地和低等地，我国土地质量总体上处于中等地和低等地（见表 9 – 2）。因此，我国耕地质量总体上不容乐观。

表 9 – 2　全国耕地质量

等别	面积（万亩）	比例
1	664. 88	0. 33%
2	888. 98	0. 44%

续表

等别	面积（万亩）	比例
3	1 711.15	0.85%
4	2 583.58	1.28%
5	5 496.10	2.72%
6	13 298.29	6.59%
7	17 140.97	8.49%
8	17 758.21	8.79%
9	21 002.91	10.40%
10	26 609.86	13.18%
11	30 487.73	15.10%
12	28 361.90	14.04%
13	16 901.20	8.37%
14	11 503.60	5.70%
15	7 526.60	3.73%
合计	201 935.95	100%

我国土地在开发利用过程中，土地质量也在发生动态变化。这主要表现在三个方面：第一，土地质量不断下降，土地资源破坏严重；第二，耕地面积大幅减少；第三，山林乱垦、草原乱垦与荒山大量闲置现象并存。以上这些问题，使得我国土地质量不断下降，不利于我国农业的发展。

（二）农地的改良与利用

1. 农地改良

农地改良主要是运用相应的农业技术，排除或防治影响农作物生育和引起土壤退化等不利因素，改善土壤性状，提高土壤肥力，为农作物创造良好的土壤环境。

（1）水利与工程土壤改良。水利土壤改良主要是建立农田排水、灌溉系统，改善土壤水分状况，排除和防止沼泽地与盐碱化；工程土壤改良主要是指运用平整土地、兴修梯田、引洪漫淤等工程措施改良土壤条件。

（2）生物土壤改良。生物土壤改良主要是通过施用有机肥来增加土壤有机质和养分含量，改良土壤性状，提高土壤肥力。

（3）土壤改良。土壤改良是指改进耕作方法，改良土壤条件主要采用以下办法。

①深耕。深耕能够加深活土层，疏松熟化土壤，改善土壤的透气性，增强土壤养分的分

解，促进土壤肥力的提高，增加土壤蓄水能力，有利于茎叶生长和根系向深层发展，从而提高产量。

②轮作。轮作是指在一定年限内，同一块田地上按照预定的顺序，有计划地轮换种植不同的作物。

(4) 化学土壤改良。化学土壤改良主要是指施用化肥和各种土壤改良剂等提高土壤肥力，改善土壤结构等。化肥种类很多，在生产上常用的主要有以下几种。

①氮肥。氮肥能促进蛋白质和叶绿素的形成，使叶色变深变绿，叶面积增大，有利于产量增加，品质改善。在生产上经常使用的氮肥有硫酸铵（硫铵）、碳酸氢铵（碳铵）和尿素。

②磷肥。磷元素能加速细胞分裂，促使根系和地上部位生长，促进花芽分化，提早成熟，提高果实品质。在生产上常用的磷肥有过磷酸钙和重过酸钙（重钙）。

③钾肥。钾元素可以增强作物的抗逆性和抗病能力，还能提高作物对氮的吸收利用。在生产上常用的钾肥有氯化钾和硫酸钾。

④复合肥料。复合肥料是指同时含有氮、磷、钾三要素或只含其中两种元素的化学肥料，主要有磷酸铵、氮磷钾复合肥和碳酸二氢钾。

2. 农地的利用

除了减少闲置、防止撂荒以外，还可以通过在同一块田地上一年内连续种植两熟或多熟作物的复种方式来实现农地的充分利用。复种既可以提高各种作物对土壤肥力的有效利用，又将一部分残余的根、茎、叶补充到土壤中，增加土壤的有机质含量，改善土壤的养分状况。除了在当年收获一季作物后再种一季乃至两季作物（如北方采用的小麦－玉米两作复种，南方采用的小麦－早稻－晚稻三作复种）外，还包括以下两种复种方式。

(1) 间种。间种是指在同块田块上通过隔株、隔行同期栽培两种或两种以上生长期相近的作物，以提高土地利用率的种植方式。往往是高棵作物与矮棵作物搭配，如玉米间种大豆或蔬菜、玉米间种谷子或花生、红薯间种大豆或绿豆、果树间种粮食作物等。

(2) 套种。套种是指根据作物生育期的差别采取错期播种法，使不同作物吸肥吸水高峰期错开，减缓种间竞争，合理利用资源，缓和用工矛盾，避免旱涝或低温灾害。套种的主要方式有：小麦套玉米再套甘薯或大白菜，小麦、油菜或蚕豆套棉花，水稻套甘蔗、黄麻、甘薯，等等。

第三节　农业资金的构成与使用

一、农业资金的内涵与特征

(一) 农业资金的内涵

农业资金有狭义和广义之分。狭义的农业资金是指社会各投资主体投入农业的各种货币资金。广义的农业资金是指国家、个人或社会其他部门投入农业领域的各种货币资金、实物资本和无形资产，以及在农业生产经营过程中形成的各种流动资产、固定资产和其他资产的总和。

（二）农业资金的特征

农业具有一些不同于其他产业的特征，因此，农业资金与其他产业的资金相比，除了具有一般资金的特征（流动性、多功能性、收益性）外，也具有一定的特殊性。

1. 农业资金的低收益性

农业作为一个传统产业部门，在现代经济中已处于一个相对劣势的地位。对农业一般项目投资的回报水平往往低于工业或其他项目，而且农业生产与自然条件的联系密切，使得农业资金的投资周期往往较长，并且承担比其他产业项目更多的自然风险。

2. 农业资金的外部性

农业生产不仅创造了农业产品，而且附带了较大的生态效益和社会效益。因此，农业资金的投入收益就带有外部性。在完全市场中，外部性会使得农业资金的私人投入量小于社会最优水平。

3. 农业资金的政策性

在发达的经济体系中，农业是受保护的产业。在市场经济条件下，政府往往通过农业资金来干预农业主体的行为，以各种农业补贴、公共投资、公共服务等形式来达到国家农业发展的目的。因此，国家的农业计划中，农业资金往往与一定的农业政策联系在一起。

二、农业资金的分类

（一）农户家庭经营农业资金

农户家庭经营农业资金主要包括农业经营性收入和工资收入，财产性收入和转移性收入占比相对较小；另外，重要的补充资金则是借贷资金。农户家庭经营农业资金的积累主要有三个途径。

1. 家庭内部资金

家庭内部资金有三种来源，一是家庭通过缩减消费投资，将部分生活消费资金投入经营活动，如将日常生活消费中结余的资金储蓄起来，成为日后生产经营资金。二是通过变卖一些对家庭基本生活影响不大的财产，主要是在农户储蓄资金短期内不足以满足生产经营时，变卖一些家产补充资金。三是农户经营获得的收入，主要包括农户从事种植业、畜牧业、林业、渔业等农业生产、销售、初级农产品加工等经营业务所取得的收入，以及农户外出务工的工资收入。

2. 家庭外部资金

家庭外部资金的来源通常有两种，即银行或金融机构贷款和亲友求助。银行或金融机构贷款主要是指农户在农业生产经营中，在购买农资产品时因资金不足引致的借贷资金。家庭外部资金主要来源于向亲友求助，少数农户会向相关金融机构借贷，从而形成了农户的借贷资金。然而，银行或金融机构的贷款常常需要满足一定的条件，这往往使得农户不能申请成功。因此，亲友求助成了农户家庭资金的重要来源。亲友求助通常要求农户家庭具有一定的信誉度，即“有借有还，再借不难”，但借款数量不能超过亲友的借款能力。

3. 其他方式

这主要包括联营筹资和商业信用筹资。联营筹资是指一个经营规模比较大的家庭，通过吸收其他家庭投资的方式获得资金，主要特征是共同投资和经营。利益共享和风险共担。商业信用筹资主要是农户家庭在购买相关经营商品时延期付款形成的短期借贷资金，主要有赊购商品和预收货款两种形式。

（二）农业企业经营农业资金

农业企业经营农业资金相比农户较为充足，来源也比较多，主要包括企业自有资金和农业信贷资金。

1. 企业自有资金

企业自有资金是指企业本身所持有的资金，是企业所拥有的各种实物和非实物的资金，是企业生产经营活动所经常持有、能自行支配而不需偿还的资金。

2. 农业信贷资金

农业信贷资金是金融机构或个人给农业企业融资所形成的各种农业贷款。农业信贷资金的使用一般是有偿的，到期要偿还本金并支付一定的利息。一般地，可以按农业信贷资金供给主体的不同，把农业信贷资金划分为商业信贷资金、政策信贷资金、民间信贷资金和其他投资资金四种类型。

第四节　农业劳动力与经营者能力

一、农业劳动力相关概念

（一）农业劳动力及其特殊性

农业劳动力一般指可以从事农业生产活动的人口所具有的劳动力。农业生产有不同于其他生产部门的特殊性，因而产生了农业劳动力的使用——农业劳动的特殊性，具体表现在以下几个方面。

（1）农业劳动在生产时间上具有强烈的季节性。

农业生产的根本特点是自然再生产与经济再生产相互交织，人们的劳动必须遵循生物的生长发育规律，在不同的阶段及时投入劳动，这就造成了农业劳动季节性的特点。

（2）农业劳动在空间上具有较大的分散性和地域性。

农业生产深受自然条件的制约，不同地域由于自然条件不同，只能经营适合当地自然条件的生产项目。适宜条件的地域差异及空间上的位置固定性，使得农业劳动在广大空间呈现出较大的分散性和地域性。

（3）农业劳动内容具有多样性。

农业劳动不像工业生产那样分工细致，农业生产包括众多的生产部门的项目，即使同一生产项目在整个生产周期中的不同阶段，也需要采用不同的技术措施和作业方式，这使得农业劳动具有多样性。

(4) 农业劳动成果具有最后决定性及不稳定性。

农业生产的周期比较长，每个生产周期由许多间断的劳动过程组成。农业劳动过程中，上一个劳动过程的质量对下一个劳动过程的质量有很大的影响，以致影响最终的生产成果。

(二) 农业劳动力供需

随着经济和社会的发展，农业生产经营者已逐渐分化为普通农户、家庭农场、农业合作社及农业生产企业等多种组织形式。

(1) 普通农户。普通农户主要是指农业经营规模较小的农业经营户，农业收入逐渐成为农户家庭收入的次要部分，外出务工成为家庭收入的主要来源。我国的普通农户有2.3亿，户均土地经营规模7.8亩。土地面积较小，加上农业经营的不连续性，使得普通农户一般劳动力供过于求，进而导致普通农户兼业成为普遍现象，即农户家庭从事农业生产的同时，也会外出务工。

(2) 家庭农场。家庭农场是一种新型农业经营主体，是以农户家庭成员为主要劳动力，从事农业规模化、集约化、商品化生产经营，并以农业收入为家庭主要收入来源的新型农业经营主体。家庭农场主要表现为适度规模经营，其经营规模为45～450亩。因此，家庭农场劳动力供需基本达到平衡。

(3) 农业合作社。农业合作社是在家庭承包经营基础上，农产品的生产经营者或农业生产经营服务的提供者、利用者通过自愿联合、民主管理形成的互助性经济组织。因此，农业合作社相比家庭农场而言，其对劳动力需求更多，涉及的农业产业链更长，对农业劳动力专业化要求较高。

(4) 农业生产企业。农业生产企业相比农业合作社而言，其专业化经营更强。我国农业生产企业主要以农垦企业为主，农垦企业对劳动力数量和质量的要求均远远超过其他农业经营主体。在这里，农业生产企业不是一般意义上的农业产业化龙头企业，仅特指农垦企业。

二、农业经营者能力

(一) 农业经营能力

农业经营能力是一个系统的概念，是一种囊括了农业经营多方面的综合能力。对于农户而言，农业经营能力是指农户在农业生产、农产品销售甚至农产品初加工方面的统筹管理能力。在农业生产方面，农户不仅要管理好农业生产中的自然风险，还需要管理好农业生产所面临的市场销售风险，甚至需要具备农产品初加工的相关知识和技术。

对于农业合作社而言，农业经营能力首先是对内将分散的农户有效组织起来的能力，将千家万户小生产与千变万化的大市场有效对接起来，其次是对外参与市场竞争，不断提升合作社的市场竞争能力。

对于农业企业家而言，农业经营能力是指企业家对企业经营的本领，不仅包含企业内部人财物的统筹管理能力，还包括了企业家对企业未来发展能力的预判及制定相应经营战略的能力，以及在此基础上引领企业向既定目标发展的相关决策协调的综合能力。

（二）中国农业经营者能力培训现状

长期以来，中国对从事农业生产经营没有设置“门槛”，加之中国市场经济体制确立的时间还比较短，中国绝大多数的农业经营者的经营能力不高。改革开放以来，中国农产品需要直接面对国外农产品的竞争，这就需要大力提高中国农业经营者的经营能力。在当前，政府对各级各类农业经营者进行培训就成为必要之选。

1. 普通农户

对农户而言，其拥有的资产有人力资本、土地资本、物质资本、金融资本、公共物品和社会资本，通过调用这些资本实现创收。农业经营能力则主要聚焦在农产品生产管理能力和市场供需波动应对能力两个方面。普通农户通常采用的是生产和生活密不可分的“小而全”的生产方式，一定程度上决定了小农户的低效率和低收入，而低收入带来的是低积累，由于缺乏资本和缺乏经济机会，故缺乏更多增加收入的方式。农户只能依靠自己生产的商品替代市场购买的商品，进一步强化了“小而全”的生产方式，这不利于农户提高农业生产经营能力。

在农业生产方面，政府为保障国家粮食安全，推行了最低收购价、目标价格补贴等补贴政策，极大地降低了农户生产农产品的市场波动风险，基本上实现了“谷物基本自给，口粮绝对安全”的战略目标。但是，中国现阶段小农户与大市场的矛盾是粮食阶段性供过于求和结构性供需不匹配，随着中国人均收入的增加，国民消费需求也在不断升级，优质农产品的需求强劲，但国内大多数农产品供给过剩，优质品不足，难以满足需求。因此，普通农户的生产经营能力仍待提高。为提高农户的生产经营能力，中国政府先后实施了“新型农民科技培训工程”“阳光工程”“科技入户工程”“百万农民培训工程”“退耕还林后续产业工程”等多项农民科技培训工程，大幅提高了农民科技种田、科技养殖、科技示范的水平，将更多的现代化农业生产要素注入农户的农业生产之中。《2017 年全国新型职业农民发展报告》显示，2017 年中国新型职业农民总量已突破 1 500 万人，占第三次全国农业普查农业生产经营人员总量的 4.78%。其中，40.6% 的新型职业农民为务工返乡人员、退伍军人、科技研发推广人员、大中专毕业生等新生力量，45 岁及以下的新型职业农民占 54.35%，高中及以上文化程度的新型职业农民占 30.34%。

2. 家庭农场

家庭农场的农业经营能力是指以适度规模经营的方式推进农业管理成本最小化，通过现代化经营方式提升农业市场竞争力，应对现代大市场和经济社会发展并实现农业现代化的农业经营能力。家庭农场的农业经营能力主要体现为经营决策能力。经营决策能力则主要体现在农业生产经营项目的选择、经营规模的确定、发展规划的编制、生产模式的设计等。家庭农场主根据经济社会发展水平，不断提升自身经营决策的科学水平。为了促进家庭农场的发展和提升其农业经营能力，2014 年底开始，中国政府组织实施“现代青年农场主计划”，提升农场农业经营能力，主要内容有邀请优秀创业导师、成功创业人士、资深专业教师和熟悉产业发展人士授课，强化创业理念，进行创业技能培训、现代农业生产经营知识和技术培训，提升生产经营水平和产业发展能力。

3. 农业合作社

农业合作社也是农业经营的重要主体之一。农业合作社的经营能力体现在农业合作社的组织能力和市场竞争能力两个方面。农业合作社经营能力的提升，一方面是带领合作社成员不断引入现代化农业生产要素，促进农业生产经营的现代化，增加合作社成员的收益；另一方面则是不断提升合作社农产品的市场竞争力，提升合作社的市场竞争力，做大做强农业合作社。

4. 农业生产企业（农垦企业）

新疆农垦区、黑龙江农垦区和广东农垦区的人口众多，地域广阔，有各自独立的完整系统，是目前我国较大的三大垦区。农垦企业承担了许多本应由政府承担的社会性、行政性职能，使企业形成了难以承受的“双重负担”，影响企业自我积累、自我发展能力，是垦区长期亏损的一个重要原因。为提升农垦企业经营能力，各垦区积极与地方政府协调，加大社会职能剥离力度。为提升农垦企业经营能力，农垦系统不断深化改革，形成了新疆建设兵团党政军企合一的兵团管理体制、黑龙江省和广东省等一套人马两块牌子的政企合一管理体制、北京市和上海市等 17 个集团化管理体制、内蒙古和吉林等地的规模较小的属地化行政管理体制。但仍有农垦企业存在企业负担重、运行效率偏低的问题。为进一步提升农业企业经营能力，农垦农场企业化、垦区集团化、股权多元化改革进一步明确了方向。

本章小结

本章主要介绍了农业生产要素相关概念，并介绍了我国农地、农业劳动力、农业资金及农业经营现状；指出为保证农业的有效运行和可持续发展，一方面，需要政府在宏观层面合理开发和优化利用土地，保护农业耕地质量和粮食安全；另一方面，要支持多元化的农业经营主体提升农业经营能力。

练习题

1. 大田作物如粮食作物生产需要较多的________和________投入，同时也需要较少的________。填空正确的是（　　）。

A. 劳动力 土地 机械　　　　B. 机械 土地 劳动力

C. 劳动力 机械 技术　　　　D. 机械 土地 技术

2. 蔬菜花卉等生产需要较多的________和________投入，同时需要较少的________和________。填空正确的是（　　）。

A. 劳动力 土地 机械 技术　　　　B. 机械 土地 劳动力 技术

C. 劳动力 机械 土地 技术　　　　D. 技术 劳动力 机械 土地

3. 养殖业的生产需要较多的________和________投入，同时只需要较少的________和________。填空正确的是（ ）。

A. 劳动力 土地 机械 技术

B. 机械 土地 劳动力 资本

C. 资本 技术 劳动力 土地

D. 机械 土地 资本 劳动力

4. 中国是世界上土地资源最丰富的国家之一，土地面积位居世界第（ ）。

A. 一 B. 二 C. 三 D. 四

5. 耕地可分为（ ）。

A. 水田 水浇地 园地

B. 水田 水浇地 林地

C. 水田 旱地 草地

D. 水田 水浇地 旱地

6. 中国人均农地资源拥有量________，小农户仍是农业经营的主力，小农户占农业从业人员总数的________%。填空正确的是（ ）。

A. 高 70 B. 高 80 C. 低 90 D. 低 95

7. 下列选项中，不属于农地改良的方法的是（ ）。

A. 水利与工程土壤改良

B. 生物土壤改良

C. 化学土壤改良

D. 作物套种

8. 下列选项中，不属于农业资金的特征的是（ ）。

A. 低收益性 B. 高收益性 C. 使用的外部性 D. 农业资金的政策性

9. 下列选项中，不属于家庭内部资金来源的是（ ）。

A. 日常生活消费中结余的资金

B. 变卖一些财产

C. 家庭经营获得的收入

D. 银行或金融机构贷款

10. 农业劳动力使用有一定的特殊性，以下不属于其特殊性的是（ ）。

A. 在生产时间上的季节性和空间上的分散性和地域性

B. 生产时间上的连续性

C. 农业劳动内容的多样性

D. 农业劳动成果的最后决定性及不稳定性

第十章　农业经营的投入与产出

学习目标

掌握：总产量、平均产量与边际产量的关系。

熟悉：农业经营的基本法则。

了解：农业经营的投入产出关系。

知识导图

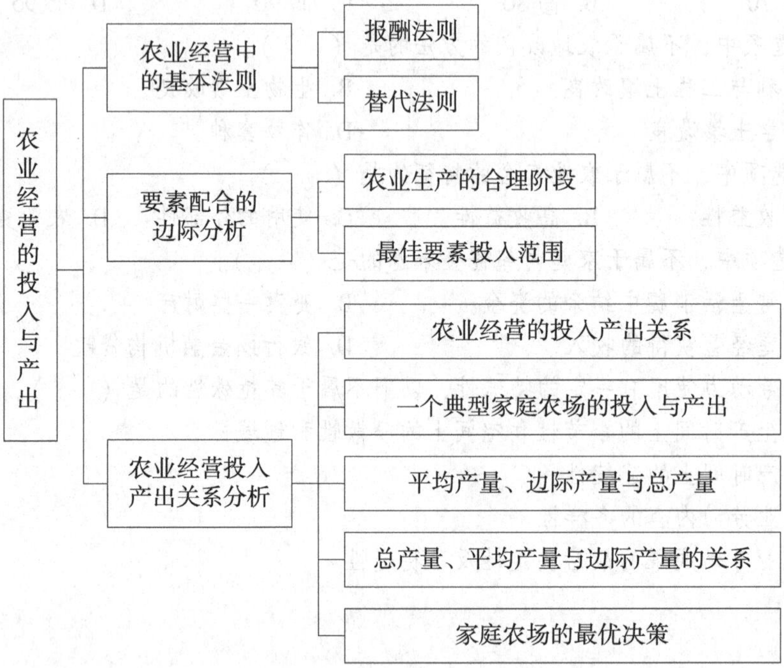

第一节　农业经营中的基本法则

农业经营的投入与产出关系主要是在既定条件下达到利润最大化，主要有两种形式：一是在既定投入下最大化产出，二是既定产量下最小化投入。

在分析农业经营的投入与产出关系时，主要涉及几个重要概念，分别为平均产量、边际产量和产出弹性、规模经济和规模不经济。

平均产量指可变要素或资源的平均生产力，可以用 $A=Y/X$ 来表示，其中，Y 为总产量，

X 为可变要素投入总量。

边际产量指每增加一个单位可变要素的投入所带来的产出数量，边际产量用总产量的变化与要素投入量的变化之比来表示，即 $M=\Delta Y/\Delta X$。其中，ΔY 表示总产量的变化，ΔX 表示可变要素投入量的变化。

由于边际产量为每增加一单位可变要素所增加的总产量，若可变要素投入的边际产量递增，则总产量也递增。当总产量曲线到达拐点时，边际产量也到达了极限。此后，总产量继续增加，但边际产量开始递减。当边际产量为零时，总产量已达到极限。当边际产量为负数时，总产量则开始减少。

边际产量与平均产量之间也存在着一定的关系。当边际产量大于平均产量时，则可变要素的平均生产力递增；当边际产量小于平均产量时，则可变要素的平均生产力递减。当边际产量高于平均产量时，平均产量继续上升；当边际产量等于与平均产量时，平均产量达到最高；当边际产小于平均产量时，平均产量递减。

产出弹性是指要素投入增加的百分比所带来的产量增加的百分比，通常用 E 表示。$E=$ 产量变化的百分比/要素投入变化的百分比，也可以用下式来表示：

$$E=(\Delta Y/Y)/(\Delta X/X)=(\Delta Y/Y)\cdot(X/\Delta X)=(X/Y)\cdot(\Delta Y/\Delta X)$$

由于平均产量 $A=Y/X$，而边际产量 $M=\Delta Y/\Delta X$，所以产出弹性又可以表示为边际产量和平均产量之比，即 M/A。如果 $E=1$，则表示报酬不变，因为要素每增加 1%，产量的增加为 1%。同样，如果 $E>1$，则表示报酬递增，如果 $E<1$，则表示报酬递减。

一、报酬法则

当两种生产要素相互配合生产某种产品时，若一种要素的数量固定不变，另一种要素的数量变化，每增加一个单位可变要素所带来的产量变化，称为边际产量或边际报酬。

（一）报酬递增与递减

报酬递增与递减为常见的生产状况，图 10－1 为玉米生产概况。

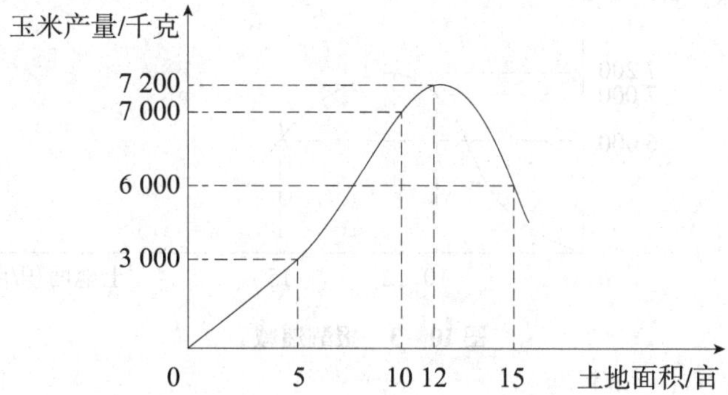

图 10－1　报酬递增与递减

在既定5单位劳动力的投入下，随着玉米种植面积的增加，玉米的产量先迅速增加，后开始放缓，最后产量开始下降。当农场投入5亩土地时，玉米产量是3 000千克，投入10亩土地时，产量增加到7 000千克，继续增加玉米种植面积，产量迅速增加，土地作为可变要素的报酬在递增；当玉米种植面积达到12亩时，报酬开始逐渐递减。因此，在劳动力投入不变的前提下，玉米种植产量随着土地的增加先呈现报酬递增，到达一定界限后呈现报酬递减。

（二）报酬不变

报酬不变是指每增加一个单位的可变要素所带来的产量的变化相等，即边际产量相等。若种植土豆的面积固定为25亩，在2008—2012年，农场从2008年的1单位劳动力增加到2012年的5单位劳动力，土豆的总产量从7 000千克增加到35 000千克，如图10－2所示。每增加1单位的劳动力（可变要素），土豆产量都会增加7 000千克，劳动力（可变要素）是报酬不变的。因此，土豆产量在图10－2中为一条直线。

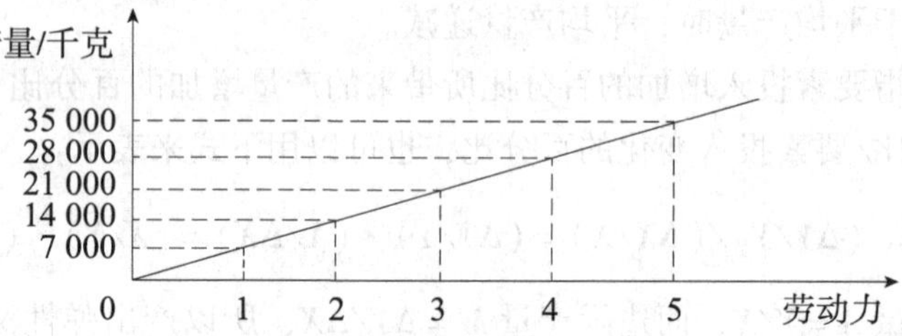

图10－2　报酬不变

（三）报酬递减

报酬递减是指每增加一个单位的可变要素所带来的产量的增加量逐次递减，即边际产量递减。例如，如图10－3某农场2011年玉米种植面积为10亩，2012年为12亩，2013年为15亩，玉米的总产量分别为7 000千克、7 200千克和6 000千克，这表明随着玉米种植面积（即可变要素）的逐步增加，边际产量是递减的，1亩土地的边际产量从2012年的100千克变为2013年的－400千克，此时为报酬递减。

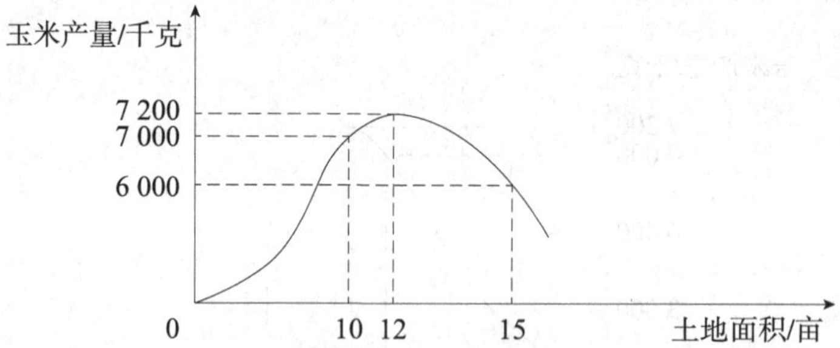

图10－3　报酬递减

（四）报酬递增

报酬递增是指每增加一个单位的可变要素所带来的产量的增加量逐次递增，即边际产量递增。如图 10－4 所示，在既定劳动力投入的情况下，随着玉米种植面积（即可变要素）的增加，玉米产量迅速增加。玉米种植面积为 1 亩时，玉米产量为 500 千克；玉米种植面积为 2 亩时，玉米产量达到 1 100 千克；最终玉米种植面积为 10 亩时，玉米产量达到 7 000 千克。因此，随着玉米种植面积（可变要素）的增加，玉米的边际产量是递增的，此时为可变要素的报酬递增。在图 10－4 中，总产量线为一条凹向横轴的曲线。

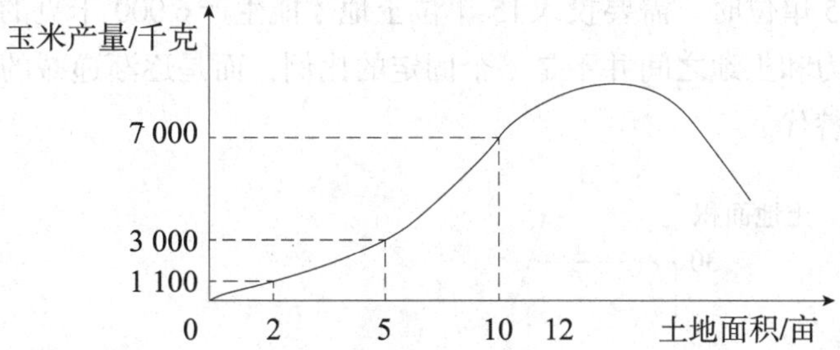

图 10－4　报酬递增

二、替代法则

（一）生产要素之间的替代

生产者为了节约成本、提高收益，往往使用相对廉价的要素来替代较为昂贵的要素。农业生产的各种要素之间有时也可以相互替代。当有两种投入而只有一种产出时，可以用等产量曲线来进行描述。等产量曲线是具有同等产量的各种可能的投入组合曲线。不同的要素组合可以得到各种的产量。

1. 生产要素间的全部替代

图 10－5 是土豆种植的生产曲线，横、纵轴分别代表劳动力和土地面积。可以看到，投入 1 单位劳动力和 45 单位土地能生产 35 000 千克土豆，而投入 2 单位劳动力和 40 单位土地也能生产 35 000 千克土豆，以此类推。这表明土地和劳动力之间可以自由替代，且存在一定的比例关系。此时，我们称之为生产要素的全部替代。

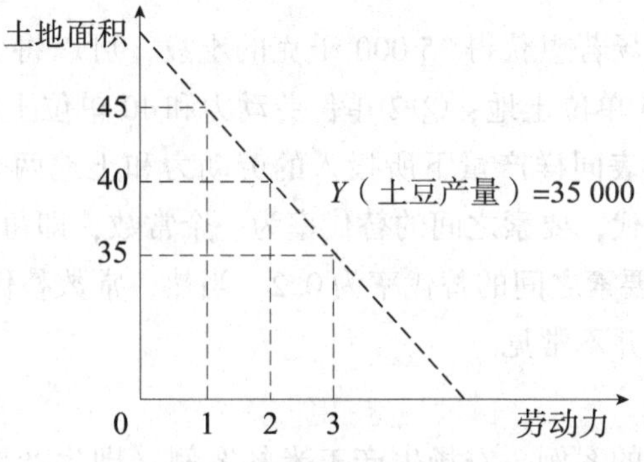

图 10－5　生产要素间的全部替代

2. 生产要素间的部分替代

不同于农场生产土豆的例子，许多情况下，不同生产要素间的相互替代并不都是固定替代比例。

如图 10 – 6 所示，当农场投入 2 单位劳动力和 29 单位土地时，能生产 6 000 千克的玉米，当劳动力增加到 3 单位时，需要投入 22 单位土地才能生产 6 000 千克的玉米。以此类推，当劳动力投入 5 单位时，需要投入 15 单位土地才能生产 6 000 千克的玉米。此时，生产玉米所需要的劳动力和土地之间并不是一个固定的比例，而是逐渐递减的。此时，我们称之为生产要素的部分替代。

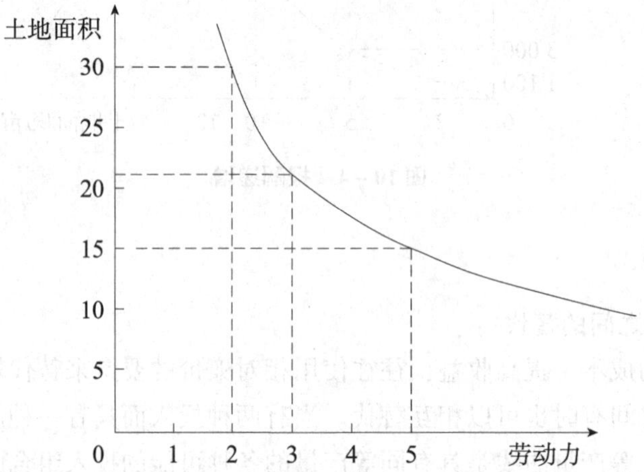

图 10 – 6　生产要素间的部分替代

（二）生产要素的替代率

当投入两种生产要素生产某一产品时，在某一等产量曲线的合理使用范围内，若要保持产量不变，增加一种要素 X_1 的投入量，可以减少另外一种要素 X_2 的投入量。通常情况下，X_1 和 X_2 变化量的比值称为生产要素的替代率。

1. 常数替代率

如图 10 – 5 所示，农场若想获得 35 000 千克的土豆，可以将劳动力和土地进行以下组合：①1 单位劳动力和 45 单位土地；②2 单位劳动力和 40 单位土地；③3 单位劳动力和 35 单位土地。图中的虚线代表同样产量下所投入的劳动力和土地两个要素的不同组合。很明显，两个要素可以相互替代，要素之间的替代率为一个常数，即每增加 1 单位劳动力就减少 5 单位土地。因此，两个要素之间的替代率为 0.2。当然，常数替代率属于比较极端的例子，在农业生产的投入要素中并不常见。

2. 递减替代率

不同于农场生产土豆的案例，农场生产玉米的案例（即生产要素间的递减替代率）在农业中较为普遍。假定农场投入 1 单位劳动力的成本等同于 5 单位土地的成本，1 单位土地的成本为 300 元，则 1 单位劳动力的成本为 1 500 元。如表 10－1 所示，如果土地成本从 4 500元增加至 5 100 元，则劳动力成本由 7 500 元降至 6 000 元，当土地成本继续从 5 100 元增至 6 600 元，劳动力成本则由 6 000 元降至 4 500 元，以此类推。由此可以计算出第 6 列所示的生产 6 000 千克玉米的土地与劳动力的替代率。因此，土地对劳动力的替代率由 2. 5 减至 1. 0，即最初时 1 元土地费用可以替代 2. 5 元劳动力费用，其后就递减为 1. 0 元。

表 10－1　生产玉米的边际替代率

年份	土地面积（亩）	土地成本（元）	劳动力投入（人）	劳动力成本（元）	产量（千克）	替代率
2013	15	4 500	5	7 500	6 000	—
2014	17	5 100	4	6 000	6 000	2. 5
2015	22	6 600	3	4 500	6 000	1. 0
2016	29	8 700	2	3 000	6 000	0. 7

第二节　要素配合的边际分析

一、农业生产的合理阶段

从上述农业生产的投入与产出关系可知，农场玉米或土豆的产量会随着要素投入的多少而变化。下面以产量与生产要素的关系为例，将农业生产分为三个阶段，如图 10－7 所示。传统上往往将要素投入与产量之间的关系划分为报酬递增、递减与负数三个阶段。

（一）第一阶段——报酬递增阶段

可变要素的投入量，自 0→a 为生产的第一阶段。在该阶段里，边际产量始终大于平均产量，并以最高平均产量点为终点，即可变要素投入至最大平均生产率之点。可变要素的投入，若止于第一阶段内的任何单位，都为不经济的生产，因为只追求可变要素的最大平均产量，而不经济的利用固定要素，将导致对固定要素的浪费。因此，在第一阶段里，农业经营者只要将固定要素与可变要素重新组合，就可以从等量的可变要素投入中，获得较多的农产品，即使可变要素的投入量存在一个最高限制，也可同样操作。

（二）第二阶段——报酬递减阶段

可变要素的投入量，自 a→b 为生产的第二阶段。在该阶段，a 单位为可变要素的最高平均生产力点，b 单位则为固定要素的最大总产量点，即第二阶段始于每单位可变要素的最大生产力点，终于固定要素的最大产量点。在该阶段，所投入的每单位可变要素的边际产量虽然逐渐减少，但数量始终大于 0，即每单位可变要素的投入，仍可增加总产量。因此，可变要素的投入应以本阶段为范围，即第二阶段为合理的生产阶段。

（三）第三阶段——规模不经济阶段

可变要素投入量自 b 点开始为生产的第三阶段。在这个阶段中，边际产量均为负数，即该阶段边际产量小于0，所以不但不能增加产量，反而会减少总产量。可变要素投入第三阶段时，则为不合理的生产，因为投入可变要素的结果是减少总产量。所以，可以将投入于该阶段的可变要素保留不用，以增加产量。由此可知，可变要素投入第三阶段，虽然已充分利用固定要素，但是浪费了可变要素，因此是不合理的生产。

综上所述，在不合理的生产阶段，将生产要素重新组合分配，可以得到以下结果：

（1）利用等量的生产要素，可以生产较多的农产品。

（2）减少固定或可变要素的投入量，可以获得与减少前等量的农产品。

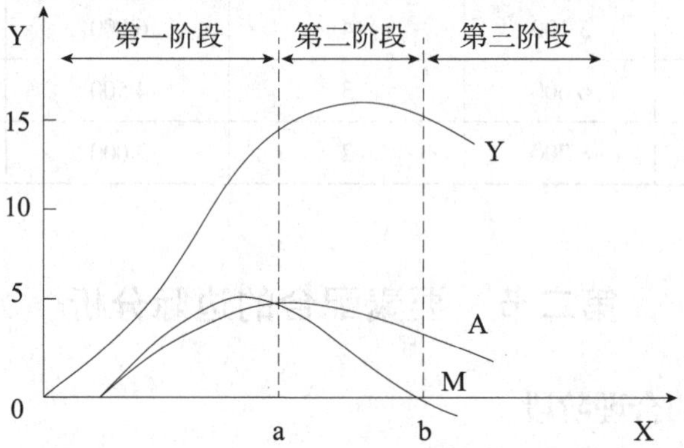

图 10－7　要素投入与总产量、平均产量和边际产量

二、最佳要素投入范围

（一）要素的最佳投入量

根据生产函数三阶段的分析，第二阶段是可变要素投入的合理区间，但哪一点是可变要素投入的最佳点，即变动要素投入什么水平才能使生产者获取最佳的经济效益呢？实现最佳的经济效益的基本原则是价格比率等于边际产量。

要素的最佳投入量是指获得最大利润时的要素投入量。根据经济学的理论，处于完全竞争状态下的农业生产，要获得最大利润，则要素投入必须满足以下条件：生产要素与产品的价格比率＝生产要素的边际产量。因此，在第二阶段中，可变要素应一直投入，直到满足上述条件。

上述经济理论，可以用以下公式来表达：

$$P_X/P_Y = \Delta Y/\Delta X$$

其中，P_X为生产要素 X 的价格，P_Y为产品 Y 的价格，$\Delta Y/\Delta X$ 则表示每一单位 X 的投入所带来的产品 Y 的数量变化，即每一单位可变要素 X 的边际产量。

上式还可以写为

$$(P_X)(\Delta X) = (P_Y)(\Delta Y)$$

该公式表示变更生产要素投入量以后的价值，等于变更产品数量后的价值，即边际成本＝边际产值。

由此，关于第二阶段中可变要素投入多少单位的问题，就可以用上式来解决了。

如果 $(P_X)(\Delta X) < (P_Y)(\Delta Y)$，则表示可变要素投入的价值小于所得产品的价值，因此，可以继续追加可变要素的投入，以增加利润；如果 $(P_X)(\Delta X) > (P_Y)(\Delta Y)$，则表示可变要素投入的价值大于所得产品的价值，实属得不偿失，因此，应减少可变要素的投入量；如果 $(P_X)(\Delta X) = (P_Y)(\Delta Y)$，则表示可变要素投入的价值等于所得产品的价值，为最有利的生产，而可变要素的投入量也已到达极限。

（二）生产多种农产品的要素合理配置

利用多种生产要素生产多种农产品的情况比单项可变要素和单项农产品的情况复杂得多。但是，其背后的原理是一致的，都是希望用尽可能低的成本生产尽可能多的产品，满足边际产值等于边际成本。

第三节　农业经营投入产出关系分析

一、农业经营的投入产出关系

农业经营投入产出的原则是投入最小化以实现产出最大化，从而实现最大化收益。尽管农业生产需要各种投入，但总体原则上各种投入的边际成本与边际收益相等，才能实现最终的最优投入产出。由国家统计局公布的数据可知，2016 年全国农林牧渔业总产值为 106 478. 73 亿元。农业生产经营人员共有 31 422 万人，耕地面积 134 921 千公顷。全国共有拖拉机 2 690 万台，耕整机 513 万台，旋耕机 825 万台，播种机 652 万台，水稻插秧机 68 万台，联合收获机 114 万台，机动脱粒机 1 031 万台，机械总动力达到 97 245. 57 万千瓦；农用化肥（包括氮、磷、钾肥和复合肥）施用折纯量为 5 859. 41 万吨。因此，2016 年平均每亩地产值为 2 868. 8 元，人均产值为 18 477. 4 元。

与此同时，2016 年农民人均家庭经营收入为 4 741. 3 元，这说明了当前中国人均占有资源少，农业生产效率不高。同时，农民完全依靠农业经营收入太低，不能保证较高的生活质量，因此，现在只能靠打工挣钱，工资性收入逐年增长，即农民生活是不稳定的。所以未来农业的进一步发展，应扩大每一个家庭经营主体的资源要素规模，通过农业经营可以获得更多收入，让农民过上体面生活，使农民生活稳定起来。

二、一个典型家庭农场的投入与产出

假定有一个家庭农场，2008 年开始经营，主要种植玉米和土豆两种作物，生产最大劳

动力投入为 11 人，土地面积可适当调整，其中玉米的市场价格为 1 元/千克，土豆的市场价格为 0.5 元/千克。假定 1 单位劳动力的成本为 1 500 元，1 单位土地的成本为 300 元，即 5 亩土地的成本等同于 1 单位劳动力成本。家庭农场的经营状况如表 10－2 所示。

2008—2011 年，在投入 5 单位固定劳动力的条件下，开始时农场只有 1 亩土地用来种植玉米，随着土地面积的增加，玉米产量快速增加，2012 年达到最大值 7 200 千克。此后，农场主为此开始调减劳动力投入以改善农场经营状况，在保证 6 000 千克产量的条件下，2014—2016 年，农场的劳动力投入从原先的 5 单位逐渐减少至 2 单位，种植面积却攀升至 29 亩。

同期，农场主为提升土豆产量，在固定的 25 亩土地上，不断扩大土豆的劳动力投入。2008－2012 年，土地面积不变的情况下，土豆产量和劳动力以 7 000 : 1 的比例同步增加，在 2012 年使得土豆产量达到 35 000 千克。但是，2013 年土豆产量仅达到 37 000 千克，劳动力边际产量下降了 5 000 千克。随后，农场主在保证 35 000 千克土豆产量水平下，开始逐年增加土地面积和减少劳动力投入，探究土地和劳动力最佳投入比例。最终在 2016 年发现，土地和劳动力以 5 : 1 的比例最优。于是，在 2017 年农场主将全部土地和劳动力投入进去，最终使得土豆产量达到了 77 000 千克。

表 10－2　家庭农场的经营状况

年份	玉米				土豆			
	土地面积（亩）	劳动力投入（人）	产量（千克）	价格（元/千克）	土地面积（亩）	劳动力投入（人）	产量（千克）	价格（元/千克）
2008	1	5	500	1	25	1	7 000	0.5
2009	2	5	1 100	1	25	2	14 000	0.5
2010	5	5	3 000	1	25	3	21 000	0.5
2011	10	5	7 000	1	25	4	28 000	0.5
2012	12	5	7 200	1	25	5	35 000	0.5
2013	15	5	6 000	1	25	6	37 000	0.5
2014	17	4	6 000	1	30	4	35 000	0.5
2015	22	3	6 000	1	35	3	35 000	0.5
2016	29	2	6 000	1	40	2	35 000	0.5
2017	0	0	0	1	55	11	77 000	0.5

2017 年，农场主通过一系列实验发现，玉米土地亩均产值在 2011 年达到最高 700 元/亩，此后一直低于 700 元/亩。而土豆土地亩均产值 2012 年以前一直保持在 700 元/亩，2013 后

低于700元/亩。玉米的单位劳动力产值在2008—2013年最高为1 500元/人，此后最高为2016年的3 000元/人。土豆的单位劳动力在2008—2012年则保持在3 500元/人，随后逐渐增加，在2016年达到最高值8 750元/人。若5单位土地投入成本等同于1单位劳动力成本，则放弃种植玉米全部种植土豆，将11单位的劳动力全部用于种植土豆，并将土地控制在55亩，能达到最高的收益，即0. 5 ×77 000 = 38 500（元）。

三、平均产量、边际产量与总产量

（一）平均产量

当玉米的固定劳动力投入为5人时，作为可变要素投入的土地从1亩增加至15亩，产量也随之变化。当玉米种植面积为1单位时，总产量为500千克，平均产量为500千克；当种植面积为2单位时，总产量为1 100千克，平均产量为550千克。当种植面积为5单位时，总产量达到3 000千克，平均产量为600千克（见表10 - 3）。

表10 - 3　玉米的要素投入与总产量、平均产量和边际产量

年份	土地面积（亩）	总产量（千克）	产量增加量（千克）	平均产量（千克）	边际产量（千克）
2008	1	500	—	500	—
2009	2	1 100	600	550	600
2010	5	3 000	1 900	600	633. 3
2011	10	7 000	4 000	700	800
2012	12	7 200	200	600	100
2013	15	6 000	- 1 200	400	- 400

若生产函数为报酬先增后降，则平均产量将随可变要素投入的增加，于初期递增，到达极限后递减。因此，农场的玉米亩均产量先升后降，其生产函数属于报酬先增后降。

（二）边际产量

当玉米的土地投入从1亩增加到2亩时，增加1亩土地的投入使得产量从500千克增加至1 100千克，产量的增加量为600千克，此时土地的边际产量为600千克。当玉米的土地投入从2亩增加到5亩时，土地增加了3亩，产量从1 100千克增加至3 000千克，产量增加量为1 900千克，此时的边际产量的计算方法为用所增加的产量除以所增加的可变要素数量，即1 900/3≈633. 3（千克）。用这种方法计算得出的边际产量为平均边际产量，农场的具体平均边际产量如表10 - 3所示。

四、总产量、平均产量与边际产量的关系

总产量、平均产量与边际产量的关系可以用表10 - 2和图10 - 7来说明。在其他投入固

定不变，只有一种可变要素变动的情况下，农场的玉米产量生产函数是一个典型的兼具报酬递增与递减的生产函数。图 10－7 中的横轴代表可变要素的投入数量，纵轴代表生产量，并以 Y 代表总产量曲线，M 代表边际产量曲线，A 代表平均产量曲线。

图 10－7 中，报酬递增阶段对应着农场 2008—2011 年玉米种植情况。在这一阶段，随着玉米种植面积的不断扩张，总产量迅速增加，平均产量也不断攀升，边际产量也逐步增加，并在 2011 年达到最大值。报酬递减阶段则对应农场 2011—2012 年。在这一阶段，随着玉米种植面积继续增长，总产量增加平缓，平均产量开始下降，边际产量也随之降低。报酬为负的阶段则对应农场 2012—2013 年，在这一阶段，玉米总产量开始下降，平均产量继续下降，边际产量低于零（见表 10－3）。

（一）边际产量与总产量

在农场案例中，自 2008 年开始，随着玉米边际产量开始递增，并在 2011 年达到最大值，在这个过程中总产量迅速增加，并在 2011 年达到 7 000 千克。此后，尽管产量仍在增加，但边际产量开始下降，2012 年玉米的边际产量仅为 100 千克，总产量增加了 200 千克。2013 年边际产量则降到负值，即－400 千克，总产量降低至 6 000 千克（见表 10－3）。

（二）边际产量与平均产量

以农场为例，随着玉米种植面积的增加，2008—2011 年玉米的边际产量大于平均产量，玉米的亩均产量递增；随后，2012—2013 年玉米的边际产量小于平均产量，玉米的亩均产量开始递减（见表 10－3）。

（三）产出弹性

利用玉米的例子，可以计算出在其他投入不变的条件下，不同可变要素投入水平下的产出弹性，如表 10－4 所示。

表 10－4　玉米的要素投入与总产量、平均产量和边际产量

年份	土地面积（亩）	总产量（千克）	平均产量（千克）	边际产量（千克）	产出弹性
2008	1	500	500	—	—
2009	2	1 100	550	600	1.09
2010	5	3 000	600	633.3	1.06
2011	10	7 000	700	800	1.14
2012	12	7 200	600	100	0.17
2013	15	6 000	400	－400	－1.00

$E=1$，表示报酬不变，因为要素每增加 1%，产量的增加为 1%。所以 $E=1$ 时，边际产量＝平均产量。

$E>1$，表示报酬递增，因为要素每增加 1%，产量的增加大于 1%，所以 $E>1$ 时，边

际产量 > 平均产量。可以看到 2009—2012 年，农场的玉米是报酬递增。$E<1$，表示报酬递减，因为要素每增加 1%，产量的增加小于 1%，所以 $E<1$ 时，边际产量 < 平均产量。$E<0$，表示报酬为负数。因此，2013 年农场玉米为报酬为负。

五、家庭农场的最优决策

就农业生产而言，处于不合理阶段者屡见不鲜。例如：

（1）生产停留于第一阶段者（如农场 2008—2011 年生产土豆阶段），其土地投入过多，而劳动力投入较少。因为其未能充分利用作为固定要素的土地，从而导致土豆产量未能达到最高产量。

（2）生产进入第三阶段者（如农场 2013 年的玉米种植阶段），此时玉米种植面积较大，而劳动力相对不足，导致玉米产量随着玉米种植面积的扩大而下降。

在农场的案例中，1 单位劳动力的成本为 1 500 元，1 单位土地的成本为 300 元，在农场种植土豆的例子中可测算出土豆的最大利润的投入状况。当土地固定在 25 亩时：

$$2012\text{ 年：}1\,500/0.5 \leqslant 7\,000/1$$

这表示劳动力投入的价值小于所得产品的价值，因此可以继续追加可变要素的投入，以增加利润：

$$2013\text{ 年：}1\,500/0.5 \geqslant 2\,000/1$$

这表示劳动力投入的价值大于所得产品的价值，实属得不偿失，应减少可变要素的投入量。因此，在劳动力为整数和土地面积为 25 亩的条件下，农场在 2012 年实现了最大的利润。农场根据其土地和劳动力单位成本收益比较，发现种植土豆比种植玉米的收益更高，2017 年将其全部劳动力投入土豆生产中，实现了收益最大化。

本章小结

本章主要介绍了农业生产经营过程中的几个基本经济法则，即报酬法则、替代法则、边际收益均等法则与比较优势法则。要获得最大利润，要素投入必须满足以下条件：生产要素与产品的价格比率 = 生产要素的边际产量，或生产要素的边际产值 = 生产要素的价格或边际成本。

练习题

1. 要素报酬正常变化有三种情况，不属于这三种情况的是（　　）。

A. 报酬递增　　B. 报酬递减　　C. 报酬为负　　D. 报酬不变

2. 要素投入与产量之间的关系划分为（　　）个阶段。

A. 一　　B. 二　　C. 三　　D. 四

3. 在要素报酬递增阶段，边际产量（　　）平均产量。

A. 大于　　B. 小于　　C. 等于　　D. 小于等于

4. 在要素报酬递减阶段，边际产量（　　）平均产量。

A. 大于　　B. 小于　　C. 等于　　D. 大于等于

5. 在要素报酬为负阶段，边际产量（　　）零。

A. 大于　　B. 小于　　C. 等于　　D. 大于等于

6. P_X为生产要素 X 的价格，P_Y为产品 Y 的价格，ΔY 和 ΔX 为产出和要素的变化量，如果（P_X）（ΔX）（　　）（P_Y）（ΔY），则表示可变要素投入的价值小于所得产品的价值。

A. 大于　　B. 小于　　C. 等于　　D. 大于等于

7. 如果（P_X）（ΔX）（　　）（P_Y）（ΔY），表示可变要素投入的价值大于所得产品的价值。

A. 大于　　B. 小于　　C. 等于　　D. 小于等于

8. 如果（P_X）（ΔX）（　　）（P_Y）（ΔY），表示可变要素投入的价值等于所得产品的价值。

A. 大于　　B. 小于　　C. 等于　　D. 小于等于

9. E = 产量变化的百分比/要素投入变化的百分比，如果 E（　　）1，则表示报酬递增。

A. 大于　　B. 小于　　C. 等于　　D. 小于等于

10. 如果 E（　　）1，则表示报酬递减。

A. 大于　　B. 小于　　C. 等于　　D. 大于等于

第十一章　农业经营品种与经营方式

学习目标

掌握：农业经营方式的选择。

熟悉：作物与畜种的选择。

了解：中国作物与畜种的分布。

知识导图

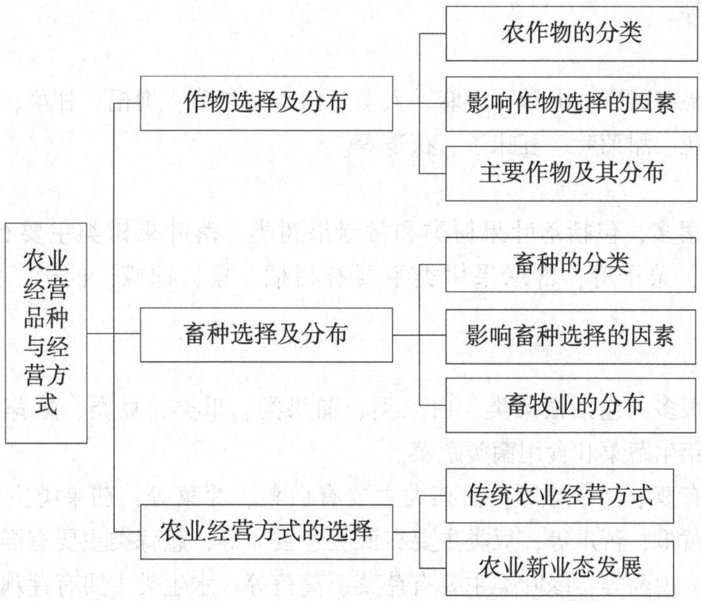

农业是人们利用动植物体的生理机能，把自然界的物质和能量转化为人类需要的产品的生产部门。狭义的农业是指种植业，包括生产粮食作物、经济作物、饲料作物和绿肥等农作物的生产活动；广义的农业包括种植业、林业、畜牧业、渔业、副业五种产业形式。

第一节　作物选择及分布

一、农作物的分类

农作物主要分为大田作物和园艺作物，其中大田作物包括粮食作物、经济作物、饲料及绿肥作物、药用作物，园艺作物包括果树、蔬菜和观赏植物，具体分类如下。

1. 粮食作物

粮食作物包括谷类、豆类和薯类。谷类主要有水稻、小麦、玉米、大麦、高粱、燕麦、黑麦等；豆类主要有大豆、蚕豆、豌豆、绿豆、小豆等；薯类主要有甘薯、马铃薯、木薯、豆薯、芋类等。

2. 经济作物

经济作物包括纤维作物、油料作物、糖料作物、嗜好作物和特用作物。纤维作物主要有棉花、麻类等；油料作物主要有油菜、花生、芝麻、向日葵、胡麻、油茶、油棕、油椰等；糖料作物主要有甘蔗、甜菜等；嗜好作物主要有茶叶、烟草、可可等；特用作物主要有桑、橡胶、香料和编织原料等。

3. 饲料及绿肥作物

饲料及绿肥作物主要有苜蓿、黑麦草、高羊茅、紫云英、三叶草、草木樨、苕子、田菁、柽麻、绿萍等。

4. 药用作物

药用作物主要有黄连、贝母、天麻、人参、白术、白芍、枸杞、甘草、半夏、红花、百合、何首乌、菊花、甜菊叶、五味子、茯苓等。

5. 果树

果树的种类很多，包括落叶果树类和常绿果树类。落叶果树类主要有苹果、梨、桃、杏、樱桃、核桃、栗子等；常绿果树类主要有柑橘、橙、柠檬、柚子、杨梅、枣椰、榴莲等。

6. 蔬菜

蔬菜的种类很多，包括根菜类、白菜类、茄果类、瓜类、豆类、葱蒜类、薯类、绿叶类、水生类、多年生蔬菜和食用菌类蔬菜。

根菜类主要有萝卜、牛蒡等；白菜类主要有白菜、荠菜等；茄果类主要有番茄、辣椒等；瓜类主要有黄瓜、苦瓜等；豆类主要有豇豆、蚕豆等；葱蒜类主要有洋葱、大葱等；薯类主要有马铃薯、山药等；绿叶类主要有芹菜、莴苣等；水生类主要有莲藕、茭白等；多年生蔬菜主要有竹笋、金针菜等；食用菌类主要有蘑菇、香菇等。

7. 观赏植物

观赏植物主要包括各种露地花卉、温室花卉、木本花卉、观赏树木和草坪植物，种类繁多。

二、影响作物选择的因素

在农业经营的过程中，作物的选择是十分重要的。而选择何种作物，主要受以下因素的影响。

1. 自然状况

各种作物对于自然状况，如地形、土壤、雨量、温度、湿度、日照及生长季节等的适应性不同。以气候论，如水稻性喜高温多湿，小麦则喜温凉，比较耐旱。任何经营主体所选择生产的作物，都必须适应当地的自然状况，以期获得良好的生产结果，否则，长期的高产量就难以实现。湖北、安徽的农户多选择在平地种植水稻，选择种植单季稻的经常会采用蔬菜—水稻、单季水稻等模式。在坡地、沟地，农户通常会种植豆类和薯类作物，如大豆、红薯等作物。

2. 生产要素

农业经营要素的相对数量，也会影响作物的选择。一般而言，凡土地面积大而劳动力和资本缺乏的经营主体，多选择每单位面积需要劳动力和资金较少，而毛收益也较小的粗放作物。相反，土地面积小而劳动力和资本充足的经营主体，多选择每单位面积需要劳动力和资金较多，而毛收益也较大的集约作物。例如，河南省巩义市鲁庄镇北侯、南侯、西侯、东侯四村原来种植的谷子由于土质原因，加工成小米后味道醇香，质量很好，在当地非常出名，但由于劳动力不足，当地种植谷子的农户已经大大减少。

3. 市场

如果经营主体以生产商品性作物为主，则必须考虑农产品的运销。凡体积大且新鲜易腐烂的作物，如蔬菜、瓜果等，因运费关系不宜远销，大多就地出售。而谷物类等体积小且耐储藏的作物，则可以远销。因此，前者多生产于人口相对密集的城市附近，后者则生产于远离人口中心的地区。屠能所描述的农业生产布局（即屠能圈），就是对此的最好证明。

4. 饲料需要

作物与牲畜在整个农业生产上存在着密切的关系。通常牲畜的饲料有很大一部分依赖自给，因而经营主体选择作物时，要考虑该作物是否和所饲养的牲畜相适应。例如，美国中部的农民为饲养肉用猪，多种植玉米作为饲料，中国台湾的农民用甘薯作为猪的主要饲料，因而一般的台湾养猪户会种植甘薯。

5. 生产费用、劳动力、动力及机械

首先，生产作物所需的土地与劳动力等费用，往往因所在地与市场的距离远近而存在差异。经营主体在选择作物时，常常会考虑生产费用的高低。经营主体本身能供给劳动力的多少，以及当地是否易于雇工，也会影响作物的选择。劳动力充足并易于雇工的地区，经营主体多选择劳动密集型作物。有无动力及机械，以及所需机械的种类，也会影响作物的选择。例如，在河南和山东等地，农户在秋季减少了种植谷子、大豆、绿豆、红豆等粮食作物，多改种玉米，因为玉米现在基本能实现机械耕种、机械收获，可以大大节省劳动力。

6. 病虫害

作物的病虫害因地区与作物种类而不同。例如，某地区经常发生影响某种作物的病虫害，则该地区的经营主体在选择作物时应当避免该作物的种植，选择种植其他作物，以免因病虫害遭受损失。例如，上面提到的河南省巩义市鲁庄镇北侯、南侯、西侯、东侯四村少数农户种植谷子，当地的麻雀非常喜欢吃，导致谷子成熟后还没来得及收割就被麻雀大量偷食，经常导致颗粒无收，因此，现在该地区基本没有农户再种植谷子。

7. 农业政策

政府的农业政策，如结构调整、种植补贴及退耕还林等，都会影响农民对作物的选择。例如，甲地区适合种植A、B两种作物，其中A作物为有政府奖励或补贴的作物，而B没有奖励或补贴，那么农民会选择A作物。例如，中国包括东北冷凉区、北方农牧交错区、西北风沙干旱区、太行山沿线区及西南石漠化区的“镰刀弯”地区，因为国家政策的影响，该地区对玉米种植结构调整较大。

三、主要作物及其分布

（一）粮食作物

中国粮食作物的构成比较复杂，而且不同地域的种类也有较大差异，但主要作物有稻谷、小麦、玉米等。

1. 稻谷

中国种植稻谷有着悠久的历史，是世界上产稻谷最多的国家。水稻的分布广而不均，南方多而集中，北方少而分散，但大致可以分为两大产区。

（1）南方稻谷集中产区。秦岭—淮河以南，青藏高原以东的广大地区是南方稻谷的集中产区。按地区差异，又可分为三个区：

一是华南双季籼稻区，包括南岭以南的广东、广西、福建、海南和台湾，该区属于热带和亚热带湿润区，水、热资源丰富，生长期长，复种指数大，是中国以籼稻为主的双季稻产区。

二是长江流域单、双季稻区，包括南岭以北、秦岭—淮河以南的江苏、浙江、重庆等省市，以及豫南、陕南等地区。该区地处亚热带，热量比较丰富，土壤肥沃，降水丰沛，是中国最大的水稻产区。长江以南地区大多种植双季稻，长江以北地区大多实行单季稻与其他农作物轮作。籼稻和粳稻均有分布。

三是云贵高原水稻区，气候垂直变化显著，水稻品种也有垂直分布的特点，海拔2 000米左右地区多种植籼稻，海拔1 500米左右地区是粳稻、籼稻交错区，海拔1 200米以下种植籼稻。该区以单季稻为主。

（2）北方稻谷分散产区。秦岭—淮河以北的广大地区属单季稻分散产区。主要分布在以下三个水源较充足的地区：东北地区水稻主要集中在吉林的延吉、松花江等；华北主要集中于河北、山东、河南三省及安徽北部的河流两岸等；西北主要分布在河套平原、银川平原和河西走廊、新疆的一些绿洲地区。北方稻谷分散产区的水稻以一季为主，稻米质量较好。

2. 小麦

小麦是我国仅次于稻谷的第二大粮食作物。中国也是小麦栽培历史最悠久的国家之一，约有4 500年的小麦栽培历史。在我国平均粮食消费构成中，小麦占1/4以上，其中北方居民的消费比例要高得多。小麦是温带性旱地作物，品种较多、耐旱、适应性强，我国大部分地区适宜种植小麦。小麦可分为春小麦和冬小麦两大类，中国冬小麦分布面积最大，约占小麦播种面积的92%（2016年）。

（1）春小麦区。春小麦在春季播种，夏、秋季收获，生长期为80～120天，是一年一熟制作物。春小麦占全国小麦总产量的4.9%（2016年），主要分布于中温带的东北平原、河套平原、宁夏平原、新疆和青藏高原等地，其中，黑龙江、内蒙古、甘肃和新疆为主要产区。

（2）冬小麦区。冬小麦在秋季播种，次年夏季收获，生长期较长，南方为120天左右，北方为270天左右，西南地势较高地区一般为330天以上。北方冬小麦主要分布在长城以南、六盘山以东、秦岭—淮河以北的各地区，包括山东、河南、河北、山西、陕西等，这是中国最大的小麦生产区和消费区。该区小麦的播种面积和产量均占全国的92%（2016年），有中国的“麦仓”之称。南方冬麦区分布在秦岭—淮河以南、横断山以东地区，安徽、江苏、四川和湖北等省为集中产区，大部分为棉麦和稻麦两熟制。该区居民以稻米为主食，故小麦商品率较高。

3. 玉米

玉米属高产作物，经济价值较高，是中国最主要的杂粮，在粮食作物中仅次于水稻、小麦，居第三位。中国玉米产量仅次于美国，居世界第二位。玉米是喜温作物，品种有早熟、中熟、晚熟三类，生长期80～140天。

我国的玉米主要集中在东北、华北和西南地区，大致形成一个从东北到西南的斜长形玉米种植带。种植面积较大的省份主要有黑龙江、吉林、河北、山东、河南、内蒙古、辽宁等，黑龙江、吉林、辽宁、内蒙古的玉米总产量11 240万吨，占全国玉米总产量的43%。山东、河南、河北的玉米总产量6 867万吨，占全国玉米总产量的26.5%（2017年）。

（二）经济作物

经济作物又称技术作物，是轻工业的主要原料和满足人民生活（吃、穿、用）需求的农作物。

1. 棉花

中国是棉花产量居世界首位的生产大国，产棉省市区22个，棉田面积在40万公顷以上的有7个，分别是新疆、河南、江苏、湖北、山东、河北、安徽；10万公顷以上的有4个，分别是湖南、江西、四川、山西；从区域上划分，主要有三大产棉区域，即新疆棉区、黄河流域棉区、长江流域棉区。

（1）新疆棉区。新疆棉区主要包括新疆和甘肃地区，国内主要使用新疆棉。新疆产棉量约占中国棉产量的50%。该区日照充足，气候干旱，雨量稀少，属灌溉棉区；单产水平高，原棉色泽好，“三丝”含量相对于其他棉区较低。

（2）黄河流域棉区。黄河流域棉区是我国种植面积较大的棉区，包括河北省（除长城以北）、山东省、河南省（不包括南阳、信阳两个地区）、山西南部、陕西关中、甘肃陇南，江苏、安徽两省的淮河以北地区，北京、天津两市的郊区。该棉区日照较充足，年降水量适中，纤维品质较好。

(3) 长江流域棉区。长江流域棉区位于中亚热带湿润区，商品棉生产主要集中在湖南的洞庭湖棉区、湖北的江汉平原、浙江的钱塘江口棉区、安徽的沿江棉区、江西的鄱阳湖棉区等。该棉区棉花成熟度好，马克隆值偏大，纤维偏粗。

2. 大豆

大豆既是粮食作物，又是油料作物，同时也是副食品的重要原料，营养价值高，因而大豆在农业中具有特殊的地位。中国是大豆的故乡，早在5 000年前，大豆就扎根于华夏沃土。大豆是喜温作物，生长旺季需要高温，收获季节以干燥为宜，很适宜在我国北方温带地区栽培。我国大豆分布广泛，从分地区来看，黑龙江占比40%，安徽省占比11%，内蒙古占比8%。全国大豆平均单位面积产量为130～150千克/亩，远低于国际水平（200千克/亩），国产大豆单位面积产量水平有待提高（2016年）。

第二节　畜种选择及分布

一、畜种的分类

畜种主要分为家畜和家禽。

家畜一般是指由人类饲养驯化，且可以人为控制其繁殖的动物，如猪、牛、羊、马、驴、骡、骆驼、家兔、猫、狗等，一般用于食用、劳役、实验等。

家禽是指人工豢养的鸟类动物，主要为了获取其肉、卵和羽毛，也有其他用处。一般为雉科和鸭科动物，如鸡、鸭、鹅等，也有其他科的鸟类（如火鸡、鸽、鹌鹑）和各种鸣禽。

二、影响畜种选择的因素

在农业经营的过程中，畜种选择也是十分重要的一项内容。畜种选择主要受以下因素的影响。

1. 饲料生产

如果该地区种植的玉米比其他饲料种植量大，或玉米购买相对容易，则适宜选择养猪，因为生猪需要大量的玉米喂养。如果该地区多产秸秆、秕壳、秧藤等副产品，且土地不宜种植作物，则选择饲养以放牧为主的牛、羊、驴或马。如果该地区饲料很少，大部分饲料需要购买，且所需费用较高，则饲养家禽为宜。

2. 劳动力与牲畜种类

劳动力过剩的地区，应饲养需要劳动力较多的牲畜，如乳牛和家禽等。反之，饲料过剩而劳动力缺乏的地区，应饲养需要大量饲料的牲畜，如肉牛和生猪等。

3. 经营规模与牲畜种类

需要劳动力较多的牲畜，如乳牛和家禽，一般小规模饲养容易成功。而不需要周密照顾的牲畜，如肉牛和生猪等，大规模饲养较为有利。需要周密照顾的牲畜虽然以规模饲养为宜，但也适合大规模经营，因为大规模饲养可以指定专人负责，并且可降低平均成本，也可获利。

4. 畜舍与牲畜种类

各种牲畜所需的畜舍种类、大小及费用各不相同，如猪舍的费用往往低于其他畜舍，乳牛舍所需的建筑费用较高，禽舍费用相对于其他畜舍费用也较高，仅次于牛舍。养殖户有时会根据畜舍所需费用的大小，来决定饲养牲畜的种类。

5. 气候与牲畜种类

气候可以影响饲料作物的生产，而各种牲畜所需的饲料又不同，因此，气候间接地影响了牲畜饲养的种类，如温带的黄牛、热带的瘤牛、青藏高原的牦牛、河湖湿热地区的水牛等。

6. 资金与牲畜种类

经营主体所拥有的资金充足与否，会影响牲畜饲养的种类。一般而言，养牛所需资金比养猪和家禽多，且饲养周期较长，因而必须资金充足才能饲养如牛之类的大家畜，否则以养猪和家禽为宜。

7. 市场需要与牲畜种类

饲养牲畜的目的在于销售获利，市场对于各种牲畜的需要不同，也就影响了牲畜饲养的种类。例如，欧美各国普遍需要牛奶和牛肉，因而一般的农场多以饲养乳牛和肉牛为主；中国大部分地区的人以食用猪肉为主，因而养猪农户较多。

8. 风险与牲畜种类

风险包括饲养风险和市场风险。例如，近年来禽流感的发生，使家禽饲养户常受到重创，许多家禽养殖户缩小养殖规模或改变养殖种类，2018 年暴发的非洲猪瘟疫情，导致很多养殖户缩减养猪规模。

三、畜牧业的分布

畜牧业生产是畜群繁殖过程和饲草料生长过程的结合，因此，畜牧业具有深加工性质。发展畜牧业是改善农业结构、提高人民生活水平的重要战略措施。

（一）畜牧业生产类型

我国畜牧业生产一般以东北松嫩平原西部—辽河中上游—阴山山脉—鄂尔多斯高原东缘—祁连山脉—青藏高原东缘为界，此线以西以北为牧区，以东以南为农区。

1. 牧区畜牧业

该区包括内蒙古、新疆、青海、西藏、四川、甘肃、宁夏的部分地区，是我国目前主要的畜牧业基地。该区以放牧为主，牛、马、羊、骆驼为其主要牲畜，天然草场分布广，草地资源丰富，含有丰富的营养物质，为放养牲畜提供了天然饲料。

2. 农区畜牧业

农区畜牧业位于我国东南部，分布于我国以耕作业为主的广大地区。该区以耕作业为主，畜牧业处从属地位，但畜牧业生产在全国畜牧业中仍占有重要地位，是我国以猪禽为主的重要畜产品生产基地。经营方式以舍饲家畜为主，畜牧业品种齐全，猪、牛、羊、马、骡、驴及各种家禽都有，其中养猪最为普遍。

3. 城郊畜牧业

随着城市、工矿区的发展，人口数量的增加及人们物质生活水平的不断提高，城市居民对肉、奶、禽蛋等畜产品的需求量越来越大。为解决人民生活中肉、奶、禽蛋的供应问题，城市和工矿区附近建立起城郊型畜牧业基地，并朝着集中、大型、专业化方向发展。

（二）主要畜牧业基地

1. 大兴安岭两侧肉、乳和毛皮生产基地

该区包括黑龙江与吉林两省西部，内蒙古东三盟（呼伦贝尔、哲里木、昭乌达）及锡林郭勒盟东部，是我国成片分布质量最好的天然草场，是发展牛、细毛羊、马的良好牧场。该区牲畜主要品种有三河牛、三河马、黑白花奶牛、细毛羊等，是全国重要的肉、乳和毛皮生产基地。

2. 新疆北部细毛羊、肉用羊和养马生产基地

新疆北部细羊毛、肉用羊和养马生产基地是我国荒漠草原发展畜牧业条件较好的地区，是阿尔泰山和天山垂直带天然草场地带，新疆细毛羊、阿勒泰肥臀羊、伊犁马、犁牛等优良品种都分布在这里。

3. 青藏高原东南部牛羊肉、乳、毛生产基地

该区地形复杂，植被类型多样，高山和亚高山草甸是主要的天然牧场，目前牲畜以绵羊、山羊、牦牛和马等的各种畜力为主，数量较多。

4. 华北和西北农牧业交错地区牛羊肉、毛生产基地

该区自然条件较好，为畜牧业的发展提供了良好的水、草条件，适宜于发展细毛羊和肉牛养殖。

5. 以农区猪、禽、牛为主的肉蛋奶生产基地

该区包括长江流域主要盆地及平原、珠江三角洲、山东、河南等地区，是我国猪禽生产的集中地区，也是生产猪肉和蛋类的主要地区。

第三节　农业经营方式的选择

农业经营方式反映的是农业生产经营的具体方法和形式，它着力于对农业生产力特点方面的概括，目的在于提高农业生产力。各地自然资源、技术水平、社会经济发展情况以及文化背景的差异，形成了各种不同的农业经营方式。

一、传统农业经营方式

（一）单一经营与复合经营

单一经营是在一个经营组织中只存在一个主要的生产部门，培育同一类作物或饲养同一

种家畜，主要生产部门的销售收入占总收入的比例达到 80% 以上的一种农业经营方式。复合经营是在一个经营组织中同时存在多个不同的生产部门，利用共同的土地、设备及劳动力，培育不同的作物或饲养不同的家畜，各部门之间可以形成内部循环，但各生产部门的销售收入占总收入的比例均不足 80% 的一种农业经营方式。

单一经营只需要引进一类机械，这样不仅可以提高劳动者的技术熟练程度，而且投资额不大；同时，单一经营可以通过引进机械和设备，扩大生产规模，达到批量生产、批量销售的目的。因此，大规模的农业生产比较倾向于单一经营。但规模化的单一经营也存在着许多问题，如连年生产与化肥的大量使用造成了土地恶化、高密度的饲养导致了家畜饲养环境的恶化等；另外，单一经营在面对自然灾害及经济条件变化时风险较大，劳动力和土地的利用率也都较低。

与单一经营相比，复合经营最主要的目的是适应农业生产的季节性特点。因为一种作物的生产不能全年持续，只有通过多个部门的组合，才能使土地、劳动力和资金得到有效利用。复合经营建立在土地、劳动力、机械设备和中间生产物共享的基础上，不仅单位面积上的总产量和总收益较高，而且总产量的提高还可以使地租负担或其他土地费用分散到各种作物中，从而使作物的单位生产成本降低。水稻与奶牛相结合的复合经营，稻草可以用作奶牛的粗饲料，米糠、碎米等不能有效利用的中间产物，也可用来充当奶牛的饲料。奶牛所产生的粪尿，则可以用于水稻施肥。

（二）部门间的关系

农业经营部门之间的结合，主要是由部门之间的共享、互补和竞争关系形成的。这些关系十分复杂，但也是形成复合经营的依据。

1. 部门间的共享关系

就水稻与小麦相结合的复合经营来说，水稻是夏季作物，小麦是冬季作物，因此在土地利用上不存在竞争关系，而且在劳动力和拖拉机、脱粒机、烘干机等机械方面都可以共同利用，因此这两个部门之间是共享关系。水稻和小麦竞争不大，所以尽管小麦价格较低，农户也不会舍弃小麦。如果小麦栽培较多，容易造成农忙期的劳动高峰激化，那么可以把播种期和收获期不尽相同的小麦与啤酒麦搭配起来，或者重新安排高效能的机械体系代替现有的劳动手段，从而削弱农忙期的劳动高峰。

2. 部门间的互补关系

就水稻与奶牛相结合的复合经营来说，稻草可以用作奶牛的粗饲料，米糠、碎米等不能有效利用的中间产物也可用来充作奶牛的饲料；奶牛所产生的粪尿，则可以用于水稻施肥。因此，这两个部门之间的关系是互补关系。但就劳动手段来说，水稻与奶牛生产所需的劳动力和机械不能共同利用，而且在农忙期，两个部门对劳动力的利用是冲突的。因此，在互补关系的背后还隐藏着竞争关系。

3. 部门间的竞争关系

当一个经营主体中同时存在几个不同的生产部门时，经营者必须努力使各个部门都得到最大限度的发展，从而获得尽可能多的收益。然而，由于劳动力和资本的有限性，经营者必然扩大经营成果较好的部门而缩小经营成果较差的部门。从这一点上来说，各生产部门之间都存在竞争关系。如果是季节相近的作物或需要利用共同设施和副产品的动物，则竞争关系将十分激烈。例如，旱田作物中的西红柿和卷心菜，由于种植季节相同，就存在着对土地、机械和劳动力的激烈竞争关系；家畜中的肉牛和奶牛，在利用畜舍和米麦等副产品，以及所需劳动力等方面也存在着激烈的竞争关系。

二、农业新业态发展

农业业态是指多元要素融合而成的不同农产品（服务）、农业经营方式和农业经营组织形式。由于农业资源要素的多元性，近年来通过不同方式的资源融合，已催生出服务型、创新型、社会化和工厂化等多种农业新业态。各种业态发展呈现出不同的阶段性特征。

（一）服务型农业新业态发展

通过产业链的横向拓宽，产生了休闲农业、会展农业、景观农业、创意农业、阳台农业等服务型农业新业态。

休闲农业在我国已呈全面发展态势，整体进入成长期，产品日渐丰富，规模不断扩大，利润加速增长，市场竞争逐渐加剧，面临转型升级。一些起步早、发展较快的大中城市周边地区，休闲农业发展转型升级已显急迫。

会展农业增速放缓，市场趋向成熟，总体进入竞争整合阶段。从增长潜力看，未来新开发的农业展会和农业节庆活动数量增速将放缓，整体进入竞争整合阶段。今后发展更多的将是打造会展品牌，增强展会、节庆衍生产品开发，以及探索市场化运作模式等。

创意农业处于萌芽期，目前多以创意元素的形式融入休闲旅游产品开发，市场份额较小。创意农业包括产品创意、服务创意、环境创意和活动创意等，目前以产品创意和活动创意为主。创意农业目前尚未实现较大的市场规模，由打造创意到形成产业还有很长的路要走。

阳台农业开始走进城市，处于初期推广阶段。阳台农业实行栽培无土化、设备智能化、空间集约化模式，一些大城市发展较为迅速，部分地区的市场上已出现矮化的番茄、苹果、桃子和盆栽青菜等，展示了都市型现代农业新形态，满足了市民对美好环境和休闲生活的需求。

（二）创新型农业新业态发展

以现代生物技术、信息技术等为代表的高科技向农业渗透，衍生出生物农业、智慧农业、农业大数据应用等创新型农业新业态。

生物农业整体上进入大规模产业化的起始阶段，发展前景广阔。现代生物技术在农业领域推广应用，由此形成了涵盖生物育种、生物农药、生物肥料、生物饲料、生物疫苗和制剂等领域在内的生物农业。

智慧农业处于由萌芽期向成长期迈进的阶段，大多属于试点示范，大规模商业化应用还需要时间。从生产性、商品性、营利性和组织性方面看，由于技术装备成本高、市场不成熟、规模化和标准化程度低等原因，智慧农业尚未真正实现产业化。

农业大数据应用处于萌芽期。比较典型的是京东和淘宝。京东推出“京东大脑”，可帮助不同地区与不同消费习惯的人群获得最适合自己的高品质推荐产品。淘宝推出了农产品电商消费分析平台，商家可以根据以往的销售信息和“淘宝指数”，用可视化图表的方式向用户展现排行榜、成交指数等。

农产品电子商务已进入成长期的快速推进阶段，同时各种“瓶颈”正在显现，在平台运营、农产品标准化、仓储物流等方面还有待突破。

（三）社会化农业新业态发展

社会分工细化和社会组织方式变革衍生出农业众筹、订单农业、社区支持农业、农村养老服务业、农业生产性服务业、农产品私人定制等社会化农业新业态。

订单农业、社区支持农业、农业生产性服务业发展已走出萌芽期，正在进入成长期的探索完善阶段。订单农业的新表现形式主要有两大类，一类是流通、餐饮类服务型企业向前延伸产业链，建立原材料直供基地；另一类是企业与农产品基地建立合作模式，将基地作为公司员工购买农产品和休闲体验场所，为公司员工提供内部福利。社区支持农业也称市民菜园，消费者提前支付预订款，农场按需求向其供应农产品，是生产者和消费者风险共担、利益共享的城乡合作新模式。在农业生产性服务业方面，通过开展农机服务、农技服务、土地托管、动植物疫病统防统治等，引导农户实现“服务外包”，为解决“谁来种地”“如何种地”等问题提供了出路。

农业众筹、农产品私人定制等处于萌芽期。这几类新业态主要服务于特定消费群体，收益率较高，是农业多样化发展的一种新趋势。

（四）工厂化农业新业态发展

现代技术集成应用衍生出工厂化农业新业态，植物工厂是工厂化农业的高级阶段，尚处于萌芽期，目前主要用作试验示范。从奥地利、丹麦、美国、日本等国家的发展情况看，工厂化农业潜力大、前景好。

农业新业态发展还呈较强的地域性特征。一是东中西部地区差异明显。新业态的发展与经济发展水平密切相关。经济越发达的地区，农业新业态发育越充分。例如，东部地区休闲农业的整体发展水平明显高于中西部地区。二是城市化成为重要推动力。大中城市周边既有城市的功能，又有乡村的功能，是农业新业态发育比较充分的地区。特别是城市密集的人口、多样的消费需求和休闲的便利条件为新业态提供了市场支撑。城市化水平越高的地区，农业新业态类型越多样，业态发展越成熟。三是发展空间呈层级结构特征。农业新业态在空间上，从近郊向中、远郊发展，形成层级结构差别，其主要表现是在业态类型上，越靠近城市，越接近城市休闲；越远离城市，越贴近生态休闲。

本章小结

本章主要内容为农业经营的要素条件之一——经营品种与经营方式。首先介绍了作物与畜种的选择，并在此基础上介绍了作物与畜种的分布地区及特点，其次着重介绍了农业经营方式的选择，包括传统农业经营方式和农业新业态的发展。

练习题

1. 大田作物包括（　　）。

A. 粮食作物　　B. 果树　　C. 蔬菜　　D. 观赏植物

2. 园艺作物包括（　　）。

A. 粮食作物　　B. 绿肥作物　　C. 经济作物　　D. 观赏植物

3. 春小麦生长期为（　　）。

A. 40～50 天　　B. 50～60 天　　C. 80～120 天　　D. 30～40 天

4. （　　）四省的玉米总产量在 11 240 万吨。

A. 山东、河南、内蒙古、辽宁　　B. 黑龙江、吉林、辽宁、内蒙古

C. 新疆、河南、江苏、湖北　　D. 黑龙江、吉林、河北、山东

5. 家畜一般是指由人类饲养驯化，且可以人为控制其繁殖的动物，如（　　）。

A. 猪　　B. 鸡　　C. 鸭　　D. 鹅

6. 影响作物选择的因素不包括（　　）。

A. 社会状况　　B. 生产要素　　C. 市场　　D. 饲料需要

7. 影响畜种选择的因素不包括（　　）。

A. 劳动力　　B. 文化　　C. 资金　　D. 气候

8. 单一经营的主要生产部门的销售收入占总收入的比例达到（　　）以上。

A. 80%　　B. 70%　　C. 60%　　D. 50%

9. 复合经营的各生产部门的销售收入占总收入的比例均不足（　　）。

A. 80%　　B. 70%　　C. 60%　　D. 50%

10. 由于农业资源要素的多元性，近年来通过不同方式的资源融合，已催生出（　　）农业新业态。

A. 服务型、资源型、社会化和工厂化　　B. 服务型、创新型、社会化和工厂化

C. 资源型、创新型、社会化和工厂化　　D. 服务型、创新型、社会化和企业化

第十二章　农业经营规模与集约度

学习目标

掌握：经营规模的内涵与规模理论。

熟悉：经营规模与集约度；经营规模与经营效率。

了解：适度规模经营中“度”的测算。

知识导图

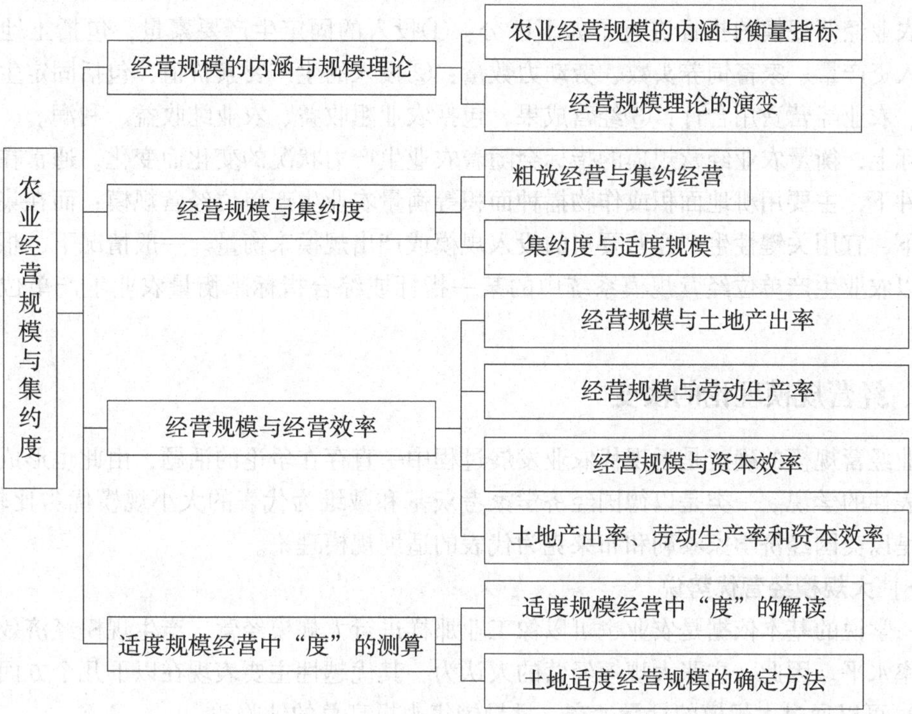

第一节　经营规模的内涵与规模理论

一、农业经营规模的内涵与衡量指标

（一）农业经营规模的内涵

农业经营规模是农业生产经营要素的聚集程度及其组合比例的数量指标。它的内涵包括

两个层次：一是生产经营要素的组合比例，即规模内部结构的合理性；二是范围数量，即占据空间的大小。

从整体上来看，一切生产活动都是一个投入和产出的过程，因此，农业生产单位的经营规模可以分为投入规模与产出规模。以投入要素（如土地、劳动力、资本及管理）的数量来衡量的规模称为投入规模，以产出量（如产量、产值及收入）来衡量的规模称为产出规模。投入规模可以分为土地规模、劳动力规模、资本规模和管理规模，产出规模可以分为产量规模、产值规模及收入规模，它们组成了农业生产单位的经营规模系统。

（二）农业经营规模的衡量指标

美国农业经营学者埃弗森在其著作《农场管理的原则》中列举了衡量农业经营规模的指标，主要有农场面积、耕地面积、作物播种总面积、主要作物面积、主要家畜头数、机械投入数量、劳动力投入数量、总收入（总产值）等。

德国农业经营学者斯坦哈泽等人在其编著的农业经营学教科书《农业管理概论 I》中，对衡量农业经营规模的指标进行了如下区分：①投入的固定生产要素量，包括土地利用面积、投入资产量、家畜饲养头数、劳动力数量；②投入的生产要素价值，包括固定生产要素的价值、农业经营费用合计；③经营成果，包括农业粗收益、农业纯收益、利润。

实际上，衡量农业经营规模的指标会随着农业生产力状况的变化而变化。通常在粗放经营的条件下，主要用耕地面积或作物播种面积等衡量农业生产单位经营规模；而在集约经营的条件下，宜用关键性生产经营要素的投入规模或产出规模来衡量。一般情况下，根据研究目的，以农业生产单位经营规模系统中的某一指标或综合指标来衡量农业生产单位的经营规模。

二、经营规模理论的演变

农业经营规模的确定是近现代农业发展过程中一直存在争论的话题，由此也形成了几类具有代表性的学说。一类是以德国经济学家考茨基和戴维为代表的大小规模优劣比较理论，另一类是以美国经济学家泰勒和布莱克为代表的适度规模理论。

（一）大规模经营优势说

这一学说的基本依据是农业也可以像工业那样进行大规模经营，产生规模经济效益，提高生产率水平。因此，主张大规模经营的人认为，其优越性主要表现在以下几个方面。

（1）可以通过大规模的批量生产、批量销售来提高总的纯收益。

（2）可以提高大型机械、设备以及排水灌溉设施的利用率，在其生产能力允许的范围内，随着产量的扩大，单位产量所分摊的成本也会降低。

（3）通过使用大型机械，可以实现有效的技术分工，从而提高劳动生产率。

（4）生产资料和农产品的交易量较大，因此，在购买和销售方面具有一定的优势，而且交易成本较低。

(5）大规模经营更容易获得商业和信用上的利益，比较容易融资。

但经营规模扩大也存在以下问题：

（1）农产品的产量增长迅速，容易导致生产过剩，引起农产品价格下跌。

（2）大规模经营在生产方式上容易粗放化，从而导致土地肥沃度下降。

（3）大规模经营容易导致作物或家畜的培育环境变差，经营管理难以细化，从而导致农产品质量下降。

（4）大规模经营的农场一般采用雇工经营或集体经营方式，不仅存在激励和约束机制问题，而且缺乏必要的灵活性，并且随着农场雇工人数的增加或集体成员数量的增加，管理成本也要相应增加。

（二）小规模经营优势说

这一学说的基本依据是，农业的小规模经营能够最大限度地发挥家庭经营组织的优势。因此，主张小规模经营的人认为，其优越性主要表现在以下几个方面。

（1）在以生物资源为基础的农业生产中，家庭劳动力比雇佣劳动力更能发挥主观能动性，并根据瞬息万变的自然因素和市场环境调整农业微观决策，及时有效地安排农业生产，而且不需要像对雇佣劳动力那样的指导和监督，管理成本较低。因此，由家庭劳动力来从事小规模生产时，单位面积和单位家畜的纯收益都较大。

（2）家庭劳动力具有利益目标的认同感，因此会爱护农机具和生产设施，也会尽量减少自给性物资的利用，从而减少各种现金支出，降低农业经营成本。

（3）实行小面积栽培或小规模饲养，作物或家畜的培育环境较好，经营管理也较细致，因此，可以生产出高品质的农产品。

然而，小规模经营通常会面临以下两个问题：

（1）小规模分散经营必然带来生产资料购买和农产品销售时的交易成本增加，从而使农产品的总经营成本提高。

（2）小规模经营承担风险的能力较弱，一般是风险的规避者。

（三）适度规模经营优势说

这一学说认为，不需要在大规模和小规模之间任选其一，对于特定的作物或经营组织来说，一定存在一个可以使纯收益（或农业收入）最大化的理想规模，即适度规模。所谓适度规模，是指在一定的技术、经济条件下，投入的各种生产要素能够相互协调、组合最佳并且充分利用，以取得最大经济效益的农业经营规模。判断与评价经营规模是否适度，不仅要考虑到许多自然与经济因素，而且随着时间的推移，各种条件在发生变化，规模的适应性也必然随之变化，呈现出一种动态性。

第二节　经营规模与集约度

一、粗放经营与集约经营

（一）粗放经营与集约经营的含义

粗放经营是在较低的技术水平下，农户仅为了维持自然资源的生产力，投入较少的劳动和资本，对土地进行浅耕粗作，实行广种薄收的一种农业经营方式。在粗放经营中，机器设备等先进的生产手段和农业科学技术没有广泛运用，甚至没有应用，通常依靠增加土地数量和土壤的自然肥力来增加农业总产量。其主要的生产要素是劳动力和土地。

集约经营是指采用先进的农业技术措施、技术装备和管理方法，在一定的耕地面积上尽可能多地投入生产资料和劳动力，并改善经营方法，对土地进行精耕细作，以求在一定面积的土地上获得高产出和高收入的一种农业经营方式。

根据资源投入结构的不同，集约经营又可分为劳动集约和资本集约两种基本类型。投放较多活劳动的称为劳动集约，它表示一定面积的土地投入总额中，活劳动所占比重较大；投入较多生产资料的称为资本集约，它表示一定面积的土地投入总额中，物化劳动所占比重较大。

（二）两种经营方式的形成

在农业发展初期，人口数量较少，生产力水平较低，土地辽阔，可开垦的土地又很充足，人地之间的矛盾不突出。为了满足人口增加带来的对农产品需求的增加，人类必须开垦并耕种更多的土地，广种薄收，粗放经营。农业的发展主要表现为人类整个生产规模的扩大。

在资本主义发展的初期，农业开始转向集约经营，但由于当时能够投入农业的资本数量还比较少，而可以利用的耕地相对来说仍然比较多，同时有利于集约经营的科学技术还没有大量出现。因此，当时的耕作多采用比较粗放的方法。随着人口数量持续增加，可耕种荒地日益减少，土地资源稀缺性日渐突出，农业生产的发展只能通过在单位面积土地上投入更多的劳动和资本来提高单位面积产量以增加总产出，实现由粗放经营向集约经营的转变。

随着资本主义工业的发展和农业劳动力的逐渐减少，一方面，资本积累的增多使追加投资有了物质条件；另一方面，农业科学技术的进步使农业生产开始大量采用农业机械，施用化肥、农药等，既提高了农业生产效率，又增加了农业产出。这种方式下，农业集约经营成为农业发展的主要途径，农业生产规模的扩大也主要表现为集约型规模扩张。

因而，20 世纪以来，特别是在第二次世界大战以后，集约经营成了资本主义国家土地利用的主要方式，并且，无论是集约化水平，还是集约化的经济效果，都有了很大的提高。

二、集约度与适度规模

（一）集约度的概念

所谓农业经营的集约度，是指投入在单位面积土地上的劳动量和资本量，或者说在单位面积土地上所投入的成本。集约度能综合反映经营期间单位面积土地上投入的各种物质成本，它是衡量土地集约或粗放程度的一种综合指标。其计算公式如下：

$$集约度=\frac{生产物质成本+劳动力成本+经营资本利息}{经营的土地面积}$$

其中，生产物质成本包括种子、肥料、饲料、农药、防疫、燃料等物资投入所需的流动资金，机械、设备等固定资产的折旧及财务、销售、管理等费用；劳动力成本包括家庭用工折价和雇工费用。该计算公式可以简化为

$$集约度=\frac{经营资本}{经营的土地面积}$$

其中，经营资本是指机械、设备、家畜、劳动和其他生产资料等土地以外的生产要素投入的折算价格。

（二）经营规模与集约度的关系

农业经营规模与集约度的关系，可以通过农业经营的生产率和收益率的提高来说明，可以用公式表示：

$$G/K=(G/C)\cdot(C/K)$$

其中，G 代表利润，K 代表投入的固定生产要素。在同一块土地上进行土地改良时，一年一作和一年两作所需的设备完全不同，劳动力的投入也存在着青年与老年的质量差异，因此必须进行价值换算。

首先，如果 K 代表资本投入额，那么 G/K 就为资本利润率；如果 K 只代表固定生产要素的投入总和，那么 G/K 就为固定资本利润率，即经营目标为收益率。

其次，G/C 为利润与总成本的比率，一般表示生产效率，即生产率，也可以表示为

$$G/C=(R-C)/C=(R/C)-1$$

其中，R 为总产值，R/C 为生产效率。生产效率越高，则 G/C 越大。

最后，C/K 代表资本的利用率，如果 K 只代表固定生产要素的投入总和，那么 C/K 就为固定资本的利用率。

农业经营中经常使用集约度的概念，由于土地对农业经营的重要作用，经营的集约度往往反映土地利用的程度。如果将 K 设定为土地面积或土地价值，那么对一定规模的土地利用所产生的费用就可以看作集约度。然而，现实中，K 还包括资本装备和劳动力，因此，农业经营规模与集约度的关系也可以写为

$$G/K=(R/C-1)\cdot(C/K)$$

即收益率 = 生产率 × 固定资本利用率，这就意味着要提高收益率就必须对生产率和资本利用率进行调整。

首先，要提高生产率。为了使 R/C 尽可能大，就需要扩大经营规模。大型机械的使用虽然使机械的使用成本增加，但是可以大幅度减少劳动成本和其他成本，从而使总成本 C 下降，甚至使利润 R 增加。因此，一般情况下，R/C 的增加有赖于 K 的增加。

其次，K 的增加自然会对利润率 G/K 和资本利用率 C/K 产生影响。工业生产中一般将 C/K 作为前提条件。因此，如果假设随着 K 的增加，资本利用率 C/K 可以保持适度，那么企业只需努力提高生产率即可。然而，对于土地利用型的农业生产来说，要使机械、劳动力和土地等固定要素像工业那样保持不变是很困难的。而且，规模扩大一般也伴随着固定成本的部分增加。因此，农业经营需要解决两个问题：第一，如何在规模扩大的同时提高生产

率；第二，在一定的规模上，如何提高生产要素的利用程度以接近最适度利用。而现实中的多数农业经营，不是未充分利用生产要素，就是生产要素投入过剩。只有在规模扩大的同时使生产要素达到最适度的利用状态，才是积极而合理的农业经营。

第三节　经营规模与经营效率

一、经营规模与土地产出率

土地产出率是指单位面积的土地上可以生产出的农产品数量，也就是通常所说的农产品的单产水平。理论分析和农业经济活动的实践都证明，土地产出率与土地经营规模之间基本上是反向关系，即在农业经济活动中投入的劳动、资本等其他要素总量不变的情况下，如果土地经营规模小，在单位面积上投入的劳动和资本多，土地产出率就会提高，此即农业集约式经营。而土地经营规模越大，分摊到单位面积土地上的劳动和资本的数量就会减少，从而土地产出率就越低，此即农业粗放式经营。

从农业发展的历史来看，其演进过程一般为从粗放式向集约式的转变。当有大量荒地可以去开垦，土地的稀缺性还不突出，通过扩大耕地规模这种方式增加农作物总量似乎更经济、更现实。当土地资源稀缺性日渐突出时，农业经济活动就只能由粗放式向集约式转变，通过在单位面积土地上投入更多的劳动、资本和技术来提高其单位面积产量，达到增加总产量的目的。因此，20 世纪中叶以来，人地矛盾越来越突出，为提高农作物单位面积产量水平，农业科技不断发展进步。从国外的“绿色革命”到中国杂交育种水稻、小麦、玉米、棉花等技术的研发成功和大面积推广，其根源即在于此，并且成效卓著。

二、经营规模与劳动生产率

劳动是农业经济活动的另一项重要生产要素，劳动生产率也可以作为测定农业效率的重要指标。农业劳动生产率有两种表示方法：一种是用单位农业劳动力在单位时间内（通常为一年）所生产的农产品数量来表示，二者是正比关系；另一种是用单位农产品中所包含的劳动时间来表示，二者是反比关系。

劳动生产率与土地经营规模之间有如下关系：在一定限度内二者是正向关系，即扩大土地经营规模可以提高劳动生产率，缩小土地经营规模则会降低劳动生产率。但是，超过这个限度之后，土地经营规模的扩大并不能提高劳动生产率，当然也不会导致劳动生产率的下降。当土地经营规模在这个拐点之内时，劳动力与土地两种要素之间的配置比例关系不合理，劳动力作用得不到充分发挥，此时如果扩大土地经营规模，就会改善两种要素之间的配置比例，使劳动力作用得以充分发挥，从而提高劳动生产率。但是，当土地经营规模达到这个拐点之后，它与劳动力之间的配置比例已经达到最优，此时如果继续扩大土地经营规模，劳动者力不能及，就会造成这部分土地的闲置，并不能提高劳动生产率。

三、经营规模与资本效率

资本是农业经济活动中的又一项重要生产要素，它的物化形式是劳动力和农业机械等物质资本。因此，也可以用资本效率来测量农业效率。

在资本投入量一定的情况下，农作物总量和土地经营规模之间，在一定限度之内是正向关系。如果资本多而土地少，二者之间配置比例不合理，造成部分资本的闲置与浪费，如果扩大土地经营规模，优化二者配置，农作物总量增加。但是，超过这个限度，资本作用已经得到充分发挥，继续扩大土地经营规模会使资本力不能及，造成土地资源的闲置和浪费，因而并不能增加农作物总量。

单位农产品中所包含的利润量和土地经营规模之间的关系，同样有一个限度，在这个限度之内，二者也是正向关系，扩大土地经营规模会降低成本，增加利润。因此，在这个限度内，为了提高资本效率，就必须扩大土地经营规模。当然，达到这个限度之后，资本作用已经得到充分发挥，也就很难再通过扩大土地经营规模来增加农作物总量和降低单位产品成本以增加利润，提高资本效率。

可见，资本效率与土地经营规模之间基本上也是一种正向关系，在一定限度之内扩大土地经营规模有利于提高资本效率。

四、土地产出率、劳动生产率和资本效率

以上分别分析了土地、劳动、资本三种农业生产要素的效率与土地经营规模之间的关系，在现实经济活动中，它们往往结合在一起发挥作用，互相影响。

土地产出率与劳动生产率的关系是，在一定的土地经营规模内，如果通过采用先进的科学技术来提高土地产出率，如选用优良品种、采用更先进的耕作方法来提高农作物单位面积产量水平，则土地产出率的提高同时伴随着劳动生产率的提高，二者之间并无矛盾和冲突。但是往往也有以下这种情况，在科学技术并无进步的情况下，通过在单位面积土地上投入更多劳动，进行精耕细作，来提高农作物单位面积产量水平。此时，土地产出率就与劳动生产率是相悖的，土地产出率的提高伴随着劳动生产率的下降，甚至使劳动的边际生产率为零。例如，根据世界银行对肯尼亚的调查，如果全国农场规模缩小 10%，总产量要增加 7%，劳动力用量却要增加 8%。可见，劳动用量的增加大于产量的增加幅度，劳动生产率是下降的。在这种情况下，为了提高劳动生产率，就必须扩大土地经营规模，但这是从集约式经营向粗放式经营的转变，土地产出率则会下降。

土地产出率与资本效率的关系类似于它与劳动生产率的关系，即在一定的土地经营规模内，如果通过采用先进的科学技术来提高农作物单位面积产量水平和总产量，而并不增加资本的投入和总成本，则土地产出率的提高必然会使资本效率提高。但是，如果土地产出率的提高是依靠投入更多的资本来实现的，则土地产出的提高必然伴随着农产品总成本的增加。由于土地收益递减规律的作用，单位农产品成本往往会增加，利润会减少，资本效率则是下

降的。当边际成本等于市场价格时，利润为零。当边际成本进一步大于市场价格时，就会发生亏损，资本效率为负。此时，为了增加农作物总量，提高资本效率，就要扩大土地经营规模，但这往往会导致土地产出率下降。

劳动生产率与资本效率之间的关系比较简单，它们之间是一种正向关系，劳动生产率越高，单位农产品成本就越低，利润就会增加，从而资本效率就会提高。反之则相反。劳动生产率和资本效率与土地经营规模之间基本上都是正向关系，为了提高二者效率，必须扩大土地经营规模。

第四节　适度规模经营中“度”的测算

一、适度规模经营中“度”的解读

无论何种经营主体下的土地适度规模经营，其“适度性”均应具备以下特征：① 生产过程中能够充分合理地发挥资源、经济、劳动力和技术设备等要素潜能；②能够充分发挥经营者管理才能；③有较强的市场适应性和竞争力；④有足够的抗风险及市场应变能力；⑤能够实现较好的经济效益。

（一）因地制宜，宏微观兼顾

国家宏观目标是提高土地效率，确保粮食安全。而作为微观主体的农户，经营目标是提升收入水平。因此，因地制宜、宏微观兼顾，是推行农村土地适度规模经营的基本原则。因地制宜就是要从当地实际条件出发确定土地经营模式，包括农村生产力水平、农民思想观念、农村合作经济组织发展程度、农民承包土地的数量等。例如，在农村人口较少、土地资源较多、尚未建立龙头企业或缺少专业大户的条件下，宜由当地政府或相关部门规划或推动建立农业示范园区，实现农业规模经营。宏微观兼顾就是既要努力提高粮食产量，确保粮食安全，又要大力促进农民增收。

（二）用发展视角认识问题

农地适度规模经营是一种趋于规模经济的成长型经济，反映的是一个“适应”过程，具体经营规模多大算“适度”，需依时、依地、依经营主体的不同制定目标与计划。农业适度规模经营是一个动态概念，与之对应的规模经营的实现路径与方式也是一个动态的、不断完善的过程，各类经营主体必须综合考虑自身资源状况、经济基础、经营主体素质和生产经营特质，确定符合当地实情的经营规模。随着中国农业劳动力不断减少，老龄化趋势加剧，未来中国新型农业经营主体总量将呈加速递增态势，且结构上也会向各类主体的功能定位优化演变，与此对应的最适经营规模也会发生变化。

（三）注意体现公平与效率原则

鉴于我国国情，土地规模经营政策应当建立在多维价值评价标准上。既要考虑规模效率，更要考虑社会公平；既要考虑整体水平提高，又要兼顾平衡区域差异。我国人多地少，农村人口绝对数量庞大，必须正视我国小农经济的现实，加上农业劳动力转移受非农产业发展、土地产权制度、资金、技术等制约。因此，农地经营规模由细碎化发展到适度规模以及经营主体转型升级只能是一个渐进过程。我国新型农业经营主体发展起步较晚，政策支持不够全面，土地流转的障碍因素仍然较多，因此，推进多种形式农业适度规模经营将是一个长期过程，不同主体结构的优化演变同样会促使其规模经营的“度”随之变化。因此，不能盲目推进统一标准的农业规模经营方式，要在充分发挥市场机制作用的基础上，强化政府在法律和制度上的规制与引导，合力推进多种形式农业适度规模经营发展。

二、土地适度经营规模的确定方法

农业适度经营规模主要有以下两种测定方法：

（一）城乡收入均等法

根据当地城市的平均收入，结合当地的单位面积农地收益，测算出达到城市平均收入的经营规模，即为适度经营规模的标准。例如，种粮和种菜的适度规模标准不同，北京郊区农民和中小城市所辖农民的适度规模标准也不同。还要动态地看，即随着城市收入不断增加，农民的收入也需要相应增加，因此，农户的适度规模标准也需要相应提高。

城乡收入均等法，具体来说，就是依据当地城市平均收入水平和常规的单位农地收入来估算农地规模的“适度”范围，核心是使务农者能够获得城乡大体均等的收入。假设当地城镇劳均年可支配收入 2.5 万元，按照每户有 2 个劳动力计算，城镇的户均年收入为 5 万元。如果当地每亩的年均种粮纯收入为 800 元，按照城乡收入均等法计算可知，当地粮食生产农户（按 2 个劳动力计算）的农地规模需要达到 62.5（25 000 × 2 ÷ 800）亩，即达到这一农地规模才能使农户的家庭收入达到 5 万元，和当地城镇家庭收入一致。因此，大体可以将 62.5 亩地作为当年当地的适度经营规模的基准参考值。

和上面假设相同，粮食生产农户平均每亩地的年净收入 800 元。如果农户在大城市郊区，大城市劳动力平均年可支配收入达到 6 万元，这样在大城市周边的适度经营规模的基准参考值就为 150（60 000 × 2 ÷ 800）亩地；如果农户在县城郊区，县城的劳动力平均年可支配收入为 1.8 万元，这样在县城周边的适度经营规模的基准参考值就为 45（18 000 × 2 ÷ 800）亩地。

（二）计量模型推断法

将农户家庭农业的劳均收入作为衡量标准，即将劳均收入作为被解释变量，土地面积作为核心解释变量，家庭劳动禀赋及非农就业等因素作为控制变量，计算出适宜的土地经营面积。有学者通过研究指出，中国家庭综合农场的最优土地经营规模区间为 131 ~ 135 亩，“种粮大户”的最优粮食播种面积区间为 234 ~ 236 亩，分别相当于目前户均土地经营总面积的 5 ~ 6 倍和 9 ~ 10 倍。这意味着中国农地经营规模集中将是一个漫长的过程。

本章小结

本章首先介绍了经营规模的内涵与理论，包括其衡量指标与经营规模理论的演变，并在此基础上详细介绍了经营规模与集约度、经营规模与经营效率之间的逻辑关系，其次介绍了适度规模经营“度”的测算，包括土地适度规模经营“度”的解读和测算方法：城乡收入均等法和计量模型推断法。

练习题

1. 投入规模包括（　　）。

A. 收入规模　　B. 产值规模　　C. 产量规模　　D. 土地规模

2. 产出规模包括（　　）。

A. 收入规模　　B. 土地规模　　C. 劳动力规模　　D. 资本规模

3. 下列选择项中，（　　）不是具有代表性的经营规模理论。

A. 大规模经营优势说　　B. 小规模经营优势说

C. 适度规模经营优势说　　D. 单一规模经营优势说

4. （　　）是在较低的技术水平下，农户仅为了维持自然资源的生产力，投入较少的劳动和资本，对土地进行浅耕粗作，实行广种薄收的一种农业经营方式。

A. 粗放经营　　B. 集约经营　　C. 资本集约型　　D. 劳动集约型

5. （　　）是通过采用先进的农业技术措施、技术装备和管理方法，在一定的耕地面积上尽可能多地投入生产资料和劳动力，并改善经营方法，对土地进行精耕细作，以求在一定面积的土地上获得高产出和高收入的一种农业经营方式。

A. 粗放经营　　B. 集约经营　　C. 资本集约型　　D. 劳动集约型

6. （　　）是指机械、设备、家畜、劳动和其他生产资料等土地以外的生产要素投入的折算价格。

A. 社会资本　　B. 生产资本　　C. 经营资本　　D. 技术资本

7. （　　）是指单位面积的土地上可以生产出的农产品数量，也就是通常所说的农产品的单产水平。

A. 土地产出率　　B. 劳动生产率　　C. 资本效率　　D. 亩产量

8. 农业经营的（　　）能综合反映经营期间单位面积土地上投入的各种物质成本、劳力成本及其资本利息，它是衡量土地集约或粗放程度的一种综合指标。

A. 集约经营　　B. 集约度　　C. 集约型　　D. 粗放度

9. 农业适度经营规模的测定方法是（　　）。

A. 城乡收入均等法　　B. 城乡收入倍差法

C. 城乡收入剪刀差法　　D. 城乡收入匹配法

10. 资本效率与土地经营规模之间基本上也是一种（　　），在一定限度之内扩大土地经营规模有利于提高资本效率。

A. 反向关系　　B. 逆向关系　　C. 正向关系　　D. 促进关系

第四篇

农业经营分析与评估

第十三章　农业记账与经营分析

学习目标

掌握：农产品成本收益核算。
熟悉：农业记账的意义与内容。
了解：农业记账的方法。

知识导图

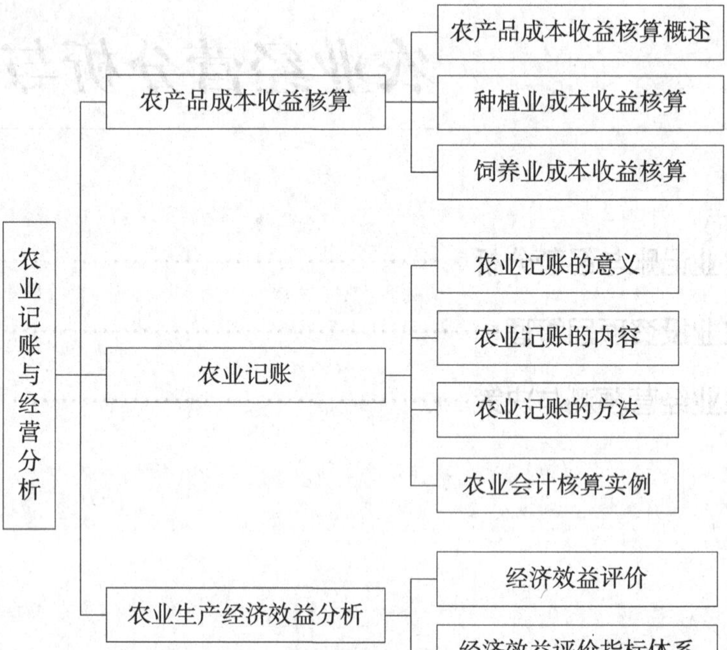

第一节　农产品成本收益核算

一、农产品成本收益核算概述

农产品成本是指农业生产者生产农产品消耗的物化劳动和活劳动的总和。农产品成本核算是将农业生产者一定时期内发生的、用货币表现的生产耗费，按它们的用途进行汇集、分配，计算出不同产品的实际成本和单位成本的过程。

农产品成本是农产品价值的重要组成部分，是反映投入产出比率的重要指标，是农业经营主体生产耗费的衡量尺度，可以反映农业生产单位劳动生产率的高低程度、原材料和机器设备的利用程度，同时是衡量农业生产单位经营管理工作水平的综合性指标，可为农业经营主体生产决策、改善经营管理提供重要依据。

农产品收益是指农产品收入扣除成本、费用和支出后的剩余部分，也就是利润总额。所以，对收益的核算就是对利润的核算，包括对利润额的核算和利润率的核算，这是农业经济核算中的一项重要内容。

二、种植业成本收益核算

农产品从广义上说包括种植业产品、畜牧业产品、饲养业产品等多种类别。每类中有不同的产品项目，每一项目的成本收益构成项目又有所不同，因而成本收益核算的方法也有所区别。以近几年小麦成本收益资料（见表 13－1）为例，对种植业成本收益核算主要指标可以进行较为直观的解释。

表 13－1　2014—2016 年全国小麦每亩成本收益资料

项目	2016 年	2015 年	2014 年
主产品产量（千克）	406. 34	420. 79	428. 01
产值合计（元）	930. 36	1 001. 71	1 052. 96
主产品产值（元）	907. 21	979. 83	1 032. 26
副产品产值（元）	23. 15	21. 88	20. 70
总成本（元）	1 012. 51	984. 30	965. 13
生产成本（元）	805. 59	784. 62	783. 80
物质与服务费用（元）	434. 60	420. 23	419. 03
人工成本（元）	370. 99	364. 39	364. 77
家庭用工折价（元）	358. 81	352. 40	353. 70
雇工费用（元）	12. 18	11. 99	11. 07
土地成本（元）	206. 92	199. 68	181. 33
流转地租金（元）	27. 97	26. 60	21. 10
自营地租金（元）	178. 95	173. 08	160. 23
净利润（元）	－82. 15	17. 41	87. 83
现金成本（元）	474. 75	458. 82	451. 20

续表

项目	2016 年	2015 年	2014 年
现金收益（元）	455.61	542.89	601.76
成本利润率	-8.11%	1.77%	9.10%

资料来源：全国农产品成本收益资料汇编。

表 13-1 中主要指标解释：

（1）主产品产量是指实际收获的农作物主要产品的数量。粮食作物按原粮（标准水分）计算。其中，玉米按脱粒后的粒子计算，豆类按去豆荚后的干豆计算，棉花按皮棉计算，烟叶按调制后干烟计算，花生按带壳干花生计算，甘蔗以蔗根计算，甜菜按块根计算。

（2）产值合计包括主产品产值和副产品产值。例如，小麦的主产品是小麦，副产品为小麦秸秆。

（3）主产品产值是指生产者通过各种渠道出售主产品所得收入和留存的主产品可能得到的收入之和。其中出售的主产品按实际出售收入计算，留存的主产品按已出售产品的综合平均价格和留存数量计算。

（4）总成本是指生产过程中耗费的现金、实物、劳动力和土地等所有资源的成本。每亩总成本 = 每亩生产成本 + 每亩土地成本 = 每亩物质与服务费用 + 每亩人工成本 + 每亩土地成本。

（5）生产成本是指直接生产过程中为生产该产品而投入的各项资金和劳动力的成本。每亩生产成本 = 每亩物质与服务费用 + 每亩人工成本。

（6）物质与服务费用是指在直接生产过程中消耗的各种农业生产资料、服务的费用及与生产相关的其他支出，包括直接费用和间接费用两部分。直接费用包括种子费、化肥费、农家肥费、农药费、农膜费、租赁作业费、燃料动力费、技术服务费等。间接费用包括固定资产折旧、保险费、管理费等。

（7）人工成本是指生产过程中直接使用的劳动力的成本，包括家庭用工折价和雇工费用两部分。

（8）家庭用工折价是指生产中耗费的家庭劳动用工折算的成本，反映了家庭劳动用工投入生产的机会成本。家庭用工折价 = 劳动日工价 × 家庭用工天数；劳动日工价 = 上年农村居民家庭平均每人纯收入 × 上年每个乡村从业人员负担人口数 ÷ 全年劳动天数（250 天）；每个乡村从业人员负担人口数 = 乡村人口数 ÷ 乡村从业人员数。

（9）雇工费用是指因雇佣他人而实际支付的所有费用，包括工资和饮食费、住宿费、保险费和招待费等。短期雇工的雇工费用按照实际支付总额计算；长期雇请的合同工（一个月以上），先按照该雇工平均月工资总额（包括工资及福利费等）除以 30 天计算得出其日工资额，再乘以劳动天数得到其雇工费用。

（10）土地成本是指土地作为一种生产要素投入到生产中的成本，包括流转地租金和自营地折租。

（11）流转地租金是指生产者转包他人拥有经营权的耕地或承包集体经济组织的机动地而实际支付的土地租赁费。流转地租金按照生产者实际支付的转包费或承包费净额计算。转包费或承包费净额是指从转包费或承包费中扣除统一收取的机械和排灌作业、技术服务、病虫害防治等与生产相关的直接生产费用后的余额。

（12）自营地租金是指生产者自己拥有经营权的土地投入生产后所耗费的土地资源按一定方法和标准折算的成本。自营地折租应主要参照当地土地转包费或承包费净额计算。

（13）净利润是指产品产值减去生产过程中投入的现金、实物、劳动力和土地等全部生产要素成本后的余额。净利润 = 产值合计 − 总成本。

（14）现金成本是指生产过程中为生产该产品而发生的全部现金和实物支出。每亩现金成本 = 每亩物质与服务费用 + 每亩雇工费用 + 每亩流转地租金。

（15）现金收益是指产品产值减去为生产该产品而发生的全部现金和实物支出后的余额。现金收益 = 产值合计 − 现金成本。

（16）成本利润率反映生产中所消耗全部资源的净回报率。成本利润率 = 净利润 ÷ 总成本 ×100%。

三、饲养业成本收益核算

饲养业的成本核算对象是畜（禽）群及其产品。主要畜禽产品有牛奶、羊毛、肉类、禽蛋、蚕茧等。以 2016 年全国生猪单位成本收益资料（见表 13－2）为例，对饲养业成本收益核算主要指标可以进行较为直观的解释。

表 13－2　2016 年全国生猪单位成本收益资料

项目	生猪	散养生猪	规模生猪
主产品产量（千克）	118.79	118.31	119.90
产值合计（元）	2 219.11	2 214.54	2 223.68
主产品产值（元）	2 204.27	2 197.96	2 210.58
副产品产值（元）	14.84	16.58	13.10
总成本（元）	1 930.41	2 050.61	1 809.99
生产成本（元）	1 929.05	2 050.49	1 807.39
物质与服务费用（元）	1 586.18	1 544.26	1 627.98
人工成本（元）	342.87	506.23	179.41
家庭用工折价（元）	316.65	506.23	126.98
雇工费用（元）	26.22	—	52.43

续表

项目	生猪	散养生猪	规模生猪
土地成本（元）	1.36	0.12	2.60
净利润（元）	288.70	163.93	413.69
成本利润率	14.96%	7.99%	22.86%

资料来源：全国农产品成本收益资料汇编。

表13－2中主要指标解释：

（1）主产品产量是指主产品实际产量。蛋鸡的主产品是鸡蛋，奶牛的主产品是牛奶，生猪的主产品产量按育肥猪出栏活重计算，肉鸡的主产品产量按肉鸡活重计算，肉牛的主产品产量按肉牛活重计算，肉羊的主产品产量按肉羊活重计算。

（2）物质与服务费用包括直接费用和间接费用两部分。直接费用包括仔畜费、精饲料费、青粗饲料费、饲料加工费、水费、燃料动力费、医疗防疫费、死亡损失费等。间接费用包括固定资产折旧、保险费等。

（3）土地成本是指生产者为获得饲养场地的经营使用权而实际支付的租金或承包费。以实物形式支付的按支付期市场价格折价计入，每年支付的按当年实际支付金额计算，承包期一年以上而一次性支付租金或承包费的按年限分摊后计入。

第二节　农业记账

一、农业记账的意义

农业记账是以货币的形式，记录和核算农业生产经营的过程及结果，并提供必要的经营信息的一种方法。它以货币的形式表现，货币作为主要衡量尺度，同时兼用实物进行衡量。对农业经营的建账、记账和算账进行清楚的认识，并了解农业经营记账的方式以及各自的优缺点，能够更好地核算农业经营活动。

在市场经济条件下，随着农业经营主体逐步向商品化、专业化和经营形式多样化过渡，农业记账已成为管理生产必不可少的手段。农业记账不仅有利于培养农户的经营能力，也是提高生产经营水平的有力工具和有效途径。完整的农业记账，对于比较历年的经营情况、了解经营过程中的问题、有效地利用现有资源、分析和改善经营结构与各经营项目之间的关系、增加生产和提供工作效率，以及进行经营预测和决策，都具有重要意义。同时，农业记账可以向国家提供必要、准确的统计数字，便于国家掌握农业生产经营情况、农产品成本资料、农民负担和收益状况等，制定相应的农村经济政策，更好地扶持农户进行生产经营。

二、农业记账的内容

农业记账的内容因农业经营方式不同而不同，一般而言，可大体分为资产账、负债账、收支账、劳动力投入账、农业生产账、肥料和饲料账等。

（一）资产账

资产账是农业记账中最有用的一种，包括各种固定资产账和流动资产账。其中，固定资产账是用来登记农户自建、自产的生产经营用固定资产增加或减少情况的账簿。固定资产一般指使用年限在一年以上，单项价值较大的劳动资料。一般来说，农户的生产经营用房屋建筑物、机械农机具、运输设备、产畜和疫畜等可列为固定资产。记账形式如表 13－3 和表 13－4 所示。

表 13－3　农用建筑及土地改良设施

名称	建筑年月	材料	面积	价值	耐用年数	每年折旧	已使用年数	期初价值	期末价值
合计									

表 13－4　农机具情况

种类	名称	数量	购买日期	使用年限	每年折旧	购买价格	已使用年数	期初价值	期末价值
合计									

（二）负债账

负债账可以显示农户在经营过程中向银行、信用社、集体、个人等借入的各种资金以及各种应付及暂未收款的金额，如表 13－5 所示。

表 13－5　负债账

种类	摘要	期初金额	期末金额	增减比较
合计				

（三）收支账

收支账是对农户每天的收入和支出进行记录，主要列示农业经营收入和农业经营支出。

农业经营收入包括作物及其副产品出售、家畜或家禽产品出售、农产品加工品出售、留作家用的农产品，以及对外提供运输、服务等劳务所获得的各项收入。农业经营支出包括劳动费、饲料费、肥料费、种苗费、家畜家禽费、加工原料费、农药费、能源费、销售费、农业负债利息、修理费、土地改良费、小农具费、土地租赁费及其他杂费。

（四）劳动力投入账

劳动力投入账是指对于农业经营中投入的家庭劳动力和雇工，将每天所用的人工数量、工资、工作部门、工作类别及完成的工作等进行详细记录。使用机械者，应将机械种类及时数一并记录。

（五）农业生产账

农业生产账可以详细记录作物与牲畜的生产情形。作物生产记录包括作物的名称、品种、种植面积、种植地块、产量及产值、收获日期及种植过程；牲畜记录包括家畜与家禽的名称、品种、数量、饲养日期及出售或家用的情况。

（六）肥料和饲料账

肥料与饲料是农业生产的重要物料，使用数量较大，应有详细的记录。肥料与饲料账包括肥料与饲料的名称、来源、购买与投入日期、数量、价值、使用经过等。

三、农业记账的方法

（一）单式记账法

单式记账法，简明适用，易学易懂，一般农户采用这种记账方法来记录经营收入、经营支出及经营成果，同时反映农户和外部的各种经济往来。

（二）复式记账法

复式记账是对每一项经济任务，都要用相等的金额在相互联系的两个或两个以上的账户中进行登记的记账方法。采用复式记账法，需要设置完整的账户体系，对每笔经济业务都要做双重记录。复式记账法不仅可以了解每一笔经济业务的来龙去脉，还可以在把全部的经济业务都相互联系地登记入账之后，通过账户之间的相互关系进行核对检查，以确定账户记录的准确性。复式记账法中，会计账户所登记的本期增加额合计称为本期增加发生额；本期减少额合计称为本期减少发生额。两者统称为本期发生额。上期期末余额，即为本期期初余额，本期期末余额即为下期期初余额。上述各指标关系是：

$$本期期末余额=本期期初余额+本期增加发生额-本期减少发生额$$

1. 钱物收付记账法

钱物收付记账法是以钱物为记账主体，收进钱物记收，付出钱物记付，即各种经济往来均以收付为基础。钱物收付记账法的账户分为以下三类：

（1）钱物结存类账户，简称钱物类账户，如现金及存款、产品物资、固定资产、畜禽等。

（2）钱物收入类账户，简称收入类账户，如经营收入、借款、应付账款、农户资本等。

（3）钱物付出类账户，简称付出类账户，如经营支出、应收账款等。钱物结存类及钱物收入类账户指标关系：本期期末收方余额 = 本期期初收方余额 + 本期收方发生额 – 本期付方发生额。钱物付出类账户指标关系：本期期末付方余额 = 本期期初付方余额 + 本期付方发生额 – 本期收方发生额。

2. 增减记账法

增减记账法是以“增”“减”作为记账符号来反映农户经营资金变动的一种方法。运用增减记账法，需要将全部账户分为固定的两类，即资金运用类和资金来源类。资金运用类账户主要有现金及存款、应收账款、产品物资、畜禽、固定资产、经营资产等；资金来源类主要有借款、折旧、应付账款、农户资本、收益等。所有账户的结构均分为“增”“减”两方，左为增方，右为减方。无论哪种账户，增加金额记增方，减少金额记减方，账户余额均在增方。

3. 借贷记账法

借贷记账法是以“借”“贷”作为记账符号，以“有借必有贷，借贷必相等”为记账规则，来记录和反映经济业务增减变动情况的一种复式记账法。“借”表示借贷资本家贷出的款项，即“应收账款”；“贷”表示借贷资本家吸收的存款，即“应付账款”。对某一账户而言，究竟哪方记增加，哪方记减少，取决于这个账户的性质。在运用借贷记账法时，应按照以下步骤：首先，对经济业务的内容分类，确定运用哪些账户；其次，确定哪些账户的内容增加（或减少），数额是多少；最后，根据账户的借贷结构规律和账户性质，确定是记借方还是记贷方、每个有关账户记多少数额。

四、农业会计核算实例

近几年来，家庭农场种植形式多种多样，但其经济效益究竟如何，还需要进行会计核算。下面就以家庭农场水稻种植为例介绍会计核算的方法。

（一）农场创建阶段的会计核算

创建家庭农场，首先，要筹集一定数量的启动资金；其次，与村集体或农户签订土地经营权承包协议，支付承包费，取得土地使用权；最后，就是要建造场房，购买农机具等设备。

1. 资金的筹集

任何经济活动都离不开资本金。创建家庭农场，资金的主要来源是家庭投入，也可以向银行取得借款，还可以临时占用其他单位和个人的资金。

【例13－1】村民王某投资创办永新家庭农场，筹集资金20万元，其中，10万元是信用社贷款。会计分录如下：

借：银行存款	200 000
贷：资本	100 000
长期借款——某信用社	100 000

2. 签订土地承包协议，支付承包费

土地经营权承包费用交付方式一般有两种：一是每年支付当年的承包费用，二是在承包期限内分期预交几年的承包费。如果交付的是当年的承包费，应直接计入农作物的成本；如果分期预交承包费，应该在受益年限内摊销。

【例13－2】2017年1月，家庭农场与某村集体承包耕地100亩，协议约定承包期5年，每年承包费2.4万元，并一次性交清前3年承包费共计7.2万元。农场决定将其中60%土地种植高产优质水稻杂优1号，另外40%种植杂优2号。会计分录如下：

借：应付账款——某村小组	48 000	
生产成本——杂优1号	14 400	
——杂优2号	9 600	
贷：银行存款		72 000

3. 建造场房，购置农机具

家庭农场的房屋、建筑物、机器、设备、工具、器具和农业基本建设设施等，凡使用年限在一年以上，单位价值在500元以上的列为固定资产。有些主要生产工具和设备，单位价值虽低于规定标准，但使用年限在一年以上的，也可列为固定资产。

【例13－3】为了方便生产，农场购入拖拉机一台，价值12 000元，预计使用年限10年，净残值1 000元，折旧采用年限平均法。会计分录如下：

年折旧额＝（固定资产的原值－净残值）/使用年限＝(12 000－1 000)/10＝1 100（元）

（1）购入拖拉机时：

借：固定资产——拖拉机	12 000	
贷：银行存款		12 000

（2）计提本期间折旧费用时：

借：生产成本——杂优1号	660	
杂优2号	440	
贷：累计折旧		1 100

（二）播种栽培阶段的会计核算

家庭农场播种栽培阶段主要包括播种前的准备、种子的下播、苗期的管理和生长期的培育，本阶段需要支付大量的化肥农药费用、机械作业费用和人工费。发生的费用多用于本期间农作物的生产，应当在发生时直接计入所受益的生物资产的成本。如果是两种以上农作物受益的，应当按一定方式（如产量、面积）进行分摊。

1. 播种前的准备

播种前的准备阶段主要为了生产农作物所要进行的土地的耕翻平整及种子、化肥农药的购置工作。

【例13－4】农场耕翻平整土地、播种，发生的机械作业费6 000元，款项未付；施肥280袋，价款28 000元；用银行存款支付人工费2 000元。费用按面积等进行分摊，种子按预先准备的量播种。会计分录如下：

（1）发生机械作业费、肥料费、人工费时：

借：生产成本——杂优1号　　21 600
　　　　　　　　杂优2号　　14 400
　贷：应付账款　　6 000
　　　银行存款　　2 000
　　　产品物资——化肥　　28 000

（2）结转播种成本时：

借：生产成本——杂优1号　　9 000
　　　　　　　　杂优2号　　7 200
　贷：产品物资——杂优1号　　9 000
　　　　　　　　　杂优2号　　7 200

2. 播种后的管理阶段

种子播下出苗后，要适时的施肥、浇水、喷洒农药，保证农作物有足够的水分、养分，并不受病虫的侵害。发生的费用直接计入农作物的成本或进行分摊。

【例13－5】浇水三遍，共计3 000元，喷洒农药5 000元，水费已付。会计分录为：

借：生产成本——杂优1号　　4 800
　　　　　　　　杂优2号　　3 200
　贷：银行存款　　3 000
　　　产品物资——农药　　5 000

（三）产品收获阶段的会计核算

产品收获阶段的会计核算主要包括收获发生的机械作业费、运输费、人工、晒场晾晒费、产品入库等业务的核算。发生的费用如果能够明确是哪一种产品负担，直接计入该产品的成本。不能明确的按一定方式（如产量、面积）等进行分摊。

【例13－6】收获杂优1号、杂优2号共发生的机械作业费12 000元，已付款。会计分录为：

借：生产成本——杂优1号　　7 200
　　　　　　　　杂优2号　　4 800
　贷：银行存款　　12 000

（四）产品销售阶段的核算

销售农产品是家庭农场种植经营活动的最后阶段，主要任务是销售农产品以满足社会需要，取得经营收入，使生产得到补偿，并实现家庭农场的经营目标。该阶段的核算内容主要是销售农产品确认收入，办理价款结算；支付各项销售费用和结转农产品的销售成本。

【例13－7】销售杂优1号33 000千克，单价为2.6元/千克，总价款为85 800万元，销售杂优2号24 000千克，单价为2.8元/千克，总价款为67 200万元，款项已收100 000元，其余部分尚欠。发生运输费1 400元，伙食开支200元，款已用现金支付。会计分录为：

（1）确认产品销售收入时：

借：银行存款	100 000	
应收账款——某单位（某人）	53 000	
贷：经营收入——杂优1号		85 800
杂优2号		67 200

同时结转销售成本：

借：经营支出——杂优1号	58 000	
杂优2号	40 000	
贷：产品物资——杂优1号		58 000
杂优2号		40 000

（2）支付产品销售费用时：

借：经营支出	1 600	
贷：库存现金		1 600

第三节　农业生产经济效益分析

一、经济效益评价

经济效益是社会物质生产中有用效果与劳动消耗的比值。对投入与产出、消耗与成果、费用与效用等进行比较，综合考察各种生产活动的有效程度或合乎目的的程度，就是经济效果的考察。

二、经济效益评价指标体系

土地和劳动是农业基本的投入要素，因此，在考察和评价农业生产效率时，土地生产率和劳动生产率是两个重要的指标。

（一）土地生产率

土地生产率通常用产值扣除投入的各种劳动耗费量后的净产值来衡量单位土地面积的净

产出情况。在实际应用中，一般同时采用净产值指标和营利指标来进行评价。

单位土地面积净产值 = （农产品产值 - 物质生产费用）/土地面积

单位土地面积营利率 = （农产品产值 - 生产成本）/土地面积 ×100%

（二）农业劳动生产率

农业劳动生产率反映的是单位劳动时间生产出的农产品数量，或生产单位农产品所消耗的劳动时间，用农业劳动消耗量和农产品产量（或产值）相比来计算。这一指标用来反映农业劳动生产者的效率。

农业劳动生产率 = ［农产品产量（或产值）/活劳动时间］×100%

这一指标越高，表明单位劳动时间生产出的农产品数量越多，农业经济效益越好；反之，农业经济效益越差。但是，这一指标是静态指标，无法说明农业经济效益变化的情况。因此，常采用农业劳动生产率的增长率来反映农业经济效益的动态情况。农业劳动生产率增长率计算如下：

农业劳动生产率增长率 =（报告期农业劳动生产率 - 基期农业劳动生产率）/基期农业劳动生产率

若该指标大于零，意味着农业劳动生产率提高了；若该指标值小于零，说明农业劳动生产率降低了。数值越大，说明农业劳动生产率提高的程度越大，农业经济效益增长速度越快，增长趋势越好；数值越小，表明经济效益发展趋势越差。

（三）农业资金生产率

农业资金生产率是指一定时期内运用农业资金所取得的生产成果与资金投入（或消耗）的比率。在一定时期内，单位资金消耗带来的农业生产成果越多，说明经济效益越好；单位资金消耗带来的农业生产成果越少，说明经济效益越差。农业生产包含的内容非常多，不同农业生产的构成项目是不一样的。用于农业生产的资金由于投放项目不同，最终取得的生产成果自然也就不同。因此，对投放于不同项目的农业资金，常采用不同的指标进行评价。常用的指标有单位资金农产品量、农业资金产值率、单位投资新增生产能力、农业资金利润率等。

单位资金农产品量 = 农产品总量/农业投资额

农业资金产值率 = （农业总产值/农业投资额）×100%

单位投资新增生产能力 = 某时期新增生产能力/某时期投资额

农业资金利润率 = （年利润额/农业投资额）×100%

（四）农业纯收益指标

农业纯收益是农业总产值扣除生产成本后的余额。农业纯收益能综合反映在一定时期中农业生产者生产经营的最终效益。农业生产者生产经营取得的农业纯收益越多，说明经济效益越好。衡量农业纯收益的指标主要有农业产值纯收益率、单位面积纯收益、单位成本纯收益率和单位资金纯收益率。

农业产值纯收益率 = （纯收益额/农业总产值）×100%

单位面积纯收益＝纯收益额/耕地面积

单位成本纯收益率＝（农业纯收益额/农业生产成本）×100%

单位资金纯收益率＝（单位面积纯收益额/单位面积资金占用额）×100%

本章小结

本章首先介绍了农产品成本收益核算的含义，并详细介绍了种植业、饲养业成本核算的内容，在此基础上解释了农产品收益成本核算的主要指标。之后概述了农业记账的意义、内容、方法，并通过一个农业种植业会计核算实例进行介绍。最后阐述了农业生产经济效益分析，着重介绍了经济效益评价指标体系。

练 习 题

1.（　　）是以货币的形式、记录和核算农业生产经营的过程及结果，并提供必要的经营信息的一种方法。

A. 借贷记账　B. 农业记账　C. 增减记账　D. 钱物收付记账

2.（　　）是指农户对每天的收入和支出进行记录，一般不列入非农收支。

A. 资产账　B. 负债账　C. 收支记账　D. 劳动记账

3.（　　）的目的在于详细记录作物与牲畜的生产情形。

A. 劳动记账　B. 收支记账　C. 负债账　D. 生产记账

4.（　　）是用来登记农户自建、自产的生产经营用固定资产增加或减少情况的账簿。

A. 生产记账　B. 现金账　C. 固定资产账　D. 农业负债账

5.（　　）是对每一项经济任务，都要用相等的金额在相互联系的两个或两个以上账户进行登记的记账方法。

A. 现金账　B. 农业生产账　C. 经营收入账　D. 复式记账

6.（　　）是以钱物为记账主体，收进钱物计收，付出钱物记付，即各种经济往来均以收付为基础。

A. 钱物收付记账法　B. 增减记账法　C. 借贷记账法　D. 现金账

7.（　　）是指农业生产者生产农产品消耗的物化劳动和活劳动的总和。

A. 农产品成本　B. 农业劳动　C. 农产品收益　D. 农业效益

8.（　　）是将农业生产者一定时期内发生的、用货币表现的生产耗费，按它们的用途进行汇集、分配，计算出不同产品的实际成本和单位成本的过程。

A. 农产品成本核算　B. 农产品效益核算　C. 农产品成本　D. 农产品利润核算

9.（　　）指生产者通过各种渠道出售主产品所得收入和留存主产品可能得到的收入之和。

A. 主产品产值　B. 物质与服务费用　C. 主产品产量　D. 化肥费

10.（　　）是社会物质生产中有用效果与劳动消耗的比值。

A. 经济效益　B. 经营效益　C. 利润　D. 利润率

第十四章　农业投资项目管理

学习目标

掌握：农业投资项目的特征。

熟悉：农业投资项目可行性分析的内容和程序。

了解：农业投资项目的概念和农业投资项目案例分析。

知识导图

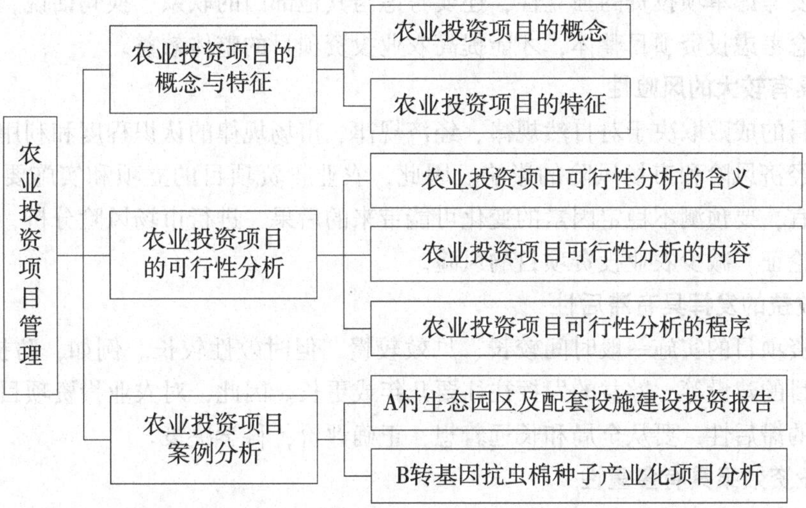

第一节　农业投资项目的概念与特征

一、农业投资项目的概念

农业投资项目是指通过增加人力、财力、物力和科技的投入，改善农业生产条件，提高农业综合生产能力，在预定的时间和空间范围内达到预期效益的一种扩大再生产的农业经济行为。

二、农业投资项目的特征

(一) 对农业环境有较强的依赖性

农业投资项目受到自然环境条件的影响，如水产品养殖项目受项目所在地气候、水土资源、水质等因素的影响，山区的开发受区域内土壤情况、降水量、气候、地质、生物资源等因素的影响和制约。因此可知，农业投资项目对农业环境具有很强的依赖性。

（二）具有明显的区域差异性

各地的自然条件、劳动力状况、社会历史文化、风俗习惯等具有明显的差异，因此，一个具体的农业投资项目在这个地区可行，并不意味着在其他地区同样可行；即使在不同地区都可行，但获得的投资收益可能也不一样。因此，进行农业投资项目要重视地域分布，因地制宜。

（三）具有较强的综合性

每一个农业项目都是一个综合体，需充分利用各种资源才能取得良好的经济效果。农业投资项目不仅包括农、林、牧、渔等农产品加工项目，还包括农业资源的综合利用和资源保护项目，涉及地理、地貌、生态、社会、经济、文化等诸多方面。在进行农业投资项目的设计时，不仅要考虑单项投资的独立性，还要考虑与其他部门的联系，换句话说，只有运用系统工程的理念考虑投资项目整体，才能提高农业投资项目的整体效益。

（四）具有较大的风险性

农业项目的成败取决于对自然规律、经济规律、市场规律的认识程度和利用水平，受到自然风险、经济风险和市场风险的影响。因此，农业投资项目的立项和实施要做到实事求是、因地制宜，要预测不稳定因素的变化可能带来的后果，进行市场风险分析，强化投资项目的可行性论证，减少农业投资项目的风险。

（五）效益的发挥具有滞后性

农业投资项目的实施一般时间较长、见效较慢，但时效性较长。例如，防护林的营造、水土保持项目的建设等，效益的发挥往往要几年或更长。因此，对农业投资项目评估要考虑到效益发挥的滞后性，要从全局和长远着想，正确评价，科学决策。

（六）投资效果具有多重性

有些农业投资项目是多目标运行的项目，其效果具有多重性。例如，营造防护林可以防风固沙，防止水土流失，也可以获得木材，更可以涵养水源，改善生态环境。因此，在评估具有多重效果的农业投资项目时，要考虑项目所产生的综合效果。

第二节　农业投资项目的可行性分析

一、农业投资项目可行性分析的含义

农业投资项目可行性分析是指在项目准备阶段，有关专家对拟实施项目的若干备选方案从技术、组织管理、社会与生态、市场、财务、经济等方面进行调查研究，分析各方案是否可行，并进行比较，从中选出最优方案的过程。

可行性研究一般通过主要建设方案和建设条件的比选论证，从而得出农业项目是否值得投资、建设方案是否合理可行的研究结论，为项目最终决策提供依据。

二、农业投资项目可行性分析的内容

农业投资项目可行性研究是一项复杂、细致的工作，需要搜集大量相关资料进行科学分析和论证。其内容丰富，主要包括如下内容。

（一）农业投资项目的背景和意义

根据市场调查及预测的结果，以及有关的产业政策等因素，论证投资项目建设提出的背景和意义，说明项目名称和项目所在地的地区情况，分析项目对地区和全局的意义和作用，对投资项目的客观依据、主观原因，项目对农业规划、社会经济发展规划、行业和部门规划及国计民生等方面的意义、作用和必要性进行说明。

（二）农业投资项目的目标

提出农业投资项目的目标和预期投资效果，并研究论证达到投资项目目标所需的条件和依据。投资目标包括经济目标、生产目标、生态目标、劳动力结构和产业结构调整目标等。投资目标具有多重性的特点，因此，对拟建投资项目目标的研究论证要区别分析项目的主要目标和次要目标，分析主要目标的约束条件及其可能发生的变化情况，并提出解决主要目标和次要目标之间矛盾的办法。

（三）农业投资项目的市场分析

市场分析是投资项目可行性论证与评估的前提和基础。它通过市场调查预测，搜集相关数据资料，对拟建投资项目进行需求分析、供给分析和综合分析，主要包括市场细分、消费行为研究、竞争力分析、竞争性产品和销售策略研究等。

（四）农业投资项目的建设条件

全面分析各项建设条件与资源，论证项目所需的投入资源能否保质保量，能否以合理的价格及时保证供给，资源条件能否满足项目需要。这主要包括土地资源、农业气候资源、水资源、生物资源等农业自然条件与资源，人口、劳动力资源、农业物质技术条件、交通运输条件、经济区位、政策因素等社会经济技术条件，生态环境质量，资源条件、物资供应对实现农业项目建设的保证程度、优势和制约因素，等等。

（五）农业投资项目的建设方案

农业投资项目要从项目所在地的实际情况出发制定和选择项目建设方案，研究投资项目所在地区的产业结构和生产结构、养殖方式和耕作制度、生态环境情况、品种与种养技术、基础设施、开发重点和采用方法，建设规模、项目工程总量、建设起止时间、建设周期、工程实施进度、施工力量的安排等。

（六）农业投资项目的技术分析

任何一个投资项目都必须有技术设计，根据投资项目目标，考虑投资项目的规模、地点、土地情况、水源情况、农业生产现状、农业机械化情况、综合农业技术等主要问题，分析投资项目使用的技术是否先进、实用、可行、安全、可靠。同时，还应根据产品的质量、品种要求及原材料等投入物的特点，结合排放标准等生态和环境要求对原料的适应性、经济的合理性、与环境保护的协调性加以分析说明。

（七）农业投资项目的组织管理

为了保证农业投资项目的顺利实施，需要根据其性质、规模、资金来源渠道，按照投资批准单位的要求，提出组建开发投资项目管理机构的方案，明确项目的指导思想、目标、技术方案的选择、经营体制、生产管理体制、管理机构设置、人员配备、责任范围、管理权限、项目审批、计划管理、资金和物资管理等，确保项目组织和人员保障。

（八）农业投资项目的资金使用

项目建设能否顺利实施、完工、达到预期的效益目标，资金是重要保证。对投资项目进行可行性论证时，需要根据项目的预期目标、项目规模和方案，估算项目所需资金，研究资金的来源、投放方式、筹集方式、偿还方式、退出机制等。

（九）农业投资项目的风险分析

对农业投资项目的风险分析主要包括政策风险分析、市场风险分析、经营风险分析、财务风险分析，以及利率、资源、自然灾害等方面的分析，应客观、全面地对各种风险发生的可能性、产生的影响及应对措施等进行综合分析。

（十）农业投资项目的评价

农业投资项目的评价一般包括技术评价、财务评价、经济评价、社会评价和不确定性评价等几个方面。技术评价是从技术角度分析项目的可行性和操作性；财务评价是从财务角度分析项目的经济效益；经济评价是分析投资项目的经济效益；社会评价是分析项目对社会产生的有益影响及对社会的贡献。

（十一）农业投资项目的可行性分析结论

完整的可行性论证需用系统分析的方法，从经济、社会、技术、生态等各个方面进行综合评价，得出最后的结论，并编制可行性论证报告。

三、农业投资项目可行性分析的程序

农业投资项目可行性分析的程序如下：

（1）筛选农业项目，提出项目建议书。筛选农业项目主要依据以下方面：一是农业发展的规划和产业方向；二是资源和市场前景判断；三是技术研发与科技示范的成果；四是企业家与技术专家的实践经验；五是商业、经济、社会、生态效益。

项目建议书内容包括投资项目建设的必要性、项目建设和生产运营的初步设想、项目资金筹措和投资概算、项目综合经济效益估算。

（2）编制研究计划，组建论证小组。根据项目所涉及的专业技术内容和研究工作量组建论证小组，论证小组成员一般包括各类专业技术人员、工程设计人员、经济效益专家和熟悉项目的工作人员。一般小型项目 3 ~ 5 人，中型项目 10 ~ 20 人，大型项目 30 ~ 50 人，特大型项目 100 人以上。

（3）开展项目调研，收集基础数据。这一步主要是对项目建设单位的基本情况、生产技术、经营资源、组织管理和财务状况进行调研，明确项目建设单位的实力。

对项目进行调研，主要是针对项目的投入物和产出物的市场供求、价格、市场占有率等进行调研，对项目的厂址选择、产品特点、生产技术、建设条件、工程造价、生产成本、技术服务等进行技术调研。

（4）分析项目基本数据，形成项目可行性方案。根据搜集到的资料，做出财务效益、经济效益和社会效益等分析，提出切合实际的项目选址布局方案、生产技术方案、工程建设方案、投资与筹资方案、产品规模、结构方案、风险分析方案及确保这些方案实施的具体措施。

（5）编写项目可行性研究报告，报请相关部门审阅。

第三节　农业投资项目案例分析

一、A 村生态园区及配套设施建设投资报告

（一）项目建设背景

该村以畜牧业为主，是市政府命名的养殖专业村，养殖业是全村的第一产业，有 85 户从事养殖生产。该村存在大量牲畜粪便资源，可以用其生产沼气，并可将沼渣加工成优质有机肥料。经过沼气池发酵的沼渣是良好的肥料，为使之得到充分利用，该村建设了完整的生态农业链，结合区“沃土工程”，引进新型喷浆式有机肥生产设备，利用充足的沼渣和畜禽粪便，建设颗粒型腐熟有机肥厂。该村是市级生态文明村，地处该市应急水源地，因此，需要妥善处理大量养殖业污水和村内冲水式厕所污水，以利于生态环境的建设和保护。

该村地处平原地区，村民有种植蔬菜的积极性和技术，适合发展都市型现代农业、精品蔬菜种植或观光采摘旅游业。日光温室生态园也会产生大量蔬菜废料，需要将其粉碎沤制，为畜牧业发展提供支持。

（二）项目建设必要性分析

从产业结构看，一方面，该村养殖业已经相当发达，继续扩大规模受到限制；另一方面，土地资源短缺，要扩大农业产业并促进农民增收，单靠种植粮食作物难以实现，只能靠发展都市型现代农业，建设高效生态园，生产精品蔬菜，附带发展采摘观光旅游。

蔬菜生产中产生的大量废料也需要得到妥善处理。为了保护生态环境，实现物尽其用，完善农村生态农业链，让种植户用上优质放心的有机肥料，需要建设颗粒型腐熟有机肥厂和蔬菜废料处理设施。

该村是市级生态文明村，又是市级应急水源地，畜禽粪便和生活污水若不能得到妥善处理，势必造成土地资源和水资源污染，因此，建设污水处理厂项目势在必行。

（三）项目建设现有条件及发展现状

该村现有农业用地 286 亩，土地肥沃，地势平坦，可用于蔬菜种植；现有 25 栋蔬菜大棚，20 多家农户从事大棚蔬菜生产，每户一年可种植两茬“超级白玉春”萝卜和两茬其他蔬菜，收入近 2 万元；而且该村农民比较熟悉大棚蔬菜种植技术，有种植蔬菜的积极性。

该村现有农户从事养殖生产，年出栏商品猪15 000～16 000头，现存栏生猪6 000头，奶牛110头，禽类5 000只，拥有大量畜禽类粪便资源。同时，该村有足够的项目建设用地，建设新农村项目规划中的重要项目之一是建设大型中温发酵沼气池，预计与有机肥厂同时建成，可利用牲畜粪便生产新能源，并产出大量沼渣供有机肥厂作为原料；日光温室建成投产后会产生大量蔬菜废料需要处理。

（四）项目建设内容、规模及投资额

1. 生态园

（1）平整基础设施所占土地260亩，需要资金3万元；

（2）新建基础设施大棚130栋，需要资金780万元；

（3）新打机井1眼，需要资金20万元；建机井房、供水设施，需要资金10万元；铺设主管道2 000米，需要资金32万元；铺设支管道10 240米，需要资金8.2万元；新建滴管设施，需要资金30万元；

（4）铺设电路4 000米，需要资金8万元；

（5）生态园绿化5 600平方米，需要资金39.2万元；

（6）修铺田间道路30 000平方米，需要资金180万元；

（7）筹备保鲜库及设备，需要资金260万元；

（8）建设加工包装车间，需要资金10万元；

（9）新建检测室、化验室、农资服务站、办公室、电教化教室及所需各种设备，需要资金230万元；

（10）建设园区和村内街道太阳能照明系统500盏，需要资金440万元。

以上工程共计预算资金2 050.4万元。

2. 新型沼气池

建设新型的中温发酵沼气池和配套设施，第一期工程500立方米，投资350万元；铺设沼气入户管道3 000米，投资9万元。

3. 颗粒型腐熟有机肥厂和蔬菜废料处理设施

建设有机肥厂厂房1 000平方米，预计投资110万元，引进设备投资64万元；蔬菜废料处理设施投资50万元。

4. 污水处理厂

埋设排污暗管3 000米，投资39万元；建设小型污水处理设施2处，投资70万元。

（五）实施计划及进度

（1）生态园项目计划于某年6月动工修建，10月完工，投入使用。

（2）新型沼气池预计同年下半年动工修建，第二年投入使用。

（3）颗粒型腐熟有机肥厂和蔬菜废料处理设施建设工程，计划某年6月动工修建，第二年投入使用。

（4）污水处理厂计划某年下半年动工修建，第二年投入使用。

（六）资金构成、筹措方式及用途

（1）生态园农户出资130万元，集体出资65万元，镇出资20万元，区投资65万元，市蔬菜办公室支持65万元，其余部分申请按照国家相关项目政策给予支持。以上资金全部用于建设日光温室生态园及附属设施。

（2）新型沼气池由农业农村部及发展和改革委员会相关部门出资409万元，全部用于此项目建设。

（3）颗粒型腐熟有机肥厂和蔬菜废料处理设施建设工程由某有机肥厂出资50万元，村集体投资50万元，区政府依据相关政策投资15万元，其余部分按照国家政策由上级政府部门支持。

（4）处理厂污水申请市、区政府相关部门按照政策给予支持。

（七）项目建设目标

（1）建成高效农业生态园区，形成科技示范、优质蔬菜生产、观光采摘和旅游接待一体化的格局。

（2）建成第一期500立方米沼气工程，预留第二期500立方米工程用地，建成输送沼气入户的地下管道系统，为各户配置终端设备，最终使本村各户具备利用沼气点灯、做饭的条件。预计第二期工程完工后，沼气可供应其他4个村使用。

（3）建成颗粒型腐熟有机肥厂和生产废料处理设施，向本村和周边农村供应有机肥料，形成生态循环经济的产业链条，有一定的经济效益，同时起到保护生态环境的作用。

（4）建成污水处理工程，村南工程主要处理养殖小区污水，处理后进入沼气站；村庄生活污水和雨水排入村北工程，做到沉淀式生物化处理。

（八）项目预期效果

（1）日光温室生态园建成后，可带动130户农户进入区市场，安排260人就业，实现户均增收10 600元。

（2）新型沼气池项目建成后，带动300户使用新能源，改善村庄生态环境；可安排村民5～7人就业；节约支出800元。

（3）颗粒型腐熟有机肥厂产品可供上千农户使用生产绿色无公害食品，促进粮食、林果、蔬菜增产，改善农田土壤质量；可安排村民就业20人，实现户均增收1 000元。

（4）污水处理厂带动4个养殖小区85户养殖户进行生产，带动5家企业生产，带动全村200余户改善生态环境，安排村民3～4人就业。

二、B转基因抗虫棉种子产业化项目分析

（一）概况

该项目属于农业综合开发项目，建设内容包括科研、推广、种植和加工，具体情况如下：

（1）技术创新体系：包括品质创新中心和南繁中心，占地12.67公顷，建筑面积3 710

平方米，试验用地 35 公顷。

(2) 中间试验体系：占地 33.33 公顷，建筑面积 1 200 平方米，机井 5 眼，试验用地 33.07 公顷。

(3) 良种繁育体系：包括育种家种子繁育田、原种基地和良种基地。育种家种子繁育田占地 133.33 公顷，机井 7 眼，硬化道路 6 000 平方米，原种基地 1 750 公顷，杂交棉籽基地 1 333.33 公顷，良种基地 4 025 公顷。

(4) 种子加工体系：新建每小时加工 1 吨的种子加工厂 1 个，建筑面积 4 800 平方米，并与 4 家种子加工厂建立委托加工关系。

(5) 质量监控体系：新建中心种子检验室 1 个，改造标准检验室 4 个。

(6) 营销推广系统：新建营销中心 1 个，分中心 3 个，连锁店 50 个，建筑面积 2 000 平方米。

(二) 基础数据

1. 生产规模和产品方案

项目建成后生产的产品分为中间产品和最终产品，中间产品包括育种家种子、常规抗虫棉原种，最终产品为抗虫棉良种和抗虫棉杂交种。中间产品中，育种家种子 13.05 万吨，常规抗虫棉原种 196.75 万千克。最终产品中，抗虫棉良种 4 486.25 万千克，抗虫棉杂交种 160 万千克。

2. 实施进度

本项目每一个单个的繁育基地、加工厂和营销中心都在 1 年内建成，但整个项目完成需要 3 年，因此，项目建设期定为 3 年。第 2 年开始生产中间产品——育种家种子，生产负荷为正常年份的 49.8%，第 3 年继续生产中间产品——育种家种子，生产负荷为正常年份的 84.7%。同时，第 3 年开始生产中间产品——常规抗虫棉原种，生产负荷为正常年份的 18.7%，第 4 年达产。

3. 投资估算

(1) 固定资产投资估算及其依据：固定资产投资依据国家有关规定，参照有关行业固定资产投资编制办法进行；建筑工程费用按照项目设计方案的工程量、价格和建设进度估算；设备购置费以国内设备先行出厂价为依据，考虑运输费用和一定程度的上浮因素进行估算；安装费用以设备购置费的 2% 计算；项目工程建设其他费用投资包括可行性研究报告编制费、设计费、监理费、招标费、建设单位管理费，分别按照工程费用投资的 0.5%、2%、1%、0.5% 和 1% 计算；基本预备费率为 6%；涨价预备费率为 3%。

到建设期末，固定资产投资预估算额为 7 762.7 万元，其中，工程费用 2 321.92 万元，工程建设其他费用 5 084.1 万元，预备费 356.68 万元。本项目固定资产投资方向调节税税率为零。本项目不发生长期借款，所以没有建设期利息。

(2) 流动资金估算：按分项详细估算法进行估算，正常年份流动资金估算额为 25 200.75 万元。

根据项目的经营特点，“存货”和“原材料”部分仅包括待加工的原料种子所占用的流动资金。“在产品”部分包括公司发生的为生产种子和加工种子所占用的流动资金。生产方面，种子繁育一年一熟，公司繁育基地的划分和农药占用流动资金周转次数为1次。根据协议要支付品质使用费，每年在年中、年末分2次支付，该部分的流动资金周转次数为2次。加工方面，种子加工全年运行，该部分流动资金周转次数为360次。

(3) 项目总投资：项目总投资估算金额为32 963.45万元，其中，建设投资7 762.7万元，流动资金25 200.75万元。

4. 资金来源

项目总投资中，资本金为15 322.93万元，其中，国家拨款2 000万元，公司出资13 322.93万元，债务资金为17 640.52万元。项目资本金和债务资金的比例分别为46.48%和53.52%。

5. 工资及福利费估算

项目职工分为管理技术人员和生产工人，每个管理技术人员的全年工资和福利为18 000元，每个生产工人的全年工资和福利为9 600元。

(三) 财务分析

1. 年销售收入和年销售税金及附加估算

根据项目产品方案及相应的产品价格，公司总收入为60 127.90万元，根据有关规定，仅对公司征收所得税，税率为25%。

2. 产品成本估算

总成本费用估算正常年份为56 954.05万元，其中，经营成本为55 216.83万元。包括：

(1) 原材料：项目采用“公司+农户”的方式进行育种家种子、原种和良种的繁育，公司低价供应农户育种家种子或者原种，回收农户良种，加工后销售，基因及品种使用费参照国内同类项目标准，按照销售费用的30%收取。

(2) 化肥、农药、燃料动力和包装材料：按照实际使用的数量和价格计算。包衣剂的数量为种子加工厂加工2 400吨种子使用的数量。

(3) 工资和福利：每个管理技术人员的全年工资和福利为18 000元，每个生产工人的全年工资和福利为9 600元。

(4) 种子加工费用：委托项目外加工厂加工的种子，支付1元/千克的加工费。

(5) 修理费：这包括所有固定资产的修理费，土建按照其原值的2%计算，设备按照其原值的5%提取。

(6) 运输费用：这是指项目采用雇佣生产所在地的运输车辆的方式解决项目的运输问题所支付费用。项目总运输量为194万吨/千米，单价为8 000元/(万吨·千米)。

(7) 管理费：这是指管理部门为经营该项目发生的支出，不包括管理人员工资、固定资产折旧修理费和流动资金利息。

(8) 销售费用：按照销售收入的3%计算。

(9) 折旧和摊销：固定资产折旧采用直线法平均计算，计算时先扣除残值，其他资产和无形资产按10年摊销，房屋和建筑物等土建按照20年摊销。

(10) 财务费用：项目将申请流动资金贷款，年利率为5.85%。

3. 利润总额及分配

盈余公积金按照15%提取，计算的投资利润率为10.28%，高于同行业的平均水平8%，因此，该项目可以投资。

本章小结

本章主要介绍了农业投资项目的概念与特征，然后详细介绍了农业投资项目的可行性分析，包括农业投资项目的背景和意义、目标、市场分析、建设条件、建设方案、技术分析、组织管理、资金使用、风险分析、评价和可行性分析结论等。同时，还介绍了2个相关案例。

练习题

1. (　　) 是指通过增加人力、财力、物力和科技的投入，改善农业生产条件，提供农业综合生产能力，在预定的时间和空间范围内，达到预期效益的一种扩大再生产的农业经济行为。

A. 农业投资项目　B. 可行性分析　C. 经济效益评价　D. 社会效益评价

2. 农业投资项目是指通过增加人力、财力、物力和科技的投入，改善农业生产条件，提供农业综合生产能力，在预定的时间和空间范围内，达到预期效益的一种（　　）的农业经济行为。

A. 扩大再生产　B. 简单再生产　C. 流通　D. 销售

3. 农业投资项目受到自然环境条件的影响比较大，可知，农业投资项目对农业环境具有（　　）。

A. 依赖性　B. 综合性　C. 差异性　D. 区域性

4. 各地的自然条件、劳动力状况、社会历史文化、风俗习惯等社会经济条件具有明显的地区差异，因此，一个具体的农业投资项目，在这个地区可行并不意味着在其他地区也同样可行，这说明农业投资项目具有（　　）。

A. 依赖性　B. 综合性　C. 差异性　D. 区域性

5. 每一个农业项目都是一个综合体，需充分利用各种资源，才能取得良好的经济效果，这说明农业投资项目具有（　　）。

A. 依赖性　B. 综合性　C. 差异性　D. 区域差异性

6. 农业投资项目的实施一般时间较长、见效较慢，但时效性较长。例如，防护林的营造、水土保持项目的建设等，效益的发挥往往要几年或更长，这说明农业项目投资具有（　　）。

A. 依赖性　B. 综合性　C. 滞后性　D. 区域性

7. 有些农业投资项目是多目标运行的项目，其效果具有多重性，这说明农业投资项目效果具有（　　）。

A. 依赖性　　B. 多重性　　C. 滞后性　　D. 区域性

8. 农业项目的成败取决于对自然规律、经济规律、市场规律的认识程度和利用水平，受到自然风险、经济风险和市场风险的影响比较大，说明农业项目投资具有（　　）。

A. 依赖性　　B. 风险性　　C. 滞后性　　D. 区域性

9. 农业投资项目目标包括经济目标、生产目标、生态目标、劳动力结构和产业结构调整目标等，是指农业投资项目的（　　）。

A. 目标　　B. 市场分析　　C. 建设条件　　D. 建设方案

10.（　　）是指在项目准备阶段，有关专家对拟实施项目的若干备选方案从技术、组织管理、社会与生态、市场、财务、经济等方面进行调查研究，分析各方案是否可行，并进行比较，从中选出最优方案的过程。

A. 农业投资项目　　B. 农业投资项目可行性分析

C. 经济效益评价　　D. 社会效益评价

第十五章　农业经营预测与决策

学习目标

掌握：农业经营预测的步骤，农业经营决策的步骤。
熟悉：农业经营预测和农业经营决策的定性方法。
了解：农业经营预测和农业经营决策的定量方法。

知识导图

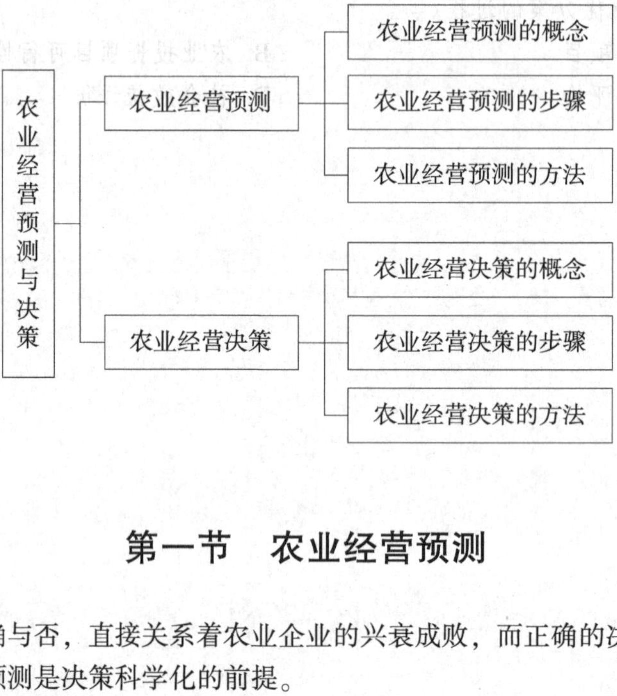

第一节　农业经营预测

经营决策的正确与否，直接关系着农业企业的兴衰成败，而正确的决策又有赖于科学的预测。因此，经营预测是决策科学化的前提。

一、农业经营预测的概念

农业经营预测是指农业企业根据过去和现在的经营状况及内外部环境条件，遵循客观经济规律，运用科学的理论和方法对企业经营中的各种不确定性因素及其对经营总体的影响，进行预料、估计、判断和推测。

二、农业经营预测的步骤

农业经营预测是对未来发展前景的一种探索性的研究工作，是一个严密的逻辑推理过程，需要有科学的研究步骤。

（一）明确预测的目的、时期和范围

在预测之前要有明确的预测目的，以便有的放矢地搜集必要的经济信息，同时还要明确预测时期和范围，包括预测的起止时间及需要的空间范围等。

（二）搜集、整理和分析有关资料

根据预测的目的和计划，广泛搜集所需资料，同时对资料进行必要的整理和加工，还应分析各项指标变动的长期趋势及相互关系，以便选择恰当的预测方法和预测模型。

（三）选择适当的预测模型和预测方法

预测方法的选择不仅要考虑其优缺点和适用范围，还要考虑预测对象变化的规律性，一般包括定性预测和定量预测两大类。定性预测主要在调查研究的基础上进行逻辑推理，定量预测则需要借助数学模型和统计方法。

（四）数据处理

根据选定的预测模型与预测方法，输入数据进行处理、运算，通过分析与处理，得出预测值。

（五）分析预测结果，提出预测报告

预测结果不可能与现实情况完全一致，往往会产生一定的误差。误差越大，预测的可靠性就越小。为此，需要对预测结果进行验证，并分析产生误差的原因，通过改进预测方法和修正数学模型，使预测结果尽量地接近实际。最后，根据修正后的预测结果撰写预测报告，为进行经营决策提供参考依据。

三、农业经营预测的方法

农业经营预测的方法可分为定性预测和定量预测两大类。定性预测主要预测经营活动未来发展的趋势和方向，对数量的预测精度要求不高；而定量预测主要预测经营活动未来发展的数量水平，对发展趋势和方向的反映不够直观。因此，在实际工作中应充分注意定性预测和定量预测的有机结合。

（一）定性预测

定性预测是依靠人们具备的知识、经验和综合分析能力，对农业经营未来发展状况做出推断。该方法直观、简单、费用低，但需要丰富的经验。在数据资料较少或不准确的情况下采用该方法较好。

1. 集合意见法

集合意见法是指把了解预测目标的人员，如计划、销售、生产、技术、财务等部门的领导人员集中在一起，凭借掌握的数据资料和直接经验，进行座谈讨论，充分交换意见，然后由主持人集中大家意见的预测方法。这是最传统和最简便的预测方法，其优点是迅速、及时、方便，而且可以进行调整和修改。其缺点是过多掺杂主观意愿，科学性较差。

2. 专家征询法

专家征询法又称德尔菲法，通过选择一组专家背对背地对某一经营问题进行分析和判断，反复多次征询意见，使各种不同意见逐步趋向统一，从而得出一个比较一致的预测意见。其优点包括：以匿名形式进行，便于消除权威和感情的影响；整个预测过程要经过多次反馈，吸收有价值的参考意见，预测结果更科学；通过多次征询意见，可以得到一个可靠的预测结果。其缺点是受专家主观因素影响较大，耗费时间较长，费用较高。

（二）定量预测

定量预测是根据以往统计数据资料，运用数学模型预测变化的趋势，主要有时间序列模型和因果关系模型。

1. 时间序列模型

时间序列模型就是把历史统计资料按年或按月排列成一个统计数列，根据其发展趋势进行预测。这种方法更适用于短期预测。这里主要介绍简单移动平均法和加权移动平均法。

（1）简单移动平均法。这种方法是在时间序列中依次计算连续 n 期（通常 n 为 3～7）的平均值，作为 $n+1$ 期的预测值。随着时间的推移，计算平均值所用的数值是逐期向后移的。计算公式如下：

$$n+1\text{ 期预测值}=(\text{第 1 期数值}+\text{第 2 期数值}+\cdots+\text{第 }n\text{ 期数值})/n$$

（2）加权移动平均法。在预测中发现，距离预测期较近的数据对预测值影响较大，距离预测期较远的数据则影响较小，因此，可以根据距离预测期的远近，对各期的实际统计资料分别给予不同的权数，计算其加权平均数作为预测值。最简单的权数确定办法是用 1、2、3 等自然数加权，目的是加大近期资料对预测值的影响程度。

【例 15－1】某农业企业某产品 2016 年销售额逐月记录见表 15－1。请以 $n=3$ 和 $n=4$ 分别预测下月的销售额。

表 15－1　某农业企业某产品销售额及其预测表

月份	实际销售量（万元）	3 个月的移动平均预测值（$n=3$）	4 个月的移动平均预测值（$n=4$）
1	20		
2	21		
3	23		
4	24	$(23+21+20)/3\approx21.3$	
5	25	$(24+23+21)/3\approx22.7$	$(24+23+21+20)/4=22$
6	27	$(25+24+23)/3=24$	$(25+24+23+21)/4\approx23.2$
7	26	$(27+25+24)/3\approx25.3$	$(27+25+24+23)/4=24.8$

【例 15 −2】某农业企业 2017 年 1 月份的销售收入为 10 万元，2 月份为 12 万元，3 月份为 13 万元，请用加权移动平均法计算 4 月份的预测值。

解：加权移动平均法计算，4 月份预测值 = $(1\times10+2\times12+3\times13)\div(1+2+3)\approx$ 12.17（万元）。

2. 因果关系模型

因果关系模型是根据客观事物之间的因果关系，并用一定的函数方程来进行预测，常用的方法有一元线性回归法和多元回归预测法。

（1）一元线性回归预测法。

一元线性回归预测法就是研究一个因变量和一个自变量之间的相互关系，即从一个自变量（影响因素）去预测因变量（预测值）的方法。其基本公式如下：

$$y = a + bx$$

式中，x 为自变量，y 为因变量，a、b 为回归系数。当 b 为负值时，两个变量按相反方向变动，当 b 为正值时，两个变量按同一方向变动。

进行一元线性回归分析预测的关键是寻求合理的回归系数 a 和 b，以确定回归方程，然后根据预计的 x 值求出 y 的预测值。采用最小二乘法原理求出回归方程中 a 和 b 两个参数：

$$a = \frac{\sum y_i - b\sum x_i}{n}$$

$$b = \frac{n\sum x_i y_i - \sum x_i \sum y_i}{n\sum x_i^2 - n(\sum x_i)^2}$$

算出 a、b 的值后，即可求出一元线性回归方程。但所求出来的回归模型能否用于预测，还必须进行相关系数检验。相关系数是表明两变量间相关程度和方向的分析指标，通常用 R 表示，其取值范围为 $-1\leqslant R\leqslant 1$。R 值接近于 ±1 时，称为强相关；R 值接近于 0 时，称为弱相关。$R=0$，说明两变量无线性相关；$R>0$，称为正相关；$R<0$，称为负相关。计算公式为：

$$R = \frac{n\sum x_i y_i - \sum x_i \sum y_i}{\sqrt{[n\sum x_i^2 - (\sum x_i)^2]}\cdot\sqrt{[n\sum y_i^2 - (\sum y_i)^2]}}$$

【例 15 −3】某地区 5 年间农民的货币收入与消费品销售额关系见表 15 −2。

表 15 −2　某地区农民的货币收入与消费品销售额关系　　单位：亿元

项目	2005 年	2006 年	2007 年	2008 年	2009 年
农民货币收入	14.7	14.8	16.5	18.3	19.9
消费品销售额	13.1	13.3	14.5	15.9	17.4

若2016年该地区农民货币收入为22亿元，求该地区2010年消费品销售额的预测值。

解：(1) 先列出参数计算表（表15-3）。

表15-3　参数计算表

年份	农民货币收入（x_i）	消费品销售额（y_i）	x_i^2	y_i^2	x_iy_i
2005	14.7	13.1	216.09	171.61	192.57
2006	14.8	13.3	219.04	176.89	196.84
2007	16.5	14.5	272.25	210.25	239.25
2008	18.3	15.9	334.89	252.81	290.97
2009	19.9	17.4	396.01	302.76	346.26
$n=5$	$\sum x_i=84.2$	$\sum y_i=74.2$	$\sum x_i^2=1\,438.28$	$\sum y_i^2=1\,114.32$	$\sum x_iy_i=1\,265.89$

(2) 根据表15-2把已知数据代入回归系数 a 和 b 的参数公式得

$$b=\frac{5\times1\,265.89-84.2\times74.2}{5\times1\,438.28-(84.2)^2}=0.804$$

$$a=\frac{74.2-0.804\times84.2}{5}=1.301$$

则一元回归方程为：$y=1.301+0.804x$。

(3) 相关系数的计算如下：

$$R=\frac{5\times1\,265.89-84.2\times74.2}{\sqrt{[5\times1\,438.28-(84.2)^2]}\sqrt{[5\times1\,114.32-(74.2)^2]}}=0.998\,6$$

R 相关系数接近于1，所以 x 和 y 两变量之间强正相关，所建立的回归方程可以作为预测模型。

(4) 若2016年该地区农民的货币收入为22亿元，则该地区的消费品销售额预测值为：$Y=1.301+0.804\times22=18.989$（亿元）。

(2) 线性回归预测法。

自变量在两个以上的回归预测即为多元回归预测，其一般表达式为

$$y=a+b_1x_1+b_2x_2+\cdots+b_nx_n$$

式中，y 为因变量，x_1，x_2，…，x_n 为自变量，a，b_1，b_2，…，b_n 为系数，n 为自变量数。

用多元线性回归方程预测，计算工作量大，多借助计算机完成。无论采用一元线性回归方程还是多元回归方程进行预测，都应密切结合定性预测分析其经济要素之间的内在联系。

第二节 农业经营决策

一、农业经营决策的概念

农业经营决策是指农业企业通过对其内部条件和外部环境进行综合分析，确定企业经营目标，选择最优经营方案并付诸实施的过程。

二、农业经营决策的步骤

经营决策是一个提出问题、分析问题和解决问题的完整过程。要实现决策的科学化，就必须根据系统分析的原理，实现经营决策程序的科学化。一般包括以下基本步骤。

（一）提出问题

经营决策就是为了解决经营问题的。通过全面调查研究，收集与企业生产经营有关的信息，分析企业经营环境的变化，以及企业的优势和劣势，从而提出问题，并抓住问题的关键。这样，才能制定正确的决策目标。

（二）确定决策目标

决策目标是指决策者所预期取得的成果。如果不确定明确的目标，拟定方案就没有根据，将来目标是否实现也无从评估。正确确定决策目标的要求：①确定目标以存在的问题为前提；②决策目标的含义和实现期限必须明确、具体；③目标建立在既有约束需要，又有实现条件的基础上；④目标尽可能定量化。

（三）拟定可行方案

可行方案是指能够解决某一经营问题，保证经营决策目标的实现，具备实施条件的经营决策方案。拟定方案是进行决策的基础，多谋是善断的先决条件。因此，在经营决策过程中，必须拟定多个可行的方案，以便择优选择，减少决策失误。

（四）评价和选择方案

根据拟定的各种可行方案，运用科学的理论和方法，通过分析、比较、评价，最后选出一个合理的方案。由于农业生产经营活动受自然条件的约束较大，因此，在评价和选择方案时，应考虑决策方案是否具有生产上的可行性、技术上的先进性、经济上的合理性（即效益好、期望值大），并符合风险小、副作用小等综合要求。

（五）方案实施与反馈

决策方案确定以后，就要付诸实施。为了保证决策方案的顺利实施，在选择方案后，还必须进一步分析研究方案的实施方式和步骤，拟定相应的实施措施。方案开始实施后，还要对实施的情况进行跟踪检查，及时发现问题，及时反馈，以便及时进行监督和控制，确保决策目标的顺利实现。

三、农业经营决策的方法

（一）定性决策方法

定性决策方法是指运用社会学、心理学和行为科学的成果，依靠决策者的知识、经验和分析判断能力，对方案内容进行综合分析评价，做出决策的方法。这类方法多用于外部环境变化大，影响决策的随机因素多，各种因素又难以用数量表示，需要对各方案的特点、得失进行全面权衡、反复比较的情况。定性决策方法运用简便灵活，省时省力，又有利于群众参与决策，保证决策的顺利执行，但主观性较强，分析论证不够严密。

常用的定性决策方法有名义集体决策法、头脑风暴法、德尔菲法等。

1. 名义集体决策法

名义集体决策法指的是参加集体决策的成员面对面地接触，在所有意见还没有全部提出来之前，成员之间不进行讨论，等到所有方案都提出后再进行讨论，直到达到一致意见。名义集体决策法按以下五个步骤进行：第一步，参与决策的每个成员进行面对面地接触，但每个成员都只记下要解决的问题，并独立地写出自己对解决这个问题的想法；第二步，每个成员依次将自己的意见进行公开阐述，在所有成员阐述完其想法之前，不作讨论；第三步，大家共同讨论所提出的办法，并进行详细说明和评价；第四步，每个成员单独、不记名地给这些意见划分等级，然后交给决策组织者；第五步，以每个方案的决策评价等级进行统计，最高等级方案将是最终的决策方案。

2. 头脑风暴法

头脑风暴法的创始人是英国心理学家 A. F. 奥斯本，它是一种用于产生创造性方案的相对简单的方法，鼓励提出任何种类的方案设计思想，同时禁止对各种方案的任何批评。在典型的头脑风暴会议中，参会成员们围桌而坐，群体领导者以一种明确的方式向所有成员阐明问题。然后，成员在一定的时间内“自由”提出尽可能多的方案，不允许任何批评，并且所有方案都当场记录下来，留待稍后讨论和分析。

需要注意的是，头脑风暴法仅仅是一个产生思想的过程，而不能提供决策。头脑风暴法的参加者一般为 5 ~ 6 人，时间一般为 1 ~ 2 小时。其基本原则为：一是对别人的建议不评价、不讨论；二是鼓励自由思考，思路越广越受欢迎；三是随心所想，畅所欲言，鼓励提出多种不同方案；四是可以补充完善已有的意见。

3. 德尔菲法

德尔菲法由美国著名的兰德咨询公司首次成功运用，它综合了众多专家的智慧，广泛应用于宏观问题的预测与决策，具有科学、便于操作和较为准确的优点。该方法是一种专家集体判断的方法，但它不是将专家集中在一起进行讨论，而是将征询的问题书面送交专家，由专家提出书面意见，然后将各专家意见归纳整理后反馈给专家，并再次征询其意见，经过数次反复后得到较统一的专家意见。其要点为：一是精心选择咨询专家，人数可根据问题的复杂程度和需要，选择十几人或上百人；二是精心设计咨询调查表，问题要集中、明确，提问方式及数量要适当；三是采用背靠背方式寄出咨询调查表；四是对收回的咨询调查表及时分析、归纳并补充适当材料，对调查问题加以修改后再次寄出；五是视情况反复几次，一般经过四轮反馈、分析归纳即可获得可信赖的结果；六是对最终的调查结果进行必要的数据处理，并结合其他材料进行综合分析，形成报告。其中，对结果的数据处理有多种方法，较有代表性的有中位数法及满意度法。

（二）定量决策方法

定量决策方法是指运用数学模型，根据决策条件，通过定量计算的结果选择决策方案的方法。不同性质的决策，采用的定量决策方法也有所不同。

1. 确定型决策法

确定型决策法是在进行决策时确切知道自然状态的发生，每个备选方案只有一个确定的结果，方案的选择取决于对各个方案结果的直接比较。该方法主要有盈亏平衡分析法、线性规划法等。下面主要介绍盈亏平衡分析法。

盈亏平衡分析法是通过比较产品的生产成本和产品的销售利润，确定企业不亏不盈（盈亏平衡）的生产批量（即盈亏平衡点或保本点），然后以盈亏平衡点为依据进行决策分析。进行盈亏平衡分析时，按照成本和业务量之间的关系，把成本分为变动成本和固定成本。变动成本是指在一定条件下随着产量的变化而变化的成本，如材料费、计件工资等；固定成本是指在一定时期和一定业务量（产量或销售量）范围内，不随着产量的变化而变化的成本，如固定资产折旧费、管理费等。

业务量（产量或销售量）、成本和利润之间的关系可用下列公式表示：利润 = 销售收入 − 总成本，或利润 = 销售收入 − 变动成本 − 固定成本，或利润 = 产品销售量 × 单位产品售价 − 产品销售量 × 单位产品变动成本 − 固定成本。

用字母表示为：

$$R=S-C\quad 或\ R=S-V-F\qquad 或\ R=Q\times P-Q\times v-F=Q\ (P-v)\ -F$$

其中，R 表示利润，S 表示销售收入，C 表示总成本，F 表示固定成本，V 表示变动成本，v 表示单位产品变动成本，Q 表示产品销售量，P 表示单位产品售价。

以横坐标表示业务量（产量或销售量），纵坐标表示销售收入和成本，其关系如图 15－1 所示。

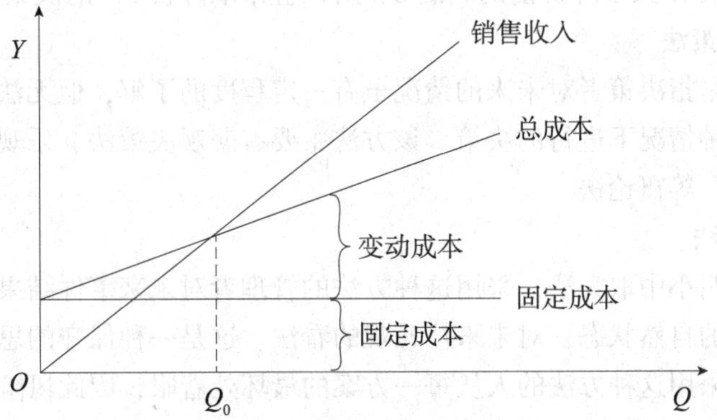

图 15－1　盈亏平衡分析

固定成本是不随产量变化而变化的，因而在图上表示为一条与横轴平行的线；变动成本随着产量的变化而变化，且与产量成正比例关系，因而在图上表示为一条向右上方倾斜的线。固定成本与变化成本相叠加成总成本线。

销售收入高于总成本的区域称为盈利区，销售收入低于总成本的区域称为亏损区，销售收入线与总成本线的交点即盈亏平衡点 Q_0（也称为保本点），此时销售收入与总成本相等，企业处于不亏不盈的保本状态。

所谓盈亏平衡点是企业销售量与其利润等于零时的销售量，即销售收入等于总成本，用公式表示如下：保本点销售量 × 单位产品售价 = 保本点销售量 × 单位产品的变动成本 + 固定成本。

则

$$保本点销售量 = \frac{固定成本}{单位产品售价 - 单位产品变动成本}$$

用字母表示为：$Q_0 = \frac{C}{P - v}$

例如：某企业拟投资生产某种农产品，固定成本为 180 000 元，每件产品的变动成本为 60 元，农产品销售单价为 100 元。试确定企业生产该产品的最低生产规模；若企业预计全年销售 25 000 件产品，则企业有望实现多少元利润？若企业对每件产品降价 5%，可望销售产品 29 000 件，则企业利润是否降低？已知企业的最大生产能力为 30 000 件。

解：（1）确定企业的最低生产规模 Q_0（保本点生产规模）。

$Q_0 = \frac{C}{\mathrm{P} - v} = \frac{180\,000}{100 - 60} = 4\,500$（件）

（2）若企业全年销售 25 000 件产品，可以实现利润为

$R = S - C = 100 \times 25\,000 - 60 \times 25\,000 - 180\,000 = 820\,000$（元）

（3）若企业每件产品降价 5%，则实现利润为

$R' = S' - C = 100 \times （1 - 5\%） \times 29\,000 - 60 \times 29\,000 - 180\,000 = 835\,000$（元）

由于降价后利润 R' 大于降价前的利润 S，所以应采取降价 5% 的决策方案。

2. 不确定型决策法

不确定型决策是指决策者对未来的情况虽有一定程度的了解，但无法确定各种情况可能发生的概率，在这种情况下进行的决策。该方法主要有悲观决策法、乐观决策法、折中决策法、后悔值决策法、等概论法。

（1）悲观决策法。

悲观决策法也叫小中取大法，采用这种方法的管理者对未来事件结果估计比较保守，认为未来会出现最差的自然状态，对未来持悲观的看法。这是一种保守的思维方式，体现了决策者的悲观情绪。采用这种方法的人从每一方案的最坏处着眼，因此风险较小。

其基本原理是决策者面对两种或两种以上的可行方案，将每一种方案在各种自然状态下

的收益值中的最小值选出，然后从各个最小收益中选出最大者，则这个最小收益中的最大者所对应的方案就是采用悲观决策法所要选用的方案。

（2）乐观决策法。

乐观决策法也叫大中取大法，采用这种方法的管理者对前途感到乐观，即对每一方案的最佳结果都充满信心，认为极有可能出现最好的自然状态。采用这种方法的决策者过于乐观，一切从最好的情况考虑，难免冒较大的风险。

其基本原理是决策者在决策之前面临两种或两种以上的可行方案，将每一种方案在各种自然状态下的收益值中的最大值选出，然后从各个最大收益当中选出最大者，则这个最大收益中的最大者所对应的方案就是采用乐观决策法所要选用的方案。

（3）折中决策法。

折中决策法又称乐观系数决策法。它是介于悲观决策法和乐观决策法之间的一种决策方法，即先给出一个适当的决策系数 α，认为最有利情况发生的概率是 α，即乐观系数，最不利的情况发生的概率是 $1-\alpha$，即悲观系数。

具体步骤是首先用各方案的最大报酬值乘以 α，最小报酬值乘以 $1-\alpha$，然后两者相加，得到各方案的期望收益值，最后选择最大收益值对应的方案即为可选方案。

（4）后悔值决策法。

后悔值决策法也叫萨凡奇方法或遗憾法，是指决策者在制定决策之后，若情况不符合理想，必将产生一种后悔的感觉，决策者以此后悔值作为依据进行决策的方法。

其基本原理是将每种自然状态下的最高收益值定为该状态的理想目标，并将该状态中的其他值与最高值相比所得之差作为未达到理想的后悔值。为了提高决策的可靠性，在每种方案中选取最大的后悔值，再在各方案的最大后悔值中选取最小值作为决策依据，其所对应的方案即为最佳方案。

（5）等概率决策法。

等概率决策法是由 19 世纪数学家拉普拉斯提出来的，因此又称拉普拉斯法。这种方法是在各种自然状态发生的可能性不清楚的情况下，认为各种状态发生的概率相等，按照相同的概率求出各种方案的收益值，则最大收益值所对应的方案为最佳方案。

（三）风险型决策法

风险型决策法指存在决策者无法控制的两种以上的自然状态，决策者无法确定未来出现哪一种自然状态，但可以估计其出现的概率，据此做出决策。由于决策者不能控制各种自然状态，决策结果具有一定的风险，故称为风险型决策。该方法主要有决策表法和决策树法两种。

1. 决策表法

通过决策表计算出各种方案的期望值，并按照最佳期望值法则选择最优方案。可用于比较简单的决策。

2. 决策树法

决策树法也叫树状决策法，指把影响各方案的有关自然状态、概率和损益值等因素画成一张树形图，借助决策树图计算出各方案的期望值，然后根据最佳期望值法则做出决策，见图15－2。

（1）决策树的构成要素主要包括决策点、方案枝、状态节点、概率枝、结果节点、剪枝。

①决策点：它是以方框“□”表示。一般决策点位于决策树的最左端，即决策树的起点位置。若决策属于多级决策，则决策树形图的中间可以有多个决策点方框，而决策树“根”部的决策点为最终决策方案。

②方案枝：它是由决策点引出的若干条直线表示，每条直线表示一个备选方案。方案枝的个数表明可行的独立方案的个数。

③状态节点：它是用圆圈“○”表示，画在每个方案枝的末端并标注代号。状态节点是决策分支的终点，也表示一个备选方案可能遇到的自然状态的起点。其上方的数字表示该方案的期望收益值。

④概率枝：也称状态枝，它用状态点引出的直线表示，它的个数表明某个可行方案自然状态的数量，状态枝上要标明各个状态的概率。

⑤结果点：它是用三角“Δ”表示，标志决策树的结束，在结果点处要标明在某种自然状态下的收益值。

⑥剪枝：淘汰的方案要进行“剪枝”操作，即在淘汰方案枝上标上双斜线“//”。

（2）决策树方法的步骤如下：

①画一个方框作为出发点，叫决策点；

②从决策点画出若干条直线，每条线代表一个方案，称为方案枝；

③在各个方案枝末端画上一个圆圈，称为状态点；

④从状态点引出若干条直线，代表自然状态，称为概率枝；

⑤把各个方案在各种自然状态下的收益值记在概率枝的末端；

⑥根据各方案的可能的结果及其相应的概率计算期望值；

⑦比较各状态节点上的期望值，收益值最大的方案就是最优方案，在淘汰的其他方案枝上标上双斜线“//”。

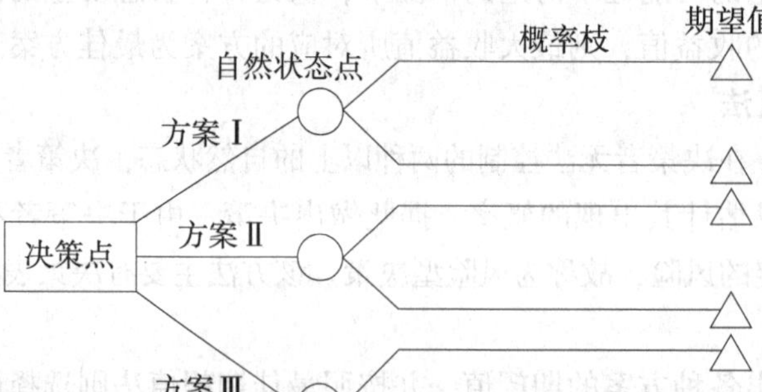

图15－2　决策树图

本章小结

本章主要介绍了农业经营预测与农业经营决策的概念、步骤与方法。农业经营预测的步骤主要包括明确预测的目的、时期和范围，搜集、整理和分析有关资料，选择适当的预测模型和预测方法，数据处理，分析预测结果及提出预测报告等。其方法分为定性预测方法和定量预测方法。农业经营决策步骤主要包括提出问题、确定决策目标、拟定可行方案、评价和选择方案、方案实施与反馈等。方法分为定性决策方法和定量决策方法。

练习题

1. (　　) 是指农业企业根据过去和现在的经营状况及内外部环境条件，遵循客观经济规律，运用科学的理论和方法对企业经营中的各种不确定性因素及其对经营总体的影响，进行预料、估计、判断和推测。

A. 农业经营预测　　B. 农业经营决策

C. 确定型决策　　D. 不确定型决策

2. 移动平均法是 (　　) 的一种方法。

A. 定量预测方法　　B. 确定型决策方法

C. 风险型决策方法　　D. 不确定型决策方法

3 指数平滑法是 (　　) 的一种方法。

A. 定量预测方法　　B. 确定型决策方法

C. 风险型决策方法　　D. 不确定型决策方法

4. (　　) 是根据客观事物之间的因果关系，并用一定的函数方程来进行预测的方法。

A. 因果关系预测法　　B. 定量预测方法

C. 风险型决策方法　　D. 确定型决策方法

5. (　　) 是指农业企业通过对其内部条件和外部环境进行综合分析，确定企业经营目标，选择最优经营方案并付诸实施的过程。

A. 农业经营预测　　B. 农业经营决策

C. 确定型决策　　D. 不确定型决策

6. (　　) 是在进行决策时确切知道自然状态的发生，每个备选方案只有一个确定的结果，方案的选择取决于对各个方案结果的直接比较。

A. 定量预测方法　　B. 确定型决策方法

C. 风险型决策方法　　D. 不确定型决策方法

7. (　　) 是指决策者对未来的情况虽有一定程度的了解，但无法确定各种情况可能发生的概率，在这种情况下进行的决策。

A. 确定型决策方法　　B. 不确定型决策方法

C. 风险型决策方法　　D. 决策树法

8. 后悔值决策法是指决策者在制定决策之后，若情况不符合理想，必将产生一种后悔的感觉，决策者以此后悔值作为依据进行决策的方法，是（　　）的一种方法。

A. 确定型决策方法　　B. 不确定型决策方法

C. 风险型决策方法　　D. 决策树法

9. 决策表法是（　）的一种方法。

A. 确定型决策方法　　B. 不确定型决策方法

C. 风险型决策方法　　D. 决策树法

10.（　　）是指把影响各方案的有关自然状态、概率和损益值等因素画成一张树形图，借助决策树图计算出各方案的期望值，然后根据最佳期望值法则做出决策。

A. 确定型决策方法　　B. 不确定型决策方法

C. 指数平滑方法　　D. 决策树法

参考文献

[1] 陈国胜．农产品营销．北京：清华大学出版社，2010.

[2] 蔡根女．农业企业经营管理学．3 版．北京：高等教育出版社，2014.

[3] 稻本志良．美国农业生产经济学的进展与经营规模论．农业计算机研究，1976 (9)：1－12.

[4] 高志强，兰勇．家庭农场经营与管理．长沙：湖南科学技术出版社，2017.

[5] 李秉龙，薛兴利．农业经济学．3 版．北京：中国农业大学出版社，2015.

[6] 刘楠．我国农业生产性服务业发展模式研究．大连：东北财经大学出版社，2017.

[7] 刘新智．农业发展新阶段农业生产社会化服务体系创新研究．北京：科学出版社，2016.

[8] 李俏．农业社会化服务体系研究．北京：社会科学文献出版社，2015.

[9] 磯辺秀俊．农业经营学．东京：养贤堂株式会社，1998.

[10] 金沢夏樹．农业经营学讲义．东京：养贤堂株式会社，2001.

[11] 七户长生．农业经营与生活．东京：农山渔村协会，2003.

[12] 苏群．农业经营学．2 版．北京：科学出版社，2018.

[13] 滕希群．山东农民合作社发展典型案例．北京：中国农业出版社，2018.

[14] 张正河，陈娆．农业经济管理．北京：国家开放大学出版社，2018.

[15] 郑少红．现代农业企业发展理论与实践．北京：中国农业出版社，2013.

[16] 钟甫宁．农业经济学．5 版．北京：中国农业出版社，2011.

[17] 朱俊峰，郭庆海．东北亚农业农村发展与区域合作：东北亚农业与农村发展国际学术研讨会论文集（2004－2012）．北京：中国农业出版社，2013.

附录 参考答案

第一章

1. C 2. D 3. C 4. A 5. C 6. D 7. C 8. D 9. B 10. D

第二章

1. A 2. C 3. A 4. D 5. B 6. A 7. D 8. A 9. C 10. B

第三章

1. B 2. D 3. A 4. A 5. C 6. C 7. A 8. C 9. C 10. C

第四章

1. C 2. A 3. D 4. D 5. A 6. B 7. D 8. D 9. D 10. C

第五章

1. C 2. D 3. C 4. A 5. D 6. C 7. B 8. C 9. A 10. D

第六章

1. C 2. D 3. C 4. D 5. C 6. D 7. D 8. D 9. A 10. D

第七章

1. A 2. A 3. A 4. A 5. A 6. A 7. A 8. A 9. A 10. D

第八章

1. C 2. D 3. A 4. D 5. C 6. A 7. B 8. C 9. ADC 10. B

第九章

1. B 2. D 3. C 4. C 5. D 6. C 7. D 8. B 9. D 10. B

第十章

1. C 2. C 3. A 4. B 5. B 6. B 7. A 8. C 9. A 10. A

第十一章

1. A 2. D 3. C 4. B 5. A 6. A 7. B 8. A 9. A 10. B

第十二章

1. D 2. A 3. D 4. A 5. A 6. C 7. A 8. B 9. A 10. C

第十三章

1. B 2. C 3. D 4. C 5. D 6. A 7. A 8. A 9. A 10. A

第十四章

1. A 2. A 3. A 4. D 5. B 6. C 7. B 8. B 9. A 10. B

第十五章

1. A 2. A 3. A 4. A 5. B 6. B 7. B 8. B 9. C 10. D